国家骨干高职院校建设项目成果

网页设计与制作
项目实训教程

严加琼　曾金发　主　编
王和初　曹文华　副主编

经济科学出版社

图书在版编目（CIP）数据

网页设计与制作项目实训教程／严加琼，曾金发主编．
—北京：经济科学出版社，2012.12（2015.8 重印）
ISBN 978－7－5141－2865－9

Ⅰ.①网⋯　Ⅱ.①严⋯②曾⋯　Ⅲ.①网页制作工具－高等职业教育－教材　Ⅳ.①TP393.092

中国版本图书馆 CIP 数据核字（2012）第 308994 号

责任编辑：侯晓霞　程辛宁
责任校对：徐领柱
责任印制：李　鹏

网页设计与制作项目实训教程
严加琼　曾金发　主编
王和初　曹文华　副主编
经济科学出版社出版、发行　新华书店经销
社址：北京市海淀区阜成路甲 28 号　邮编：100142
教材分社电话：88191345　发行部电话：88191537
网址：www.esp.com.cn
电子邮件：houxiaoxia@esp.com.cn
北京密兴印刷有限公司印装
787×1092　16 开　16.5 印张　380000 字
2012 年 12 月第 1 版　2015 年 8 月第 2 次印刷
ISBN 978－7－5141－2865－9　定价：33.00 元
（图书出现印装问题，本社负责调换。电话：88191502）
（版权所有　翻印必究）

前言

本书按照工作任务进教材、工作流程进课堂，教学过程与工作过程相结合的原则，与来自一线的专业技术人员联合编写而成。全书贯穿项目教学的思想，以培养职业能力为核心，以应用实例为主线，建立以工作过程为框架的现代职业教育课程结构，面向网页设计技术岗位设置课程内容。

本书共分 17 个项目。系统、深入地介绍了 Dreamweaver CS5 的基本功能与操作方法以及制作网页所必备的理论知识。内容包括：

优秀网站赏析、初识 Dreamweaver CS5、站点的创建与管理、制作纯文本网页、制作图文混排网页、插入动感元素、插入超链接、使用表格布局网页、框架网页制作、表单网页制作、使用模版和库制作网页、使用 HTML 语言制作网页、行为和脚本的应用、使用 CSS 样式表美化网页、使用 CSS 样式布局页面、网站的规划与设计、网站的测试与发布。

该书所有内容均符合岗位需求。通过本书的学习，读者具备运用 Dreamweaver CS5 设计中小型网站和制作网页的能力，为今后胜任网页设计专业技术岗位工作奠定基础。

本书的特色在于：

第一，思路新。本书中所有的知识点都融合在项目中，按照【项目描述】—【知识储备】—【实践向导】—【能力拓展】—【项目总结】的思路来编写，使知识的学习与技能的操作融为一体。其中能力拓展模块取代传统教材中的习题，符合高职学生学习的特点。

第二，知识方面遵循"够用"的原则。所有教学内容都经过了精心挑选，具有典型代表性，同时这些项目又包含了当前流行技术所需的理论知识。

第三，技术方面遵循"适度"的原则。通过一个个具体的项目，由浅入深、循序渐进地介绍网页制作技术，使学生既达到了运用 Dreamweaver CS5 设计中小型网站和制作网页的能力，又具备网页设计师认证考试的能力。

本书由严加琼、曾金发担任主编，王和初、曹文华担任副主编，张翔、汪卫平、唐传娣参编。本书在编写过程中得到了江西财经职业学院领导的悉心指导，得到了中鼎国际工程有限责任公司、九江大幸电子商务有限公司技术人员的大力支持与帮助，同时参考了部分专家和同行的相关资料，在此表示衷心的感谢。

由于编者经验和水平有限，书中难免有不妥之处，恳请广大读者和同行专家不吝赐教。

编者
2012 年 12 月

目 录

项目 1　优秀网站赏析　/ 1

1.1　项目描述　/ 1

1.2　知识储备　/ 1

  1.2.1　网页的布局结构　/ 1

  1.2.2　网页的色彩搭配　/ 3

  1.2.3　网站的分类　/ 3

1.3　实践向导　/ 3

1.4　能力拓展　/ 4

1.5　项目小结　/ 4

项目 2　初识 Dreamweaver CS5　/ 5

2.1　项目描述　/ 5

2.2　知识储备　/ 5

  2.2.1　网站和网页的基础知识　/ 5

  2.2.2　网页的组成元素　/ 6

  2.2.3　网页制作工具　/ 7

  2.2.4　初识 Dreamweaver CS5 中文版　/ 8

2.3　实践向导　/ 10

2.4　能力拓展　/ 11

2.5　项目小结　/ 11

项目 3　站点的创建与管理　/ 12

3.1　项目描述　/ 12

3.2　知识储备　/ 12

3.2.1　站点的创建　/　12
　　　3.2.2　站点的基本编辑　/　14
　　　3.2.3　管理站点文档　/　15
　　　3.2.4　设置网页基本属性　/　17
　3.3　实践向导　/　20
　3.4　能力拓展　/　23
　3.5　项目小结　/　23

项目4　制作纯文本网页　/　24
　4.1　项目描述　/　24
　4.2　知识储备　/　25
　　　4.2.1　文本的输入　/　25
　　　4.2.2　网页设计视图下编辑文本　/　27
　　　4.2.3　插入相关文本要素　/　27
　　　4.2.4　文本的格式化　/　30
　4.3　实践向导　/　32
　4.4　能力拓展　/　34
　4.5　项目小结　/　35

项目5　制作图文混排网页　/　36
　5.1　项目描述　/　36
　5.2　知识储备　/　37
　　　5.2.1　插入图像　/　37
　　　5.2.2　设置图像属性　/　39
　　　5.2.3　插入相关图像元素　/　39
　5.3　实践向导　/　40
　5.4　能力拓展　/　43
　5.5　项目小结　/　43

项目6　插入动感元素　/　44
　6.1　项目描述　/　44
　6.2　知识储备　/　45

6.2.1　Flash 文件类型概述　/　45
　　　6.2.2　插入 Flash 对象　/　45
　　　6.2.3　插入视频　/　48
　　　6.2.4　插入音乐　/　48
　6.3　实践向导　/　50
　6.4　能力拓展　/　51
　6.5　项目小结　/　51

项目7　插入超级链接　/　52
　7.1　项目描述　/　52
　7.2　知识储备　/　52
　　　7.2.1　链接概念　/　52
　　　7.2.2　制作链接　/　53
　　　7.2.3　编辑和管理链接　/　58
　7.3　实践向导　/　59
　7.4　能力拓展　/　61
　7.5　项目小结　/　62

项目8　使用表格布局网页　/　63
　8.1　项目描述　/　63
　8.2　知识储备　/　64
　　　8.2.1　认识表格　/　64
　　　8.2.2　表格的基本操作　/　64
　　　8.2.3　设置表格及单元格的属性　/　66
　　　8.2.4　调整表格的结构　/　68
　　　8.2.5　添加表格数据　/　70
　　　8.2.6　导入外部表格数据文件　/　71
　　　8.2.7　嵌套表格　/　72
　8.3　实践向导　/　72
　8.4　能力拓展　/　76
　8.5　项目小结　/　76

项目9　框架网页制作　/　77

9.1　项目描述　/　77

9.2　知识储备　/　77

　　9.2.1　框架概述　/　77

　　9.2.2　框架的创建　/　78

　　9.2.3　框架链接　/　83

9.3　实践向导　/　83

9.4　能力拓展　/　88

9.5　项目小结　/　88

项目10　表单网页制作　/　89

10.1　项目描述　/　89

10.2　知识储备　/　89

　　10.2.1　认识表单　/　89

　　10.2.2　创建及设置表单　/　90

　　10.2.3　创建及设置表单元素　/　91

10.3　实践向导　/　101

10.4　能力拓展　/　105

10.5　项目小结　/　106

项目11　使用模板和库制作网页　/　107

11.1　项目描述　/　107

11.2　知识储备　/　108

　　11.2.1　模板和库概述　/　108

　　11.2.2　建立网页模板　/　109

　　11.2.3　库　/　117

11.3　实践向导　/　119

11.4　能力拓展　/　126

11.5　项目小结　/　126

项目12　使用HTML语言制作网页　/　127

12.1　项目描述　/　127

12.2 知识储备 / 127
 12.2.1 HTML 语言简介 / 127
 12.2.2 常用的 HTML 标记 / 129
12.3 实践向导 / 147
12.4 能力拓展 / 150
12.5 项目小结 / 151

项目 13 行为和脚本的应用 / 152

13.1 项目描述 / 152
13.2 知识储备 / 152
 13.2.1 行为概述 / 152
 13.2.2 行为在网页中的应用 / 154
 13.2.3 JavaScript 脚本在网页中的应用 / 157
 13.2.4 Spry 选项卡式面板 / 159
13.3 实践向导 / 161
13.4 能力拓展 / 165
13.5 项目小结 / 165

项目 14 使用 CSS 样式表美化页面 / 166

14.1 项目描述 / 166
14.2 知识储备 / 166
 14.2.1 CSS 的基本概念 / 166
 14.2.2 CSS 样式面板介绍 / 170
 14.2.3 创建 CSS 样式 / 173
 14.2.4 设置 CSS 规则 / 174
 14.2.5 CSS 样式的应用 / 180
14.3 实践向导 / 184
14.4 能力拓展 / 193
14.5 项目小结 / 193

项目 15　使用 CSS 样式布局页面　/ 194

　15.1　项目描述　/ 194

　15.2　知识储备　/ 194

　　　15.2.1　常用布局标记　/ 194

　　　15.2.2　盒子模型　/ 195

　　　15.2.3　元素定位方法　/ 198

　15.3　实践向导　/ 201

　15.4　能力拓展　/ 221

　15.5　项目总结　/ 221

项目 16　网站的规划与设计　/ 222

　16.1　项目描述　/ 222

　16.2　知识储备　/ 222

　　　16.2.1　网站的开发流程和规范　/ 222

　　　16.2.2　网站的规划　/ 224

　　　16.2.3　网页的设计　/ 228

　16.3　实践向导　/ 230

　　　16.3.1　网站的规划与设计　/ 231

　　　16.3.2　首页的设计与制作　/ 231

　16.4　能力拓展　/ 244

　16.5　项目小结　/ 244

项目 17　网站的测试与发布　/ 245

　17.1　项目描述　/ 245

　17.2　知识储备　/ 245

　　　17.2.1　网站测试　/ 245

　　　17.2.2　上传发布网站　/ 248

　17.3　实践向导　/ 249

　17.4　能力拓展　/ 253

　17.5　项目小结　/ 253

项目 1

优秀网站赏析

1.1 项目描述

在学习创建网站、制作网页之前,请先欣赏几个优秀的网站,对这些网站的主页进行分析,了解优秀网页的布局结构、色彩搭配、导航栏的设计、动画效果等,为学习制作网页奠定基础。

1.2 知识储备

1.2.1 网页的布局结构

1.2.1.1 什么是布局

"布局"是指页面内容的尺寸、间距及位置。有效的布局对于帮助用户快速找到他们想要的内容至关重要,并可以在结构外观上令用户感到舒服。

1.2.1.2 网页布局的类型

在进行网页布局之前,首先要明确页面布局设计成何种类型,常见的网页布局类型有"国"字型布局、"厂"字型布局、封面型布局、flash 型布局等。

(1)"国"字型布局。"国"字型布局又称为"同"字型布局,即最上面是网站的标题以及横幅广告条,接下来是网站的主要内容,左右分别列出一些栏目,中间是主要部分,最下面是网站的一些基本信息、联系方式、版权声明等,这种结构是一些大中型网站常用的布局类型。这种布局的优点是充分利用版面,信息量大。缺点是页面拥挤,不够灵活。如图 1-1 所示的网页采用的是"国"字型布局。

(2)"厂"字型布局。"厂"字型布局也称拐角型布局,指页面顶部为横条网站标志加广告条,下方左面为主菜单,右面显示内容的布局,因为菜单条背景较深,整体效果类似英文字母"T",所以又称为"T"字形布局。这是网页设计中用的最广泛的一种布局方式。这种布局的优点是页面结构清晰,主次分明,是初学者最容易上手的布局方法。缺点是规矩呆板,如果细节色彩上不注意,很容易让人"看之无味"。如图 1-2 所示的网页采用的是

"厂"字型布局。

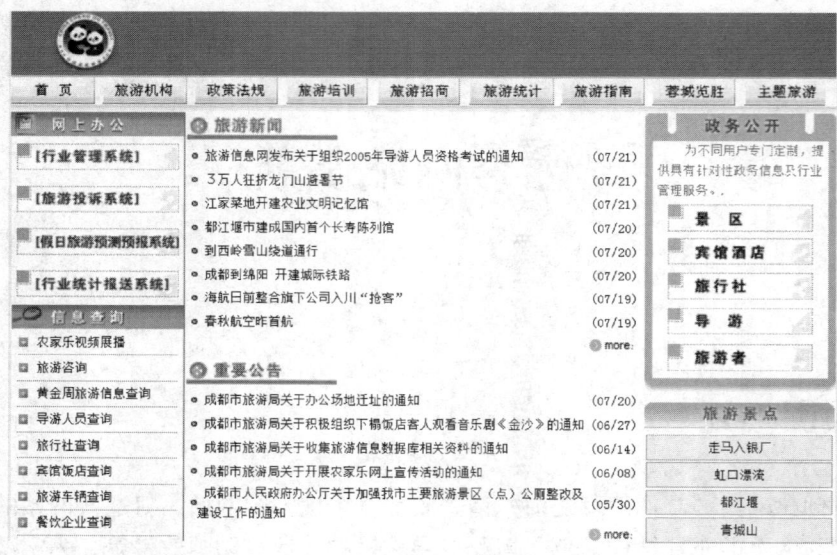

图1-1 "国"字型布局网页

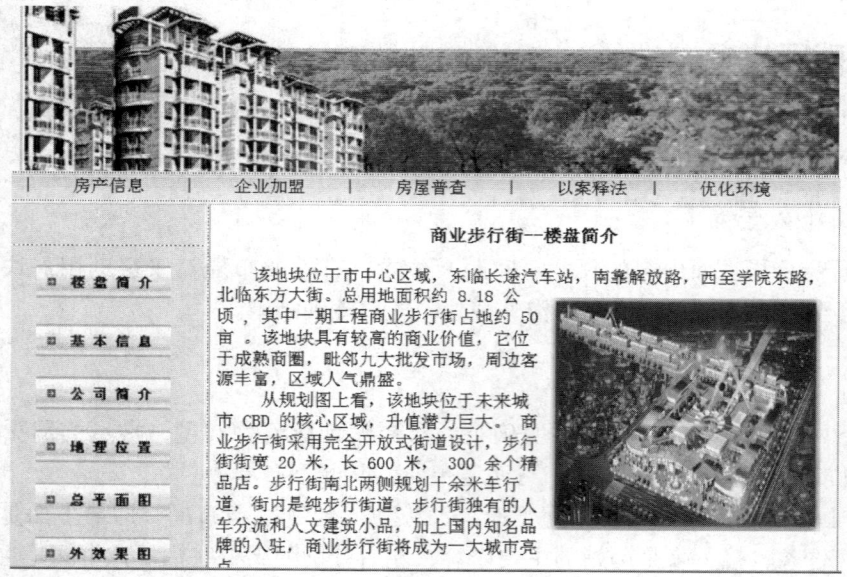

图1-2 "厂"字型布局网页

（3）封面型布局。这种类型基本上是出现在一些网站的首页，大部分是一些精美的平面设计结合一些小的动画，放上几个简单的链接或者仅是一个"进入"的链接。这种类型如果处理得好，会给人带来赏心悦目的感觉。优点显而易见，漂亮吸引人。缺点是下载速度慢，作为版面布局还是值得借鉴。

（4）Flash型布局。这种类型与封面型结构是类似的，只是采用了目前非常流行的Flash，与封面型不同的是，由于Flash强大的功能，页面所表达的信息更丰富，如果其视觉效果及听觉效果处理得当，绝不亚于传统的多媒体。

1.2.2 网页的色彩搭配

网站在明确定位后，进行总体页面设计时，需要确定网站整体的色彩体系，以确定整体风格，网页色彩处理得好，可以锦上添花。通常网页设计中配色需要注意以下几点：

第一，总体设计通常以一种颜色为主，页面色彩不宜过多。

第二，以一种颜色为主，辅以其他颜色时，通常采用的配色方案是同色调系颜色或对比色来搭配主体颜色。

第三，黑白灰是常用的颜色，同其他颜色均可搭配。

提示：配色方案比较详细的介绍可浏览"网页效果图设计之色彩索引"（引用自"蓝色理想"网站http：//www.blueidea.com/design/doc/2008/5548.asp）

1.2.3 网站的分类

（1）资讯类网站。如新浪、网易、搜狐等门户网站。这类站点一般会为访问者提供大量的信息，而且访问量较大。因此，应对这些信息进行合理的分类，将页面划分为多个栏目，页面布局要合理、美观，便于浏览者浏览。

（2）形象类网站。如一些中小型公司或单位的网站。这类网站一般内容量较小，有的只有几页，需要实现的功能也比较简单，网页设计的主要任务是宣传企业形象。对于这类网站来说，版式、色彩、动画设计等是项目重点，一般对美工的要求较高。

（3）资讯与形象相结合的网站。如大型公司或高校的网站。这类网站在设计上要求较高，既要考虑到资讯类网站的各项指标，同时又要突出企业、单位的形象。

1.3 实践向导

任务1 资讯类网站赏析（中国雅虎网）

（1）启动IE，在地址栏中输入中国雅虎网址http：//cn.yahoo.com。

（2）网页赏析。

① 首页采用左中右结构，最左侧上方为导航栏，导航栏简洁明了，用户访问非常方便。

② 雅虎网站的色彩搭配给人以清新、爽朗的视觉感受。整体上使用了蓝色、紫色两套邻近色，辅助以灰色，使色彩过渡和谐。网站的标志"YAHOO！"采用紫色，醒目突出，这也是网站中纯度最高的颜色。雅虎网站对色相的微妙区别把握得很好，而且对色彩的纯度、主次的把握也恰到好处。

③ 文字颜色使用了低纯度的普蓝色和黑色，其中普蓝色的文字是网站的超级链接形式，鼠标放上去后会有微妙的明度变化以及下划线的出现。

任务2 教育培训类网站赏析（新东方教育科技集团网站）

（1）启动IE，在地址栏中输入新东方教育网站网址http：//www.neworiental.org。

(2) 网页赏析。

① 首页给人的视觉感受是和谐美观，首页的整体布局为"上、中、下"三个版块，中间的主体内容又分为左、右两个栏目。

② 颜色的搭配主要采用绿色和黄色，运用了类似色的搭配，给人以清爽、和谐的视觉美感。

③ 首页题头的动画效果体现了新东方教育的理念，让浏览者很快对新东方教育有一个了解，并能记住该品牌。

④ 导航栏的颜色鲜明，文字与背景色对比强烈，引人注目。

任务 3　旅游类网站赏析（凤凰古城旅游网）

（1）启动 IE，在地址栏中输入凤凰古城旅游网网址 http：//www.fhvip.com/。

（2）网页赏析。

① 该首页给人的视觉效果是一种古朴的气息迎面扑来，整体色彩、图文搭配十分协调，咖啡色的运用和图片的搭配十分和谐。

② 主页题头的凤凰古城图片恰到好处，突出了主题，同时也起到了广告作用。

③ 导航栏的文字颇具特色，手写体让人感觉非常亲切。首页的模块划分采用的是左、右两大模块，内容划分清晰。

1.4　能力拓展

浏览以下网站：

（1）清华大学网站：www.tsinghua.edu.cn/publish/th/index.html。

（2）华中科技大学网站：www.hust.edu.cn/。

（3）江西省教育厅：www.jxedu.gov.cn。

（4）太平洋电脑网：www.pconline.com.cn。

（5）求职网：www.chijoy.1m.cn。

（6）人民网：www.people.com.cn。

（7）中国中小企业信息网：www.sme.gov.cn。

（8）前程无忧网：www.51job.com。

依据所浏览网站，请试着从网站页面的布局结构、色彩搭配、导航栏、文字、图片、动画效果等方面进行评析。

1.5　项目小结

本项目主要学习对优秀的网页进行赏析，通过对网页的布局结构、色彩搭配、视觉效果等方面的分析，使初学者留下直观的第一印象，对网页的组成元素有一个初步的认识，同时激发学习网页设计的兴趣，为学习制作网页奠定基础。

项目 2

初识 Dreamweaver CS5

2.1 项目描述

在动手制作网页之前,应该熟悉网站和网页相关的知识,了解制作网页、处理图形图像、制作动画的专业工具,重点了解和熟悉 Dreamweaver CS5 的工作环境,从而为以后制作网页打下良好的基础。

2.2 知识储备

2.2.1 网站和网页的基础知识

随着网络技术的发展,人们通过网络获取丰富的资源成为一种有效的手段,网上冲浪已成为我们日常生活和工作中一个不可缺少的重要组成部分,网页制作也从以前的纯文本形式,逐步发展到声音、图像、文字、视频和动画等兼有的综合形式。以下介绍一些网站和网页的相关知识。

2.2.1.1 万维网

"World Wide Web"简写为 WWW,也称为万维网。它是目前 Internet 上最流行的一种基于超文本形式的资源信息。万维网的最大好处是它将全世界的各种信息链接在一起,用户可通过网络自由地访问这些资源并加以利用。

WWW 制定了一套标准,通常由 HTML(超文本标记语言)、URL(统一资源定位器)和 HTTP(超文本传输协议)组成。

2.2.1.2 服务器与浏览器

服务器即 Server,浏览器即 Browser。网页浏览者须通过浏览器连接到 WEB 服务器,才能浏览 WEB 服务器上的文件。

2.2.1.3 网页与网站

(1)网页的定义。网页浏览器显示的网站中每一个 WEB 文件称为网页。按网页在一个站点中所处的位置可将其分为主页（也叫首页）和子页（指与主页链接的页面）。根据网页的表现形式可将网页分为静态页面和动态页面。

（2）网站。通常把一系列在逻辑上可视为一个整体的页面称为网站，通常由网站空间、网站文件和资源、网络地址组成。

2.2.1.4 Hypertext、HTTP、HTML、CSS

（1）Hypertext（超文本）是一种可以指向其他文件的文字或图片，这种功能称为超级链接（HyperLink）。浏览器可以使用户利用超级链接方便地访问超级链接所指向的文件。

（2）HTTP（Hypertext Transfer Protocol）超文件传输协议是互联网上应用最为广泛的一种网络传输协议。

（3）HTML（Hypertext Markup Language）即超文本标记语言，是用于描述网页文档的一种标记语言。网页文件本身是一种文本文件，通过在文本文件中添加标记符，告诉浏览器如何显示其中的内容。

（4）CSS（Cascading Style Sheets）指层叠样式表，在制作网页时采用 CSS 技术，可以有效地对页面的布局、字体、颜色、背景和其他效果实现更加精确地控制。CSS 弥补了 HTML 对网页格式控制功能的不足，如段落间距、行距等，CSS 可以一次控制多个文档中的文本。它提供便利的更新功能，在更新 CSS 样式时，使用该样式的所有文档格式都自动更新为新样式。

2.2.2 网页的组成元素

网页之所以丰富多彩，是因为它有丰富的组成元素。文本和图像是网页中最基本的组成元素，是网页信息的主要载体，而动画、超级链接、音乐等则进一步丰富了网页，使网页更加生动形象。

2.2.2.1 文本、图像与动画

（1）文本是网页中最基本的组成元素之一，网站设计中的信息主要以文本为主，通过它可以清楚明了地将信息传达给网页浏览者。在网页制作过程中，不宜使用过多的字体，中文文字一般可使用宋体，网页正文的文字不宜太大，通常使用 9 磅左右即可。

（2）图像也是网页中不可或缺的元素，图像较文本更生动、更形象，给人直观的视觉效果，传递一些文本不能传递的信息。用于网页上的图像一般为 JPG 格式或 GIF 格式，在网页中图像常用于网站标识 LOGO、背景和超链接等。

（3）动画是网页中最活跃的元素，网页中有了动画，平静的网页变得生动起来。网页中常用的动画格式主要有两种：一种是 GIF 动画；另一种是 SWF 动画。GIF 动画是逐帧动画，相对比较简单；而 SWF 动画则更富表现力和视觉冲击力，还可结合声音和互动功能吸引浏览者的眼球。

2.2.2.2 超级链接与导航栏

（1）超级链接是指从一个网页指向另一个目的端的链接，这个目的端通常是另一个网

页、一幅图片、一个电子邮件地址或者是本网页中的其他位置。超级链接可以是文本、图片或按钮。当浏览者单击超链接时,其目的端将显示在 WEB 浏览器上,并根据目的端的类型以不同方式打开。

(2)导航栏是指通过一定的技术手段,为网站的访问者提供一定的途径,使其可以方便地访问到所需的内容,它是网站的"菜单",一般由多个按钮或者多个文本超级链接组成。

2.2.2.3 表格、框架、表单

(1)表格主要用于网页内容的布局,精确控制各种网页元素在网页中出现的位置,让浏览者赏心悦目。

(2)框架是网页的一种组织形式,将相互关联的多个网页的内容组织在一个浏览器窗口中显示。常用到的框架结构有左侧框架、右侧框架、顶部框架、底部框架、上方和下方框架以及各种嵌套框架结构。

(3)表单是一种重要的网络交互工具,它可以实现浏览者同 WEB 服务器之间的信息交互传送,它是网络信息收集处理的一种重要方式。浏览者填写表单的方式是输入文本、选中单选按钮或复选框、从下拉菜单中选择选项等。

网页中除了上述这些基本的组成元素外,还有音频、视频、JavaApplet 等其他元素。

2.2.3 网页制作工具

网页内容如此丰富,究竟需要用什么工具来制作网页是广大网页制作者最关心的话题。当前网页制作软件很多,下面介绍几款极具特色的网页编辑、网页图像与动画制作软件。

2.2.3.1 网页编辑工具

(1)FrontPage。如果习惯使用 Microsoft Office 组件,那么使用 FrontPage 一定会轻车熟路。作为 Microsoft Office 家族的一员,FrontPage 的界面、功能与 Word 都非常相似,它还可以与其他组件无缝融合。此外,FrontPage 还提供了相当数量的模板和向导,使初学者能够非常轻松地设计出精美的网页。

FrontPage 最显著的功能是其站点管理与远程发布功能。用户只需在本地对网页进行编辑,FrontPage 会跟踪用户编辑过的文件,在发布时,它会自动将修改过的网页进行发布,未编辑过的网页可由用户决定是否再次向服务器发送。

(2)Dreamweaver。Dreamweaver 与 Fireworks、Flash 一起,被人们称为"网页制作三剑客"。它是一款极为优秀的可视化网页设计制作工具和网站管理工具,支持当前最新的 WEB 技术,包含 HTML 检查、HTML 格式控制、HTML 格式化选项、可视化网页设计、图像编辑、全局查找替换、全 FTP 功能、处理 Flash 和 Shockwave 等多媒体格式,以及动态 HTML 和基于团队的 WEB 创作等,在编辑模式上允许用户选择可视化方式或源码编辑方式。

借助 Dreamweaver 软件,用户可以快速、轻松地完成设计、开发、维护网站和 WEB 应用程序设计的全过程。Dreamweaver 新功能中包含了 CSS 工具,可用于构建动态用户界面的 Ajax 组件,以及与其他 Adobe 软件的智能集成。

2.2.3.2 图像处理工具

（1）Photoshop 是 Adobe 公司推出的一款图像处理软件，它功能强大，操作界面友好，使用它可以加速从想象创作到图像实现的过程，因此，得到了广大第三方开发厂家的支持，也赢得了众多用户的青睐。

（2）Fireworks 是一个将矢量图形处理和点阵图像处理合二为一的专业化 WEB 图像处理软件。它可以对各种图像文件进行编辑和处理，也可以直接生成包含 HTML 和 JavaScript 代码的动态图形。

2.2.3.3 动画制作工具

Flash 用于制作和编辑具有较强交互性的矢量动画，可以实现由一帧帧的静态图片在短时间内连续播放而造成的视觉效果，是表现动态过程、阐明抽象原理的一种重要媒体。

除了上述介绍的工具外，还有诸如图标制作工具、抓图工具、网站发布工具等其他的工具。

2.2.4 初识 Dreamweaver CS5 中文版

2.2.4.1 Dreamweaver CS5 简介

Dreamweaver CS5 是由美国 Adobe 公司推出的一款集网页制作和管理网站于一体的所见即所得网页编辑器，它是一款针对专业网页设计师特别发展的视觉化网页开发工具，利用它可以轻而易举地制作出跨平台、跨越浏览器的充满动感的网页。

Adobe Dreamweaver CS5 软件使设计人员和开发人员能充满自信地构建基于标准的网站。由于同新的 Adobe CS Live 在线服务 Adobe BrowserLab 集成，您能以可视方式或直接在代码中进行设计，使用内容管理系统开发页面并实现精确的浏览器兼容性测试。

它具有业界领先的 WEB 开发环境、新增了集成 CMS 支持、CSS 检查、与 Adobe Browser Lab 集成、PHP 自定义类代码提示、保持跨媒体一致性、仔细查看站点特定的代码提示等功能。

2.2.4.2 Dreamweaver CS5 启动与退出

（1）启动 Dreamweaver CS5 的操作步骤如下。

单击"开始"菜单→"程序"→"Adobe"→"Adobe Dreamweaver CS5"即可启动。

提示：如果桌面上有 Dreamweaver CS5 的快捷方式，双击该快捷方式图标也可以启动 Dreamweaver CS5。

首次启动 Dreamweaver CS5 时，会弹出"默认编辑器"对话框，用户可以为 Dreamweaver CS5 设置编辑器。如保持默认设置，单击"确定"按钮，将打开图 2-1 所示的 Adobe Dreamweaver CS5 的界面。

提示：如果勾选屏幕下方的"不再显示"复选框，再次启动时欢迎屏幕将关闭，从菜单栏中选择"编辑"→"首选参数"→"常规"→"显示欢迎屏幕"命令，可以在下次启动该软件时重新显示欢迎屏幕。

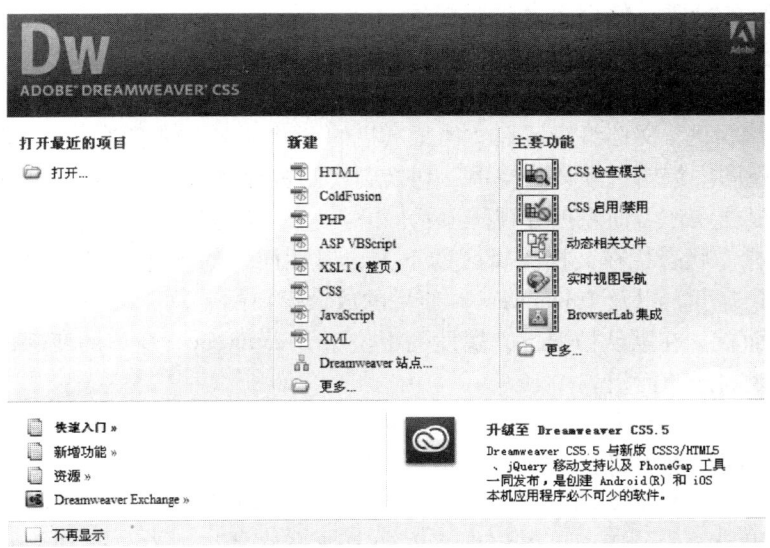

图 2-1　Adobe Dreamweaver CS5 的界面

(2) 退出 Dreamweaver CS5。

退出 Dreamweaver CS5 的方法有以下几种：

方法一：单击 Dreamweaver CS5 窗口右上方的"关闭"按钮 ；

方法二：按"ALT + F4"组合键；

方法三：单击菜单"文件"→"退出"命令。

2.2.4.3　Dreamweaver CS5 工作环境

Dreamweaver CS5 工作界面由菜单栏、插入面板、文档工具栏、文档编辑区、状态栏、属性面板、面板组等组成，如图 2-2 所示。

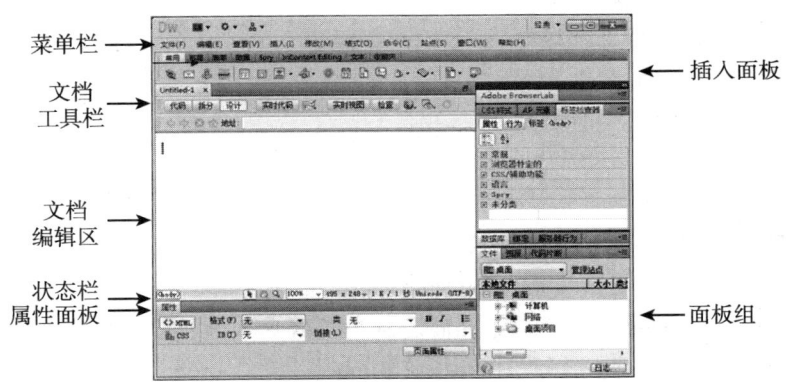

图 2-2　Dreamweaver CS5 工作界面

(1) 菜单栏。Dreamweaver CS5 的菜单栏显示了制作网页时需要的各种命令，包含了 10 类菜单：文件、编辑、查看、插入、修改、格式、命令、站点、窗口、帮助。菜单按功能的不同进行了合理的分类，使用起来非常方便。

（2）文档工具栏。在文档工具栏中包含了用于在文档的几个视图之间进行快速切换的按钮，如代码、拆分、设计。

（3）文档编辑区。文档编辑区在文档工具栏的下方，它是用于创建或编辑网页文件的操作区。在设计视图中编辑区默认为空白；切换到代码视图时，在左侧有代码工具箱和代码行数显示；也可根据操作习惯左拆分视图显示。

（4）状态栏。状态栏在文档编辑区的下方、属性面板的上方，状态栏显示当前文档窗口的大小和下载速度，以及 Dreamweaver 新增的放大窗口的工具。

（5）属性面板。在默认情况下，属性面板位于 Dreamweaver 窗口的底部，但是可以将其拖动成为工作区的浮动面板。

（6）面板组。面板组位于 Dreamweaver 窗口的右侧，也可以浮动于窗口。Dreamweaver CS5 将各种工具面板集成到面板组中，包括插入、CSS 样式、文件等面板。可以在菜单栏中选择"窗口"命令，在弹出的下拉菜单中选择显示或隐藏某项面板。

（7）工作界面定制。用户可以根据个人的习惯爱好进行工作界面的定制，单击窗口标题栏右侧的"设计器"按钮，在弹出的下拉菜单中定制"应用程序开发人员"、"经典"、"编码器"、"设计器"等不同的工作界面，如图 2 – 3 所示。

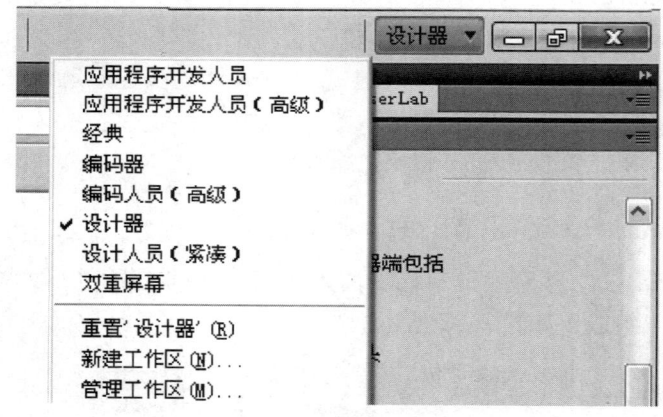

图 2 – 3　界面定制菜单

2.3　实践向导

任务　将 Dreamweaver CS5 的工作界面定制为"经典"界面。

（1）单击"开始"菜单→"程序"→"Adobe"→"Adobe Dreamweaver CS5"命令启动 Dreamweaver CS5。

（2）单击窗口标题栏右侧的"设计器"按钮，在弹出的下拉菜单中选择"经典"选项，即可完成"经典"工作界面的定制。

2.4 能力拓展

（1）启动 Dreamweaver CS5，熟悉 Dreamweaver CS5 的工作界面和操作环境。
（2）在 Dreamweaver CS5 主窗口中观察其各个菜单、工具栏、面板的组成。

2.5 项目小结

本项目主要介绍了有关网站和网页的基础知识、网页的基本组成元素、Dreamweaver CS5 的启动与退出，重点介绍了 Dreamweaver CS5 的操作环境，使读者逐步了解并熟悉这个强大的网站开发工具。

项目 3

站点的创建与管理

3.1 项目描述

在熟悉了 Dreamweaver CS5 的工作环境后,接下来可以开始动手制作网页。无论是新手还是专业的网页设计师,都要从创建站点开始,规范清晰的网站结构,便于后期维护。本项目所创建的"我的个人站点"的站点结构如图 3-1 所示。

图 3-1 "我的个人站点"结构图

3.2 知识储备

3.2.1 站点的创建

Dreamweaver CS5 有一套专业的创建和管理站点的工具,能轻松地实现站点的创建和管理。要制作一个能被大众访问的网站,首先需要在本机硬盘上制作网站,然后上传至 Web

服务器。网站存放在本机硬盘上的称为本地站点,处于 Internet 中 Web 服务器上的网站称为远程站点。Dreamweaver CS5 提供了管理本地站点和远程站点的强大功能。

3.2.1.1 认识站点面板

站点面板即"文件"面板,包含在"文件"面板组中,默认情况下位于浮动面板停靠区,如果该区域无文件面板,可执行菜单"窗口"→"文件"命令(或按"F8"键)即可将其打开,"站点"面板如图 3-2 所示。

图 3-2 "站点"面板

站点面板各项功能如下:

个人主页 下拉列表:在该下拉列表中可以选择已建立的站点。

本地视图 下拉列表:在该下拉列表中可以选择站点视图的类型,包括本地视图、远程服务器、测试服务器和存储库视图 4 种类型。

按钮:连接到远端主机,在本机站点与远程站点之间建立连接。

按钮:刷新本地和远程目录列表,可以用快捷键 F5 来代替。

按钮:获取文件,从远程站点下载文件。

按钮:将本地站点中的文档上传到远程站点。

按钮:将远端服务器中的文件下载到本地站点,此时该文件在服务器的标记为取出。

按钮:将本地文件传输到远端服务器上,并且可供他人编辑,而本地文件为只读属性。

按钮:可以同步本地和远程文件夹之间的文件。

按钮:展开或折叠站点面板,以显示(隐藏)本地和远程站点。

3.2.1.2 站点的规划

为了更有效地工作,在创建具体的网页之前,最好事先对站点进行必要的规划与设计。

通常在规划站点结构时，需要注意以下几点：第一，文档分类保存。通常一个站点会包含很多文件，而且不同文件的内容各不相同。为了有效合理地对文件进行管理，要养成对文件进行分门别类存放在相应文件夹中的习惯。先为站点在本地硬盘上创建一个根文件夹，在此文件夹中，分别建立诸如图像文件夹、网页文件夹等其他子文件夹。第二，合理的命名文件名。给文件命名时，尽量避免使用中文文件名，有些服务器不能对中文文件名提供很好的支持。文件夹和文件的名称最好要有具体的含义。尤其是随着网站的规模变大时，文件名容易理解的话，使用者一看就清楚网页描述的内容。否则，随着站点文件的增加，不容易理解的文件名会影响工作效率。

3.2.1.3 创建本地站点

在 Dreamweaver CS5 中创建站点非常容易，启动程序后，在开始页的"新建"组中单击"Dreamweaver 站点…"按钮，即可打开"站点设置对象"对话框，进行站点设置，如图3-3所示。如果已经进入 Dreamweaver CS5 的工作界面，则可选择菜单"站点"→"新建站点"选项，系统弹出"站点设置对象"对话框，然后输入"站点名称"，选择"本地站点文件夹"所在的位置，在"站点设置对象"对话框中，单击"保存"按钮，一个新的站点就建立了。

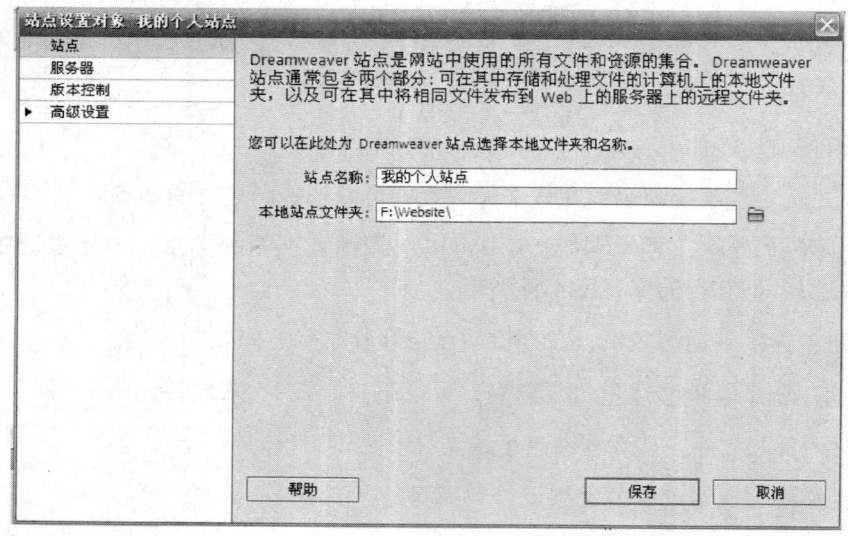

图3-3 "站点设置对象"对话框

3.2.2 站点的基本编辑

通常需要对多个站点进行管理，这就需要专门的工具完成站点的编辑、切换、添加、删除等操作。用户可以通过选择菜单"站点"→"管理站点"，也可以在"文件"面板左侧的下拉列表框中选择"管理站点"，打开"管理站点"对话框，如图3-4所示。

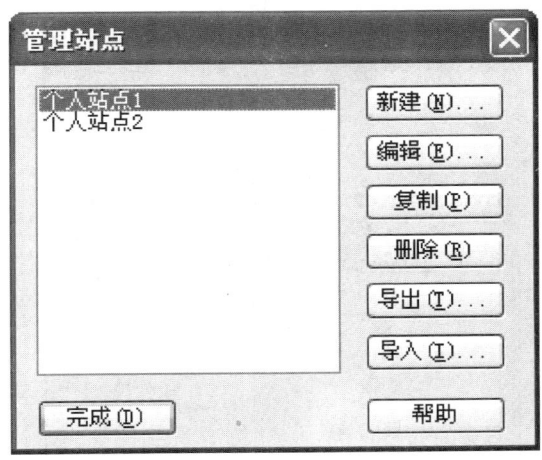

图 3-4 "管理站点"对话框

(1) 编辑站点。如果对站点进行编辑,可以在"管理站点"对话框中,选择要编辑的站点,然后单击"编辑"按钮,则将重新打开"站点定义"对话框,用户根据需要逐步修改站点的属性。

(2) 复制站点。复制站点省去了重复建立多个结构相同的站点的操作,这样可以提高工作效率,可以让这些站点保持一定的相似性。

(3) 删除站点。如果站点已经没有用了,可以将其删除,但这个删除只是从 Dreamweaver CS5 的站点管理器中删除,网站的文件仍保存在硬盘原来的位置上,并没有被删除。

(4) 导入站点。使用导入功能可以将现有的网站直接导入到 Dreamweaver 中进行编辑和修改。

(5) 导出站点。Dreamweaver 可以将网站导出为 XML 文件,然后将其导回 Dreamweaver,方便在各计算机和产品版本之间移动网站,或者与其他用户共享。

提示:在使用"导入"功能前,一定要确保被导入的网站已经被保存为扩展名为 .ste 的 XML 文件。如果要导入的网站还是以文件夹及网页的形式存在,则无法导入到 Dreamweaver 中。

3.2.3 管理站点文档

每个站点都有自己的文件及分类文件夹,在建立站点后,一般需要在站点中创建图像文件夹、数据库文件夹、网页文件夹、Flash 文件夹等不同的文件夹。

3.2.3.1 创建站点目录

在站点根目录上单击鼠标右键,在弹出的快捷菜单中选择"新建文件夹"命令,如图 3-5 所示,它以反白显示,提醒更换名称,输入文件夹名称,按回车键即可完成文件夹的创建。

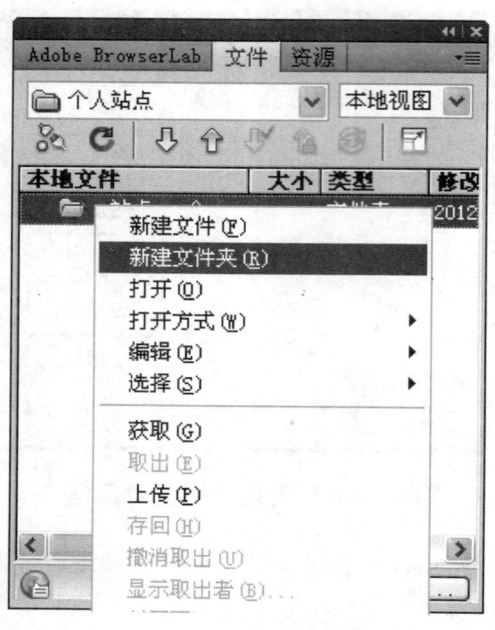

图3-5 "文件"面板快捷菜单

3.2.3.2 网页文档的管理

网页文档的管理主要涉及站点中文件的新建、打开、删除以及更改网页位置等操作。

(1) 新建网页文档。新建网页文档的方法主要有以下两种。

方法一：启动 Dreamweaver CS5 后，出现如图 3-6 所示的功能选择界面，它包括"打开最近的项目"、"新建"、"主要功能"等可选项，在该界面中选择"新建"列表中的"HTML"选项，便可以直接创建一个 HTML 网页文档。

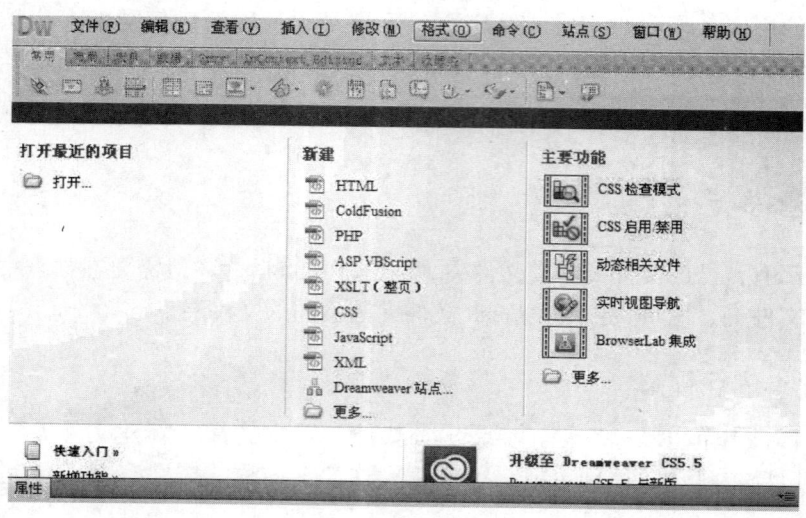

图 3-6 Dreamweaver CS5 启动后显示的界面

方法二：单击 Dreamweaver CS5 主窗口的菜单"文件"→"新建"，打开如图 3-7 所示的"新建文档"对话框，然后在页面类型中选择"HTML"，然后单击"创建"按钮即可创建一个空白网页文档。

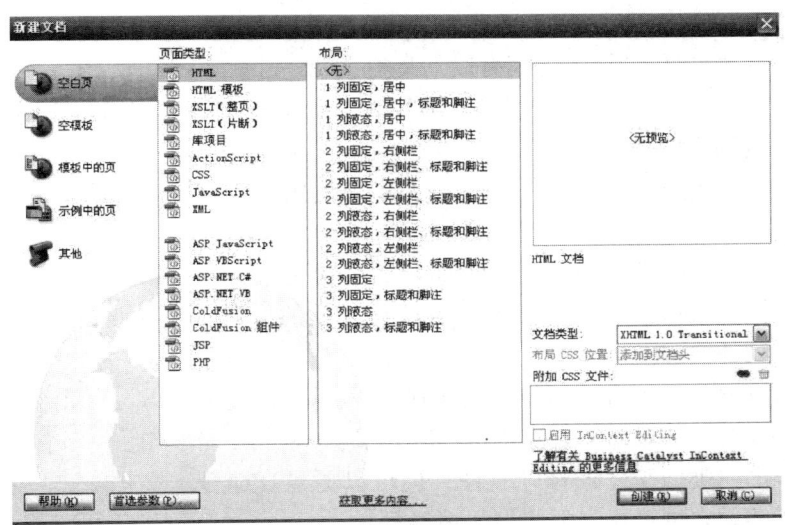

图 3-7 "新建文档"对话框

（2）保存网页文档。保存网页文档的方法主要有以下三种。

方法一：单击 Dreamweaver CS5 主窗口的菜单"文件"→"保存"或者"保存全部"。

方法二：按"Ctrl+S"组合键。

方法三：单击标准工具栏中的"保存"按钮 或者"全部保存"按钮 。

（3）打开网页文档。打开网页文档，单击 Dreamweaver CS5 主窗口的菜单"文件"→"打开"，弹出"打开"对话框，在该对话框中可以打开多种类型的文档，如 HTML、XML 文档等。打开最近的文档，在 Dreamweaver CS5 主窗口的菜单"文件"→"打开最近的文件"，在弹出的菜单项中可以选择最近编辑过的网页文档。如果选择"启动时重新打开文档"，则下次启动 Dreamweaver CS5 后将自动打开上次退出时处于打开状态的文档。

（4）关闭网页文档。单击菜单"文件"→"关闭"或者"全部关闭"，即可关闭网页文档。如果页面尚未保存，则会弹出一个对话框，确认是否保存。

3.2.4 设置网页基本属性

网页设计者根据自己的需要，可以设置网页的视图。网页标题、背景颜色和图像、文本和超级链接颜色是 HTML 文档的基本属性，页面标题可标识和命名文档；背景颜色和图像可设置文档的外观；文本颜色可以帮助用户将普通文本和具有超级链接的文本区别开来，并且可以识别以及访问和尚未访问的超级链接。

3.2.4.1 视图

在 Dreamweaver CS5 的"文档"窗口中设计网页时，可以切换到不同的视图中，对网页进行更方便的设置和查看，如图3-8所示。

图3-8 文档工具栏

Dreamweaver CS5 提供的视图方式有以下几种：

（1）代码视图：一个用于编写和编辑 HTML、JavaScript、服务器语言代码以及任何其他类型代码的手工编码环境。

（2）拆分视图：是代码视图的一种拆分版本，使用户可以同时对文档的不同部分进行代码编辑。

（3）设计视图：一个用于可视化页面布局、可视化编辑和快速应用程序开发的设计环境。在此视图中，Dreamweaver 显示文档的完全可编辑的可视化表示形式，类似于在浏览器中查看页面时看到的内容。

（4）实时代码视图：它显示浏览器用于执行该页面的实际代码，当在"实时"视图中与该页面进行交互时，它可以动态变化。"实时代码"视图不可编辑。

（5）实时视图：类似于"设计"视图，但可以更逼真地显示文档在浏览器中的表示形式，并使用户能够像在浏览器中那样与文档进行交互。"实时"视图不可编辑。但是可以在"代码"视图中进行编辑，然后刷新"实时"视图来查看所做的更改。

3.2.4.2 设置网页标题

网页标题是显示在网页标题栏的文字，通过网页标题可以让访客了解该网页的具体作用，了解该网页相关信息，合理地设置标题，有助于提高网站的搜索引擎排名，获取更多流量。添加网页标题的方法有多种，具体如下：

方法一：在 Dreamweaver CS5 工具栏标题框中直接输入新标题。

方法二：执行菜单中的"修改"→"页面属性"命令，弹出"页面属性"对话框，选择"分类"中的"标题/编码"选项，在"标题"文本框中输入相应的标题文字，然后单击"确定"按钮，如图3-9所示。

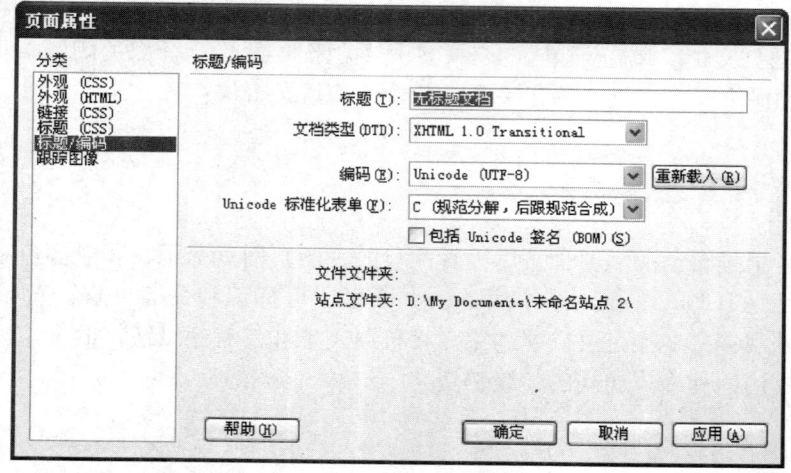

图3-9 "标题/编码"选项卡

方法三：单击文档中的"代码"视图按钮，然后在 <title> 和 </title> 标签之间输入标题内容。

3.2.4.3 设置网页背景

网页背景包括背景颜色和背景图像，具体设置如下：

（1）执行菜单中的"修改"→"页面属性"命令；或者直接单击"属性"面板上的"页面属性"按钮；或者将光标定位到文档空白处单击鼠标右键，在弹出的快捷菜单中选择"页面属性"命令，弹出"页面属性"对话框，如图 3-10 所示。

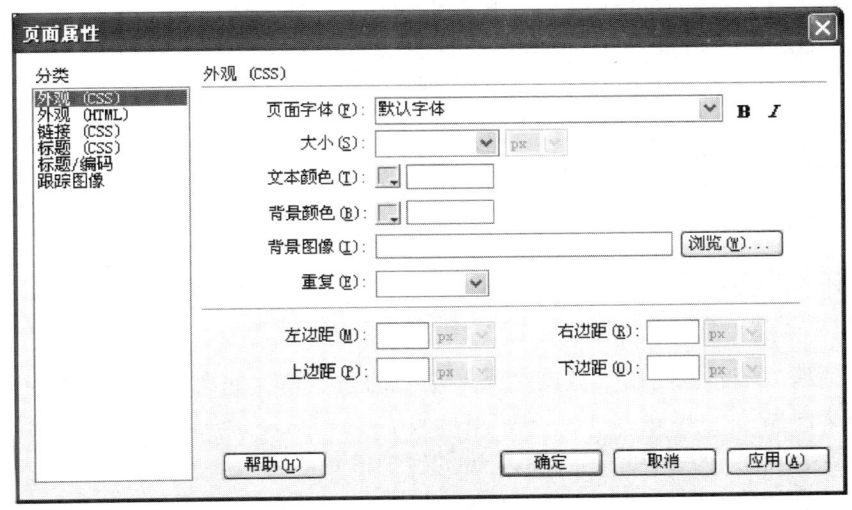

图 3-10 "外观（CSS）"选项卡

（2）在"页面属性"对话框中，选择"分类"中的"外观（CSS）"选项，设置"背景颜色"或"背景图像"，当选择"背景图像"选项时，图像如果不在站点内出现提示对话框，询问"您愿意将该文件复制到根文件夹中吗？"，如果选择"是"按钮将会将图像保存到指定的根文件夹中。

（3）单击"确定"按钮，即可为网页添加背景图像，同时在 HTML 中会生成相应的 HTML 代码。

（4）对于选择背景颜色来说，直接在"页面属性"对话框中选择"背景颜色"选项即可。

3.2.4.4 设置页边距

页边距可以在文档的"页面属性"对话框中设置。

（1）打开菜单中的"修改"→"页面属性"命令，弹出"页面属性"对话框。

（2）在"页面属性"对话框中，选择"分类"中的"外观"选项，根据需要设定"上边距"、"下边距"、"左边距"、"右边距"。

3.2.4.5 定义默认的文本颜色、字体和大小

文本颜色、字体和大小的设置都是在"页面属性"对话框中设置完成。
(1) 单击"属性"面板中的"页面属性"按钮,弹出"页面属性"对话框。
(2) 在"分类"列表框→"外观(CSS)"选项中,分别选择"文本颜色"、"页面字体"和"大小"选项,即可将网页的默认文本颜色、字体和大小改变。

3.2.4.6 在浏览器中浏览网页

可以在浏览器中浏览设置的效果,其方法有以下三种:
方法一:按"F12"键。
方法二:单击菜单"文件"→"在浏览器中预览"→"IExplore"。
方法三:单击"文档"工具栏中"在浏览器中预览/调试"按钮，在弹出的快捷菜单中单击"预览在IExplore"。

3.3 实践向导

任务 创建一个实例网站"我的个人站点"的站点结构如图3-1所示,在站点中创建一个本地根文件夹"Website",然后在"Website"文件夹中分别创建flash、images、music、vedio、web等子文件夹,创建一个Index.html空白网页。

在建立站点之前,要清楚所有的文件夹、资源和特定的文件都包含在站点中。因此在本地电脑的F盘根目录下建立一个名为"Website"的文件夹,用来存放相关文档。

(1) 单击"开始"→"程序"→"Adobe"→"Adobe Dreamweaver CS5"启动Dreamweaver CS5。

(2) 选择菜单"站点"→"新建站点"命令,或者选择"管理站点"选项,在"管理站点"对话框中单击"新建"按钮,打开"站点设置对象"对话框,如图3-11所示。

① 在左侧列表中选择"站点"标签。"站点"标签中各选项功能说明如下:
• "站点名称"选项:输入网站的名称。网站名称显示在站点面板中的站点下拉列表中。站点名称不会在浏览器中显示,因此可以使用喜欢的任何名称。本例使用"我的个人站点"作为站点名称。
• "本地站点文件夹"选项:放置该网站文件、模板以及库的本地文件夹。在文本框中输入一个路径和文件夹名,或者单击右边的文件夹图标选择一个文件夹。如果本地根目录文件夹不存在,那么可以在"选择根文件夹"对话框中创建一个文件夹,然后再选择它。当Dreamweaver CS5在站点中决定相对链接时,是以此目录为标准的。

② 在左侧列表中选择"高级设置",选择"本地信息"标签,如图3-12所示。在"本地信息"选项卡中各选项功能说明如下:
• "默认图像文件夹"选项:设置站点图片存放的文件夹的默认位置。
• "链接相对于"选项:默认为选择文档。
• "Web URL"选项:输入网站完整的URL。

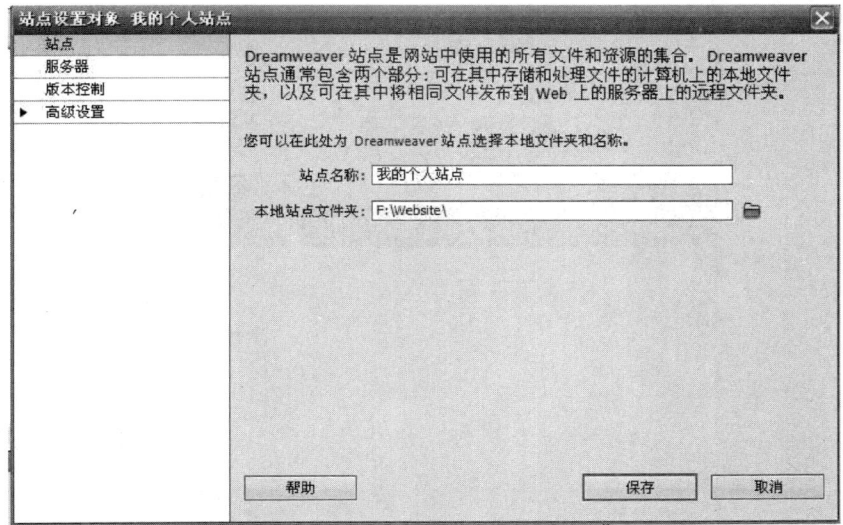

图 3-11 "站点设置对象"对话框

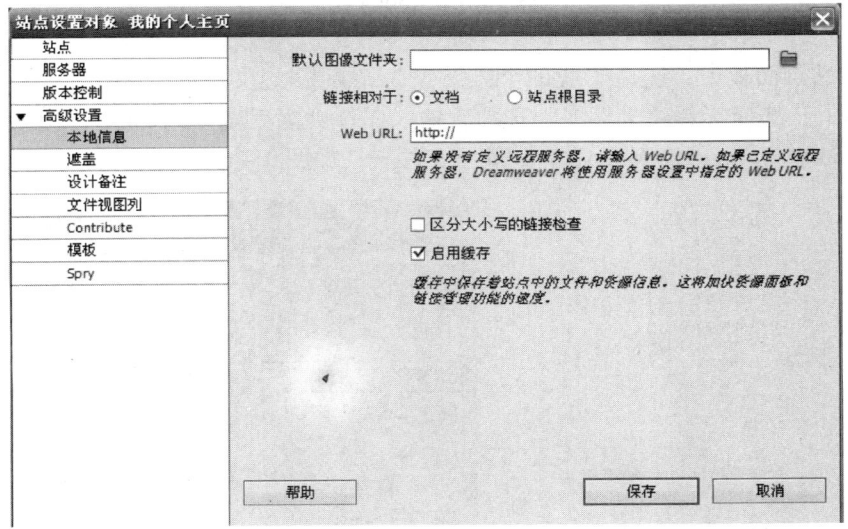

图 3-12 "本地信息"选项卡

- "区别大小写的链接检查"选项:选择此项,在检查链接时,则会有字母大小写的区分。
- "启用缓存"选项:选择此项,会创建一个缓存以加快资源面板和链接管理功能的速度。如果不选择此项,Dreamweaver CS5 在创建站点时会询问是否想创建一个缓存。

其他项可以根据需要设置,也可以在"管理站点"对话框中选择"编辑"按钮,打开"站点设置对象"对话框进行设置。

(4) 设置完毕,单击"保存"按钮。打开站点面板,可以看到刚才新建立的"我的个人站点"站点,如图 3-13 所示。

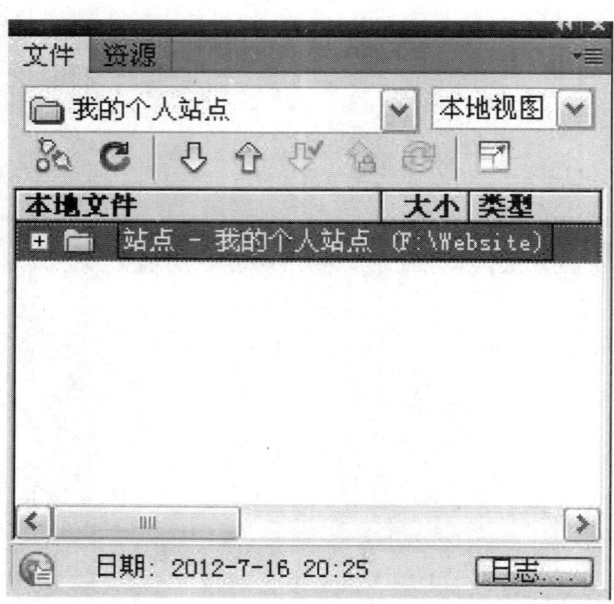

图 3-13 新建站点

（5）在站点面板中，选择"我的个人站点"站点根文件夹后，单击鼠标右键，在弹出的快捷菜单中，选择"新建文件夹"选项，输入文件夹名后按"Enter"键确认即可。分别创建 flash、images、music、vedio、web 等子文件夹，如图 3-14 所示。

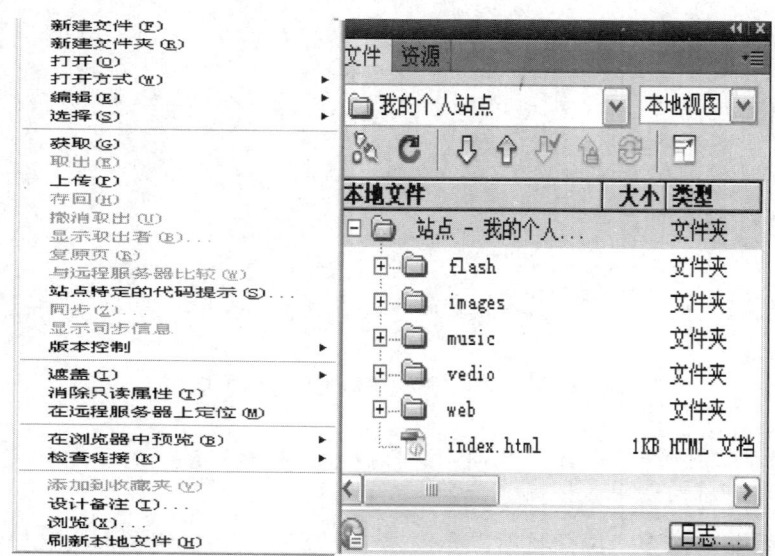

图 3-14 新建文件夹

（6）选中"我的个人站点"站点根文件夹，单击鼠标右键，选择"新建文件"选项，创建 Index.html 空白网页。

3.4 能力拓展

创建一个名为"信工系党员电脑维护部"的站点,该网站所有文件存储在本地计算机"E:\Web\"中,在该文件夹中创建3个子文件夹"PHOTO"、"TEXT"、"WEB",创建一个 INDEX.HTML 的网页文档;将所有的图像文件复制到"PHOTO"文件夹中。

3.5 项目小结

本项目主要介绍了站点的创建、站点的规划、创建本地站点、站点的基本编辑、管理站点文档、设置网页基本属性。对于制作一个完整的网站,建立站点的基本操作非常重要。

项目 4

制作纯文本网页

4.1 项目描述

文字是网页中主要的信息载体,也是网页中最为重要的设计元素,用户主要通过文字了解网页的内容。因为纯文本页面所占用的存储空间非常小,在网络上传输速度较快,能快速地被用户打开,因此一般学习网站制作案例都是从纯文本页面开始。整齐美观、大小适中的文本能够体现网页的视觉效果,本项目所制作的"名胜古迹"纯文本网页,效果如图4-1所示。

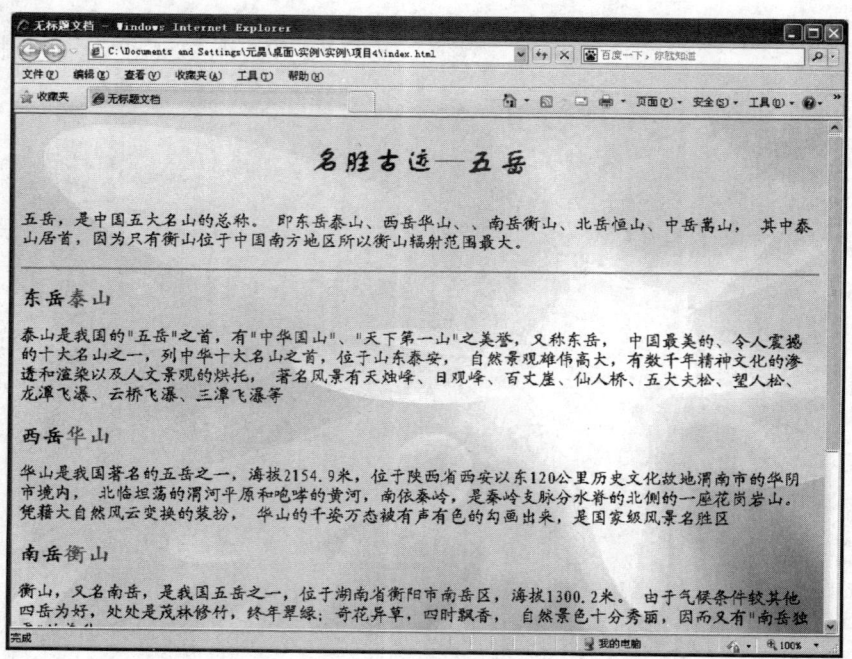

图 4-1 "名胜古迹"页面效果图

4.2 知识储备

4.2.1 文本的输入

4.2.1.1 输入文本文字

Dreamweaver CS5 提供了多种插入文本的方法。标题、栏目名称等少量文本，可以选择直接在文档窗口中键入；段落文本，可以选择从其他文档中复制粘贴；整篇文章或表格，可以选择导入 XML 文档、表格式数据、Word 文档或 Excel 文档，导入文本界面如图 4-2 所示。

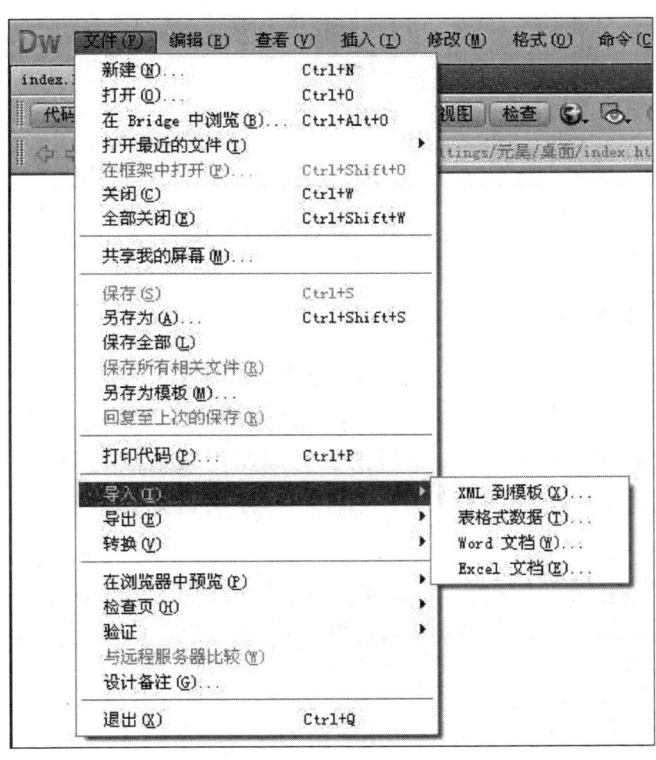

图 4-2 导入文本界面

4.2.1.2 输入文本空格

在"页面设计窗口"中可以直接输入空格，但只能输入一个空格，如需输入多个空格，可采用以下方法。

（1）切换到代码模式，在想插入空格的代码中插入" "即可。
（2）直接使用快捷键"Ctrl + Shift + 空格"键。
（3）在输入法中，把输入法变为全角模式，插入空格。

（4）选择"编辑"菜单→"首选参数"→"允许多个连续空格"如图4-3所示。

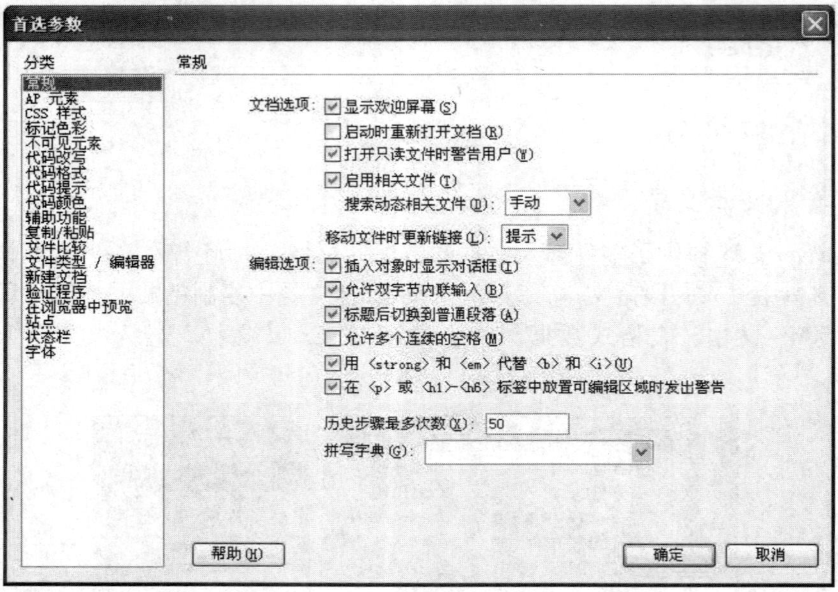

图4-3 首选参数界面

4.2.1.3 实现文本换行

一般 Dreamweaver 中的文本段落是自动换行的，即在输入文字时，若文字超过了窗口显示范围时，会自动换到下一行。如果在文本输入的过程中需要划分段落，可以使用"Enter"键进行换行，用"Enter"键换行后上下段落的行间距为较大。如果用"Shift + Enter"快捷键进行强制换行，换行所产生的行距为"Enter"键换行所产生行距的一半，如图4-4所示。

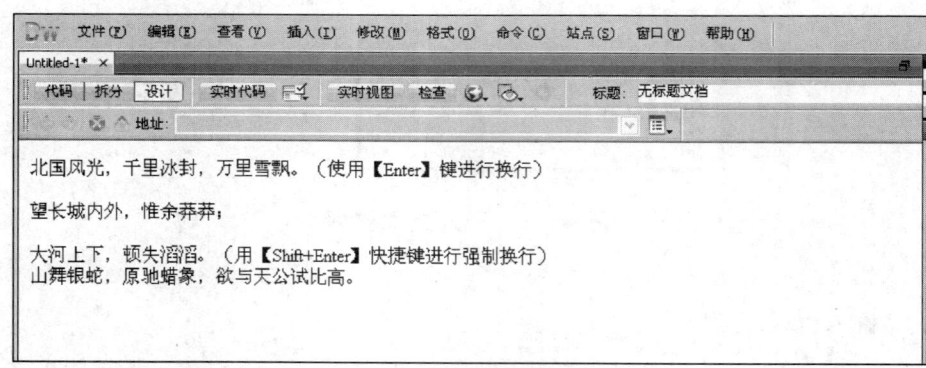

图4-4 文本换行效果

4.2.2 网页设计视图下编辑文本

（1）选中网页中的文本。把鼠标指针指向要选中的文本开始处，按住鼠标左键并拖选需要选中的文本，拖动到被选中文本的末尾时释放鼠标左键。

（2）删除文本操作。使用鼠标选择要删除的文本，先按住"Shift+方向"键选择要删除的文本，使其高亮度显示，然后按"Delete"键删除，或者单击"编辑"菜单，选择"清除"项进行删除。如果删除中出现了错误，单击"编辑"菜单，选择"撤消"项，或者按"Ctrl+Z"组合键，就能回到删除之前的状态了。

（3）搜索、替换文本。打开需要编辑的 HTML 文档，单击"编辑"菜单，选择"查找和替换"项，弹出"查找和替换"对话框，按照"查找和替换"对话框的说明进行操作即可。

4.2.3 插入相关文本要素

4.2.3.1 插入特殊字符

（1）通过菜单"插入"→"HTML"→"特殊字符"插入。先将光标放置到需要插入特殊字符的位置，然后展开菜单"插入"→"HTML"→"特殊字符"，在"特殊字符"的级联菜单中选择需要插入的特殊字符。

（2）通过"文本"插入工具栏插入。

先在 Dreamweaver CS5 的"插入"工具栏中选择"文本"，显示"文本"插入工具栏，如图 4-5 所示。将光标放置到需要插入特殊字符的位置，然后单击"文本"插入工具栏的"字符"按钮，弹出级联菜单，在级联菜单中选择所需插入的特殊字符即可。

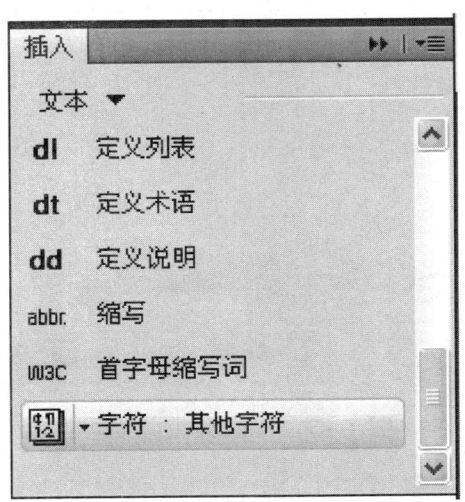

图 4-5 "文本"插入工具栏

4.2.3.2 插入文本列表

当需要条列式逐项列出内容时，使用项目符号工具就可以在每一个项目前面加上符号或编号。

（1）项目列表。将鼠标定位在要添加项目列表的段落中。在"属性"面板中，单击"项目列表"按钮即可对文字添加项目列表符号。如需更改项目列表，将光标定位到需要更改项目列表的文字上。在"属性"面板中，单击"列表项目…"按钮，打开"列表属性"对话框，在对话框中进行列表样式设置，如图4-6所示。

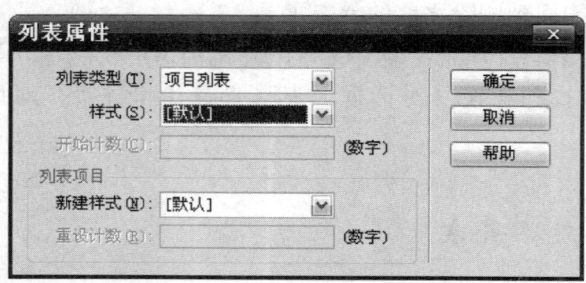

图4-6 "列表属性"对话框

（2）编号列表。若单击编号列表按钮 ，则项目前面加上的是数字编号，如图4-7所示。

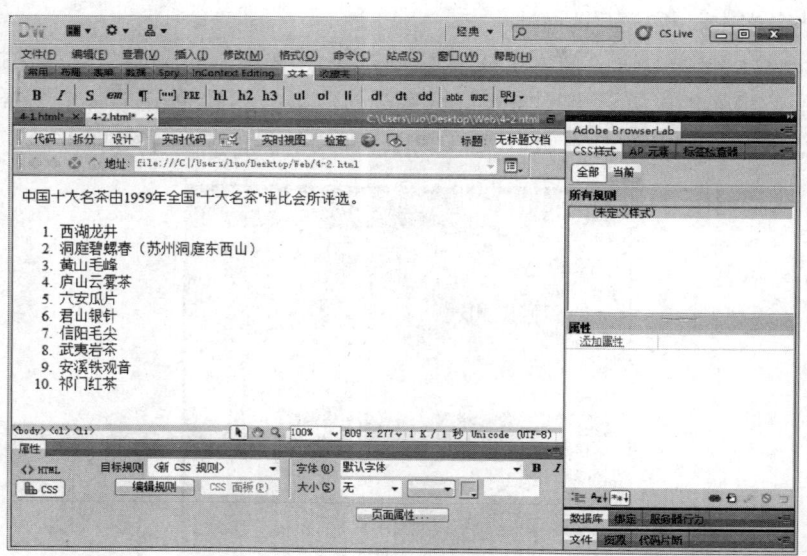

图4-7 编号列表效果图

4.2.3.3 插入水平线

（1）在Dreamweaver CS5中打开文档，将光标定位在要插入水平线的位置。

（2）单击"插入"菜单，选择"HTML"项，选择"水平线"命令，如图4-8所示。

或者单击"窗口"菜单,选择"插入"项,打开"插入"面板,在面板中选择"常用"项,单击"水平线"按钮,在文档中就插入了一条水平线。

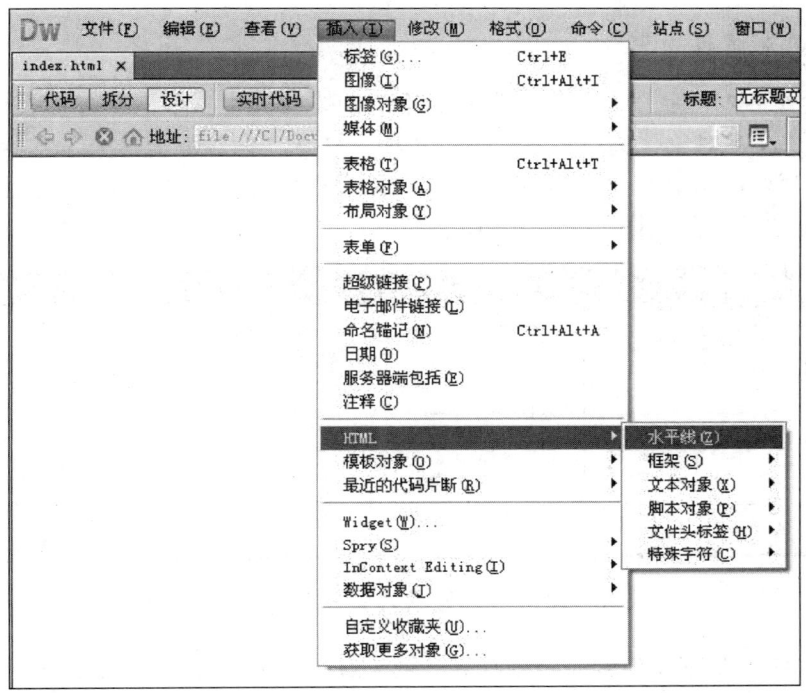

图 4-8 插入水平线

4.2.3.4 插入时间

在 Dreamweaver CS5 中打开文档,将光标定位在要插入日期的位置上。单击"插入"菜单,选择"日期"项,或者单击"窗口"菜单,选择"插入"项,打开"插入"面板,在面板上选择"常用"项,单击"日期"按钮,弹出"插入日期"对话框。在弹出的"插入日期"对话框中,选择所需日期格式后,单击"确定"按钮,如图 4-9 所示。

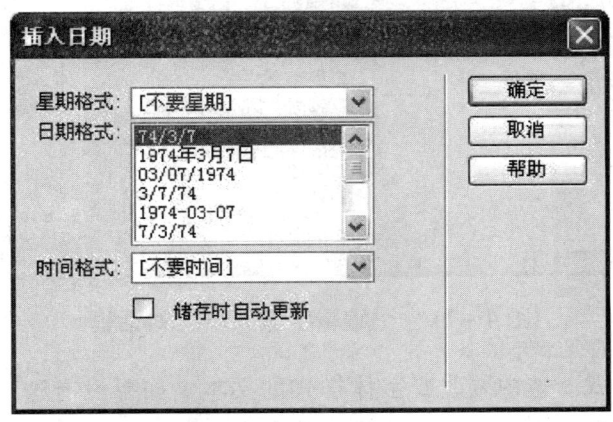

图 4-9 插入日期对话框

4.2.4 文本的格式化

4.2.4.1 文本属性设置

（1）设置字体、字号、颜色。选中要改变字体的文本。单击菜单"插入"→"HTML"选项→"文本对象"选项→"字体"选项，打开"标签编辑器—font"对话框。左侧列表框选择"常规"选项，在右侧对应的下拉列表框中进行字体、字号、颜色的设置，设置完成后单击"确定"按钮，如图4-10所示。

图4-10 "标签编辑器-font"对话框

如果在"字体"下拉列表框中没有需要的字体名称，则单击"编辑字体列表"按钮，打开"编辑字体列表"对话框，如图4-11所示，在"可用字体"列表中选择要置入的字体，接着单击 << 按钮。将需要的字体置入"选择的字体"列表中后，单击 + 按钮，即可把需要的字体添加到"字体列表"。

图4-11 "编辑字体列表"对话框

（2）设置字体样式。选中要改变字体样式的文本。如果没有选定文本，那么设置的字体样式将应用于后面要输入的文本。单击"格式"菜单，选择"样式"项，弹出样式下拉列表,选择一个样式即可。如果想取消已经设置好的样式,则再次选择该样式即可取消。

4.2.4.2 段落格式设置

在 Dreamweaver CS5 中可以从三个方面来设置段落的格式,它们分别是设置段落的标题、设置段落的对齐方式和设置段落的缩进。

(1) 设置段落的标题。

打开 HTML 文档,将光标插入到要作为标题的行中,以下三种方法都可以设置段落标题:

方法一:使用属性面板。打开文本的属性面板,在"HTML"选项卡的"格式"下拉列表中,选择所需要的标题样式,其中"标题1"文字最大,"标题6"文字最小,如图4-12所示。

图4-12 "文本"属性面板

方法二:使用菜单命令。单击"格式"菜单,选择"段落格式"项,在弹出的子菜单中选择所需要的标题样式。

方法三:使用插入面板。单击"窗口"菜单,选择"插入"选项,打开"插入"面板,选择"文本"选项,切换到"文本"插入面板,选择"标题1-标题3"按钮就可进行设置。

(2) 设置段落的对齐方式。

打开 HTML 文档,将光标插入到要对齐的段落中。单击"格式"菜单,选择"对齐"选项,在弹出的子菜单中,选择段落的对齐方式即可设置。设置好段落的对齐方式后,在"代码"视图中可以查看源代码,例如:

<p align = "center" >...</p>

(3) 设置段落的缩进。

当需要强调某一段落文字或者引用其他文字时,需要将文字缩进,方便与普通段落进行区分。

打开文档,将光标插入到要缩进的一个或者多个段落中,以下两种方法都可以设置段落的缩进:

方法一:使用菜单命令。单击"格式"菜单,选择"缩进"项,即可设置段落的缩进,如果想取消缩进,单击"格式"菜单,选择"凸出"项即可。

方法二:使用属性面板。在"属性"面板中,单击"内缩区块"按钮,即可设置段落的缩进,如果想取消,则单击左侧的"删除内缩区块"按钮。

设置好段落的缩进,在"代码"视图中可以查看源代码,例如:

< blockquote >
< p > 段落的缩进 < / p >
< / blockquote >

4.3 实践向导

任务　制作"名胜古迹"纯文本页面。页面效果如图4-1所示，具体操作步骤如下：
（1）启动 Dreamweaver CS5，新建一个空白页面。
（2）执行"文件"菜单中"新建"命令，在新建文档窗体中选择"空白页"，页面类型为"HTML"，单击"创建"按钮，新建一空页面。
（3）复制文本内容到空白页面，选中页面文本，在属性面板中，单击"页面属性"按钮，打开"页面属性"对话框，在该对话框中进行设置。如页面字体为宋体、字体大小为"24px"，颜色为黑色"#000"，左、右边距为"10px"，上、下边距为"8px"，如图4-13所示。

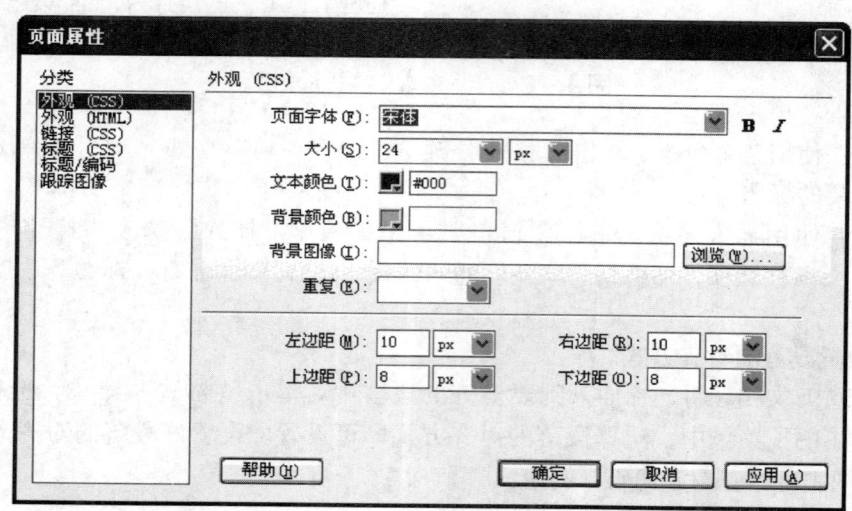

图4-13　"页面属性"对话框

（4）选中页面文本"中华名山——五岳"，单击"格式"菜单，选择"段落格式"选项，在弹出的子菜单中，选择为"标题1"。打开属性面板的"CSS"选项卡，在"字体"列表框中选择字体，弹出"新建 CSS 规则"对话框，如图4-14所示，在"选择器类型"下拉列表框中选择"标签"，在"选择器名称"下拉列表框中选择 h1，设置标题的字体 font - family 为"华文楷体"，字体大小 font - size 为"36px"，字体样式 font - style 为"normal"，颜色 color 为绿色"#0F0"，如图4-15所示。
（5）选中标题1"中华名山——五岳"中的"五岳"两字，同上步骤新建 CSS 规则，此次选择复合内容，选择器名称为"body h1 span"，可以在刚才的标题1属性中创建子属性，在此属性中调整其颜色 Color 属性为红色"#F00"。

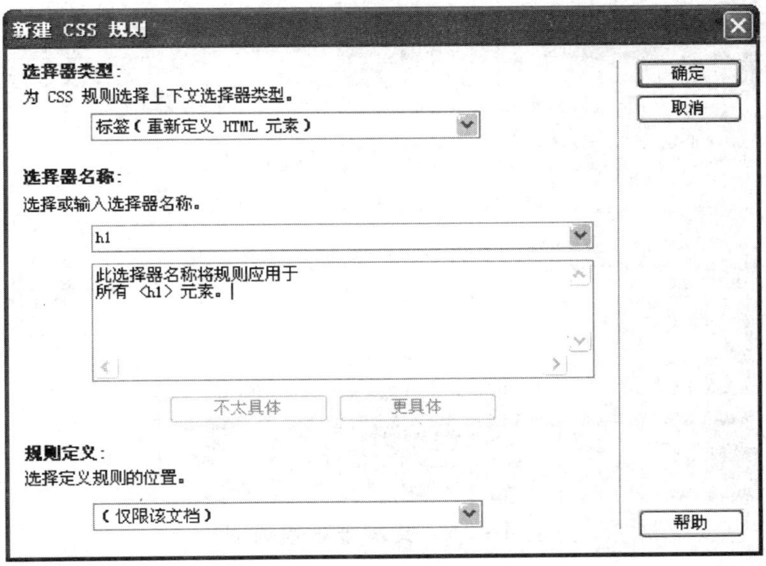

图 4-14 "新建 CSS 规则"对话框

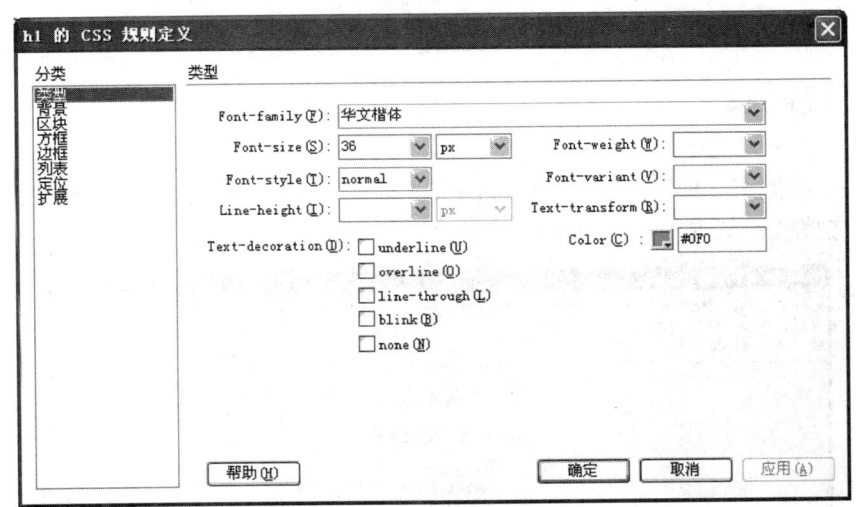

图 4-15 "h1 的 CSS 规则定义"对话框

(6) 再次选中"中华名山——五岳",选择菜单"格式"→"对齐"→"右对齐",设置对齐方式为居中方式,效果如图 4-16 所示。

(7) 把光标定位于第一段文字之后,单击"插入"菜单,选择"HTML"项,选择"水平线"命令,在光标处插入一条水平线。(选择 HTML 菜单栏下的插入水平线,将宽设置为 1,高为 100,即可得到竖线)

(8) 依据上面的步骤,分别设置"东岳泰山"、"西岳华山"、"南岳衡山"、"北岳恒山"、"中岳嵩山"五处文字为"标题 2",建立不同的 CSS 规则来设置文本属性。如字体大小为"30px",颜色设置"#906"。

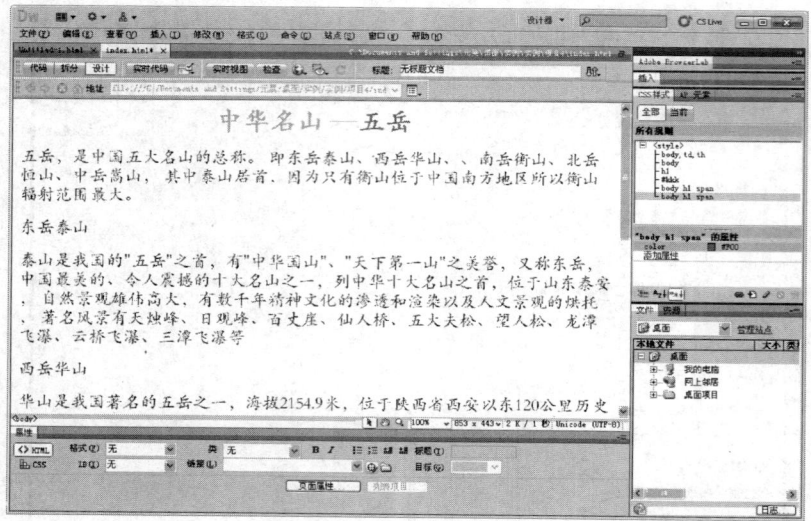

图 4-16　文本排版效果图

（9）保存页面后，在"页面属性"对话框中设置背景图像，页面标题为"中华五岳"。
（10）按"F12"快捷键，在浏览器中预览效果，如图 4-1 所示。

4.4　能力拓展

创建"再别康桥"网页，通过制作该网页，掌握文本的标题设置、文字的移动和复制、文字的查找与替换等基本操作，效果如图 4-17 所示。

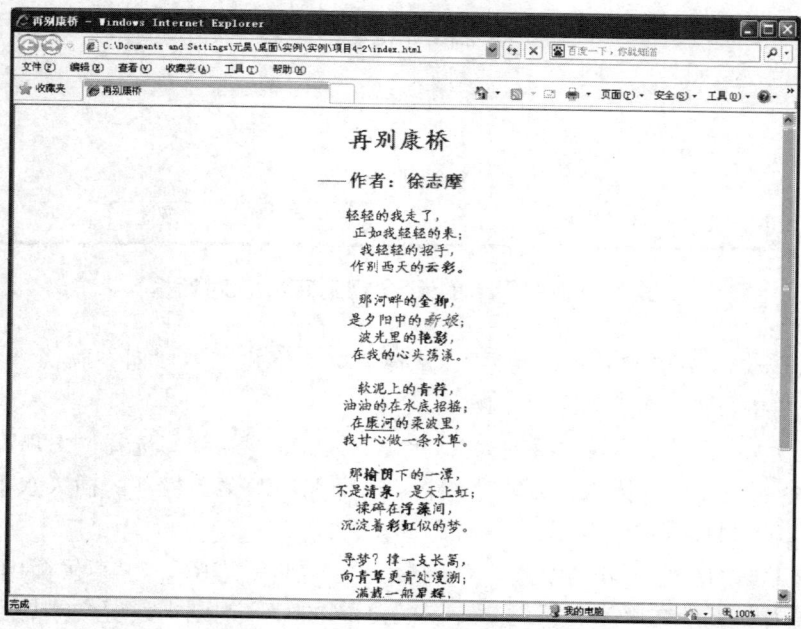

图 4-17　"再别康桥"页面效果图

4.5 项目小结

文本是大多数网页的主要内容,Dreamweaver CS5 提供了段落文本操作的基本工具,可以编排段落、建立与更改项目符号等,能够随心所欲地编辑网页内容。

项目 5

制作图文混排网页

5.1 项目描述

图像是网页元素中的另一重要组成部分,在网页中插入图像可以使网页更好地表现网站的主题思想,使版面变得丰富多彩,吸引更多的浏览者。

图像文件的格式有很多种,但实际上在网页中常使用的图像文件格式只有 GIF、JPG 和 PNG 三种,因为这三种图像文件都是经过压缩,因此文件比较小,利于网络上传输与观看。

在网页中使用图像时,要考虑图像在页面中的整体效果。本项目制作"中国庐山"图文混排网页,效果如图 5-1 所示。

图 5-1 "中国庐山"页面效果

5.2 知识储备

5.2.1 插入图像

在网页中插入图像的操作步骤如下：
（1）将光标定位在文档中要插入图像的位置。
（2）执行下列操作，菜单方式为单击"插入"菜单，选择"图像"选项。面板快捷方式为在"插入"面板的"常用"模式下，单击"图像"按钮，如图5-2所示。

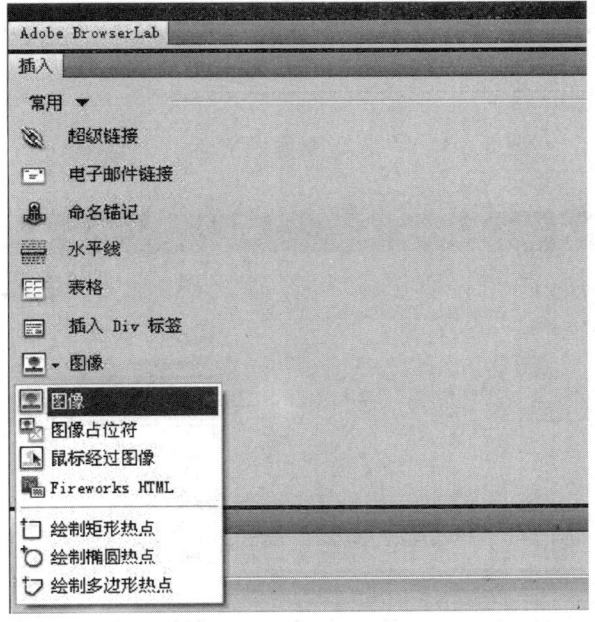

图5-2 "插入"面板

（3）弹出"选择图像源文件"对话框，单击"文件系统"单选按钮，表示从本地硬盘上选择图像文件。在该对话框中，选择需要插入的图像，如图5-3所示。
（4）单击"确定"按钮后，弹出"图像标签辅助功能属性"对话框，替换文本处可以为空，单击"确定"即可，如图5-4所示。
（5）切换到"代码"视图，可以看到图像对应的HTML代码，如图5-5所示。

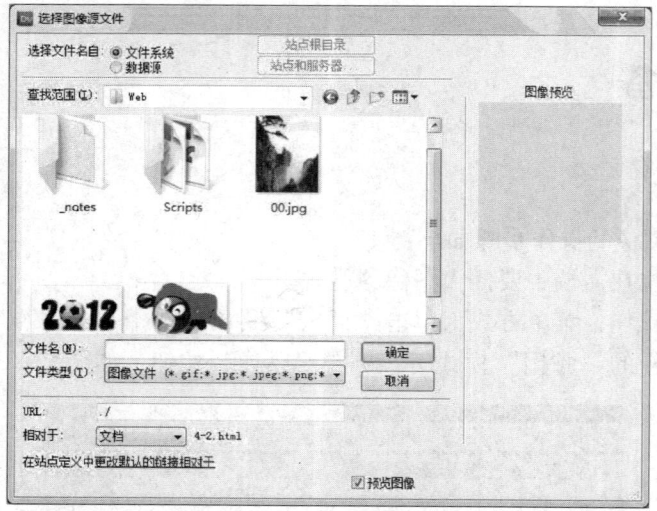

图5-3 "选择图像源文件"对话框

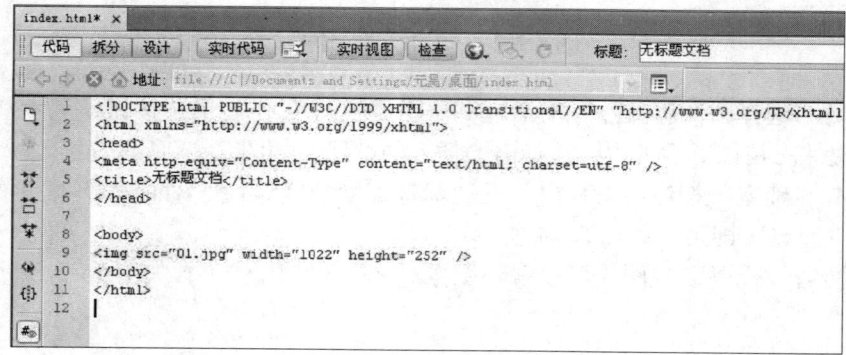

图5-4 "图像标签辅助功能属性"对话框

图5-5 "代码"视图HTML

5.2.2 设置图像属性

如果插入到网页的图片大小不符合网页排版的要求，就需要在 Dreamweaver CS5 中对图像进行缩放操作。

在属性面板中设置图像大小，在 HTML 文档中插入图像后，选择"设计"视图，选中要调整大小的图像，打开图像"属性"面板，在图像"属性"面板中重新输入一个"宽"和"高"的值，就可以改变图像的大小。使用鼠标可以进行更为直观的缩放操作，具体步骤如下：

(1) 在 HTML 文档中插入图像后，单击"设计"视图，然后用鼠标单击要进行缩放的图像，在图像上会出现 3 个控制句柄。

(2) 将光标放在控制句柄上，出现双箭头的形状后，拖动控制句柄，即可调整图像大小。

(3) 按住"Shift"键，拖动右下方控制句柄可以等比例放大、缩小图像。

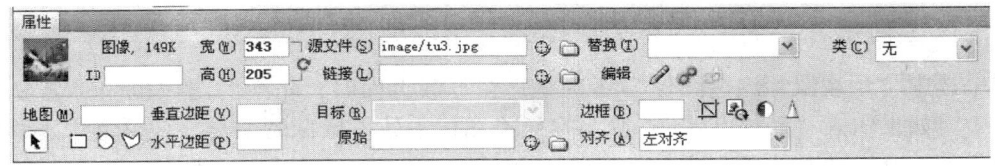

图 5-6　图像属性面板

图像"属性"面板常见选项说明如下：
- "图像"选项：设置图像的名称或 ID，一般情况可以不输入。
- "宽"和"高"选项：设置图像的宽度和高度，默认单位是像素。
- "源文件"选项：显示当前图片文件的地址。
- "链接"选项：指定图像的超链接地址。
- "替换"选项：设置图像的注释文本。
- "编辑"选项：启动图像编辑器并打开选定的图像。
- "地图"选项：包含"地图"文本框和"热点工具"，文本框中可以输入图像地图的名称，热点工具可以在图片中插入热点区域。
- "垂直边距"和"水平边距"选项：以像素为单位在图像的四周添加边距。
- "目标"选项：指定打开链接网页的框架或窗口。
- "边框"选项：设置图像的边框宽度。
- "对齐"选项：设置图像的对齐方式。

5.2.3 插入相关图像元素

5.2.3.1 插入"鼠标经过图像"

(1) "鼠标经过图像"可以实现图像轮换特效，给页面增添动态效果。先准备好两幅大小相同的图片，将光标定位到要插入轮换图像的位置。单击"插入"菜单，选择"图像对象"选项，在子菜单中单击"鼠标经过图像"命令。或者单击"插入"面板，选择"常用"项，单击"鼠标经过图像"按钮，如图 5-2 所示。

（2）弹出"插入鼠标经过图像"对话框，可以重新给图像输入一个名称。单击"原始图像"右侧"浏览"按钮，载入一幅原始图像。单击"鼠标经过图像"右侧"浏览"按钮，载入一幅要进行轮换的图像。

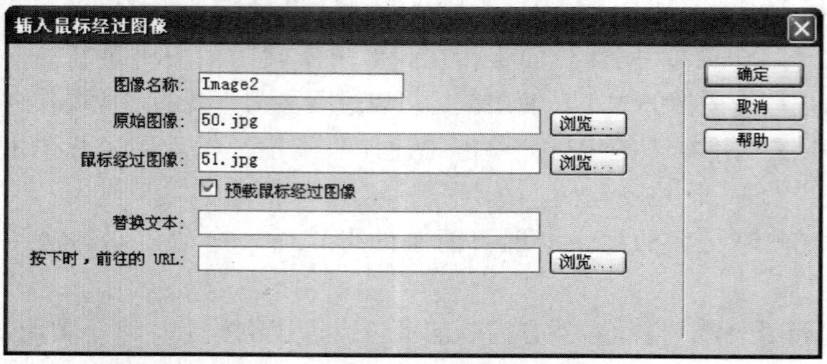

图 5-7 "插入鼠标经过图像"对话框

如果选中"预载鼠标经过图像"复选框，在下载页面时，轮换的图像也同时会被下载到缓存中。如果输入"替换文本"，则当在轮换图像上暂停鼠标时，会出现该文本。"按下时，前往的 URL"右侧文本框中，如果输入网页的 URL 地址，单击图像时，会进入到链接的页面。单击"确定"按钮，即完成了动态轮换图像的设置。

5.2.3.2 插入图像占位符

图像占位符是在准备好将最终图像添加到 Web 页面之前使用的图形，通过使用图像占位符，可以在真正创建图像之前确定图像在页面上的位置和大小。"插入图像占位符"对话框如图 5-8 所示。

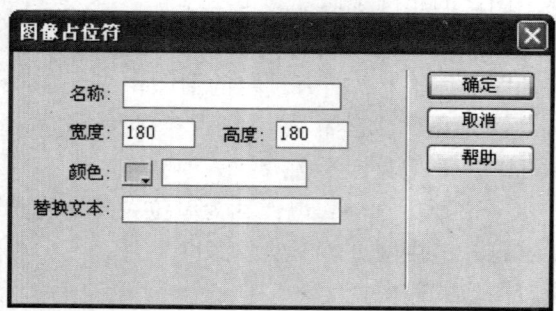

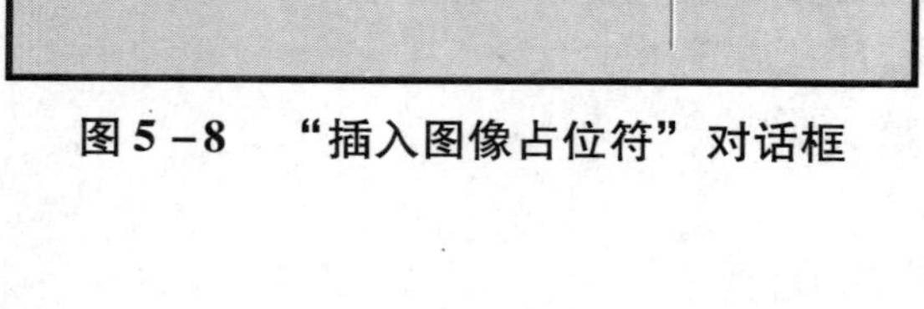

图 5-8 "插入图像占位符"对话框

5.3 实践向导

任务 制作图文混排网页"中国庐山"页面。效果如图 5-1 所示，具体操作步骤如下：

(1)启动 Dreamweaver CS5,单击菜单"文件"→"新建"命令,弹出"新建文档"对话框,设置网页标题为"庐山",然后输入文本,设置好文本格式如图 5-9 所示,保存为"5-1.html"。

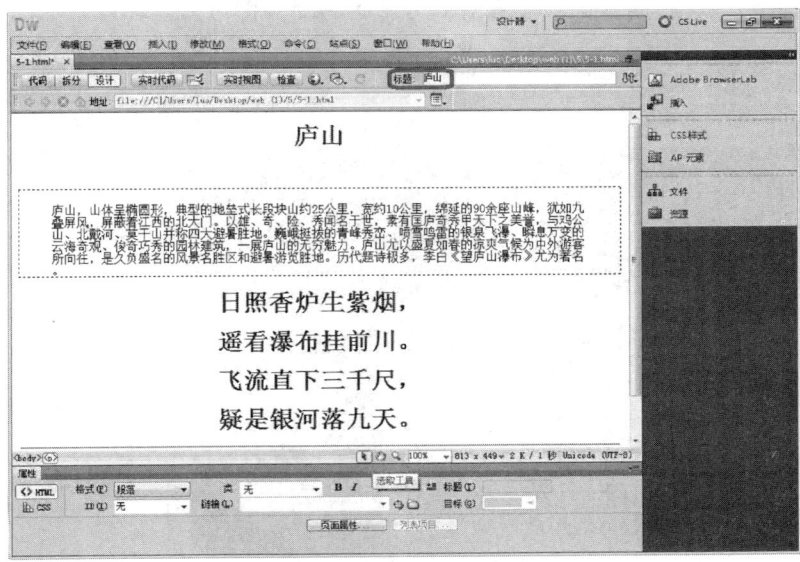

图 5-9 插入文字效果

(2)插入图片。
① 将光标放在要插入图像的位置,选择菜单栏中"插入"→"图像"命令。
② 出现"选择图像源文件"对话框后,在"查找范围"选择文件所在的位置,在列表中选择"53.jpg"文件名,显示效果如图 5-10 所示。

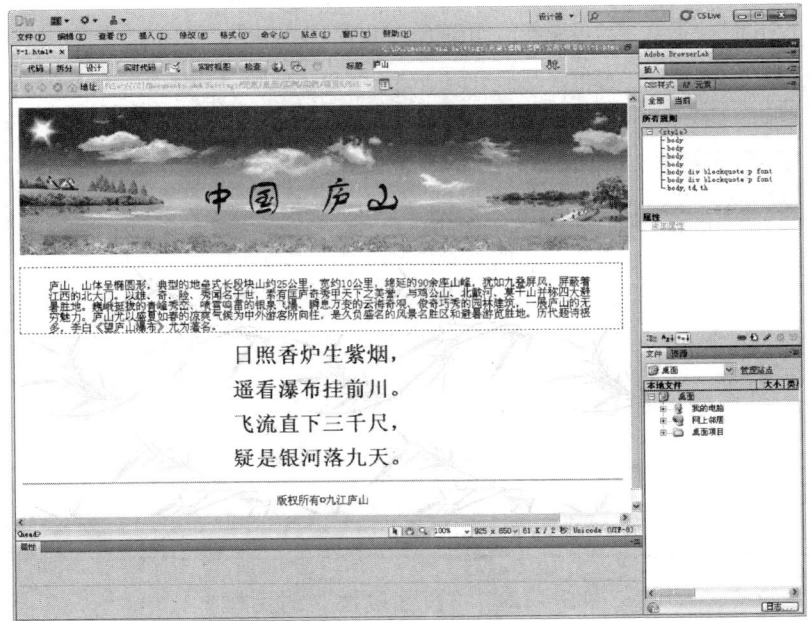

图 5-10 插入图像后的页面

(3) 在页面中插入鼠标经过图像。
① 选中文本下方位置,点击菜单"插入"→"图像对象"→"鼠标经过图像"。
② 弹出"插入鼠标经过图像"对话框,分别设置"原始图像"和"鼠标经过图像"。
③ 选择插入图像,在属性面板设置对齐方式为右对齐即可。具体效果如图 5-11 所示。

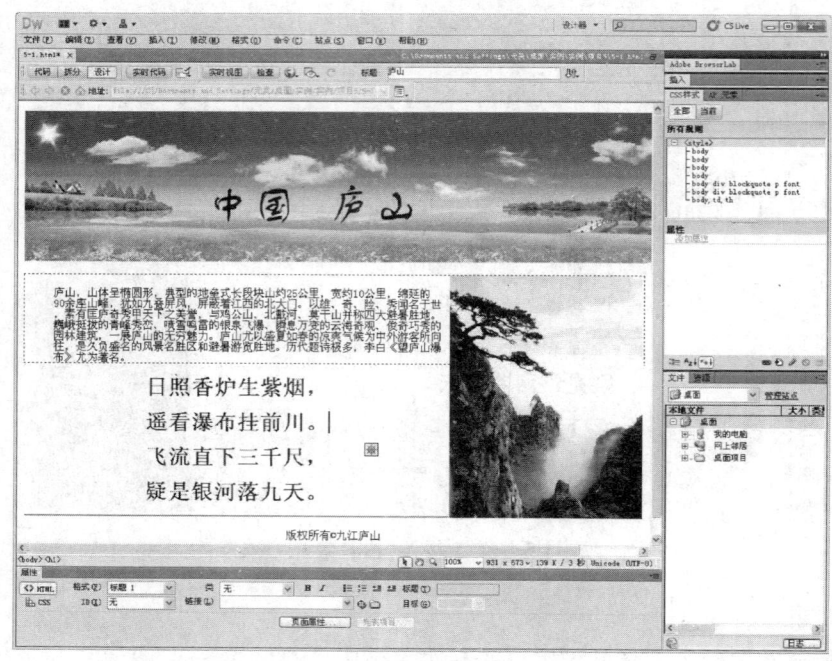

图 5-11 "庐山"页面效果

(4) 设置背景图像。选择菜单"修改"→"页面属性",弹出"页面属性"对话框,选中"外观(CSS)",设置背景图像,如图 5-12 所示。

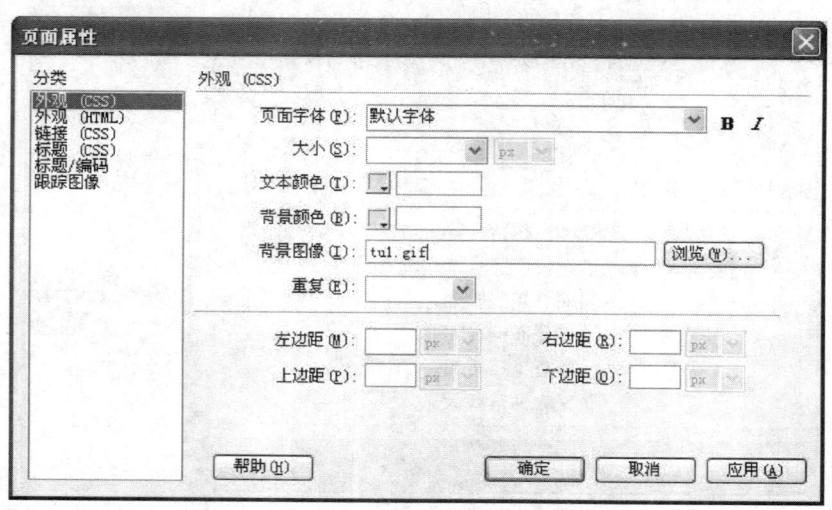

图 5-12 "页面属性"对话框

(5) 单击"确定"按钮，保存页面，按"F12"键显示最终效果图，如图 5-1 所示。

5.4 能力拓展

制作"万里长城"网页，通过制作该网页，可以掌握文本设置、图像加载、移动、复制、删除和属性设置等基本操作。"万里长城"网页的显示效果如图 5-13 所示。

图 5-13 "万里长城"页面效果

5.5 项目小结

无论是个人网站还是企业网站，图文并茂的网页会为网页增色不少，通过图像美化后的网页能吸引更多的浏览者，恰当的图片、文字能让页面充满美感。本项目学习插入图像的方法、设置图像的属性、设置鼠标经过图像等内容，通过案例操作掌握图像与文本混合编排的方法。

项目 6

插入动感元素

6.1 项目描述

随着多媒体技术的发展,网页已由最初单一的图片、文字内容发展为多种媒体集合的表现形式。在网页中应用多媒体技术,如音频、视频、Flash 动画等内容,可以增强网页的表现效果,使网页更生动,激发访问者兴趣。本项目所制作的"山水江西"动感页面效果如图 6-1 所示。

图 6-1 "山水江西"效果

6.2 知识储备

6.2.1 Flash 文件类型概述

Flash 是网上流行的矢量动画技术，近几年很多站点都采用了 Flash 技术，把传统网页无法做到的效果准确地表现出来，增强了网页的吸引力，如使用 Flash 制作的导航条、按钮都动感十足。Dreamweaver 中提供的 Flash 元素主要包括 Flash 动画、Flash 视频。

6.2.2 插入 Flash 对象

插入 Flash 对象操作步骤如下：
（1）将光标定位到插入动画的位置。
（2）执行以下操作之一。
方法一，单击菜单栏的"插入"→"媒体"→"SWF"（使用"Ctrl + Alt + F"快捷键），如图 6 – 2 所示。

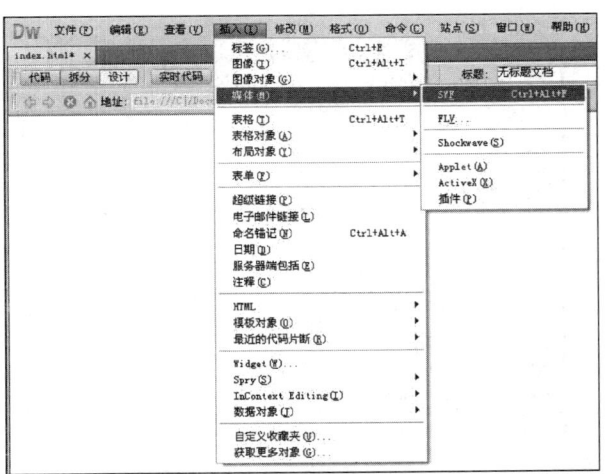

图 6 – 2　"插入"菜单

方法二，单击对象面板上的"插入"图标，选中"常用"→"媒体"→"SWF"，界面如图 6 – 3 所示。
（3）操作后会弹出"选择 SWF"对话框，如图 6 – 4 所示（如果页面没有保存会出现图 6 – 5 警告示意图，一般建议先把 SWF 文件和页面文件放在同一站点文件夹）。
（4）在对话框中选择要插入的 SWF 文件，单击"确定"按钮。弹出"对象标签辅助功能属性"对话框，设置完成后，单击"确定"按钮。

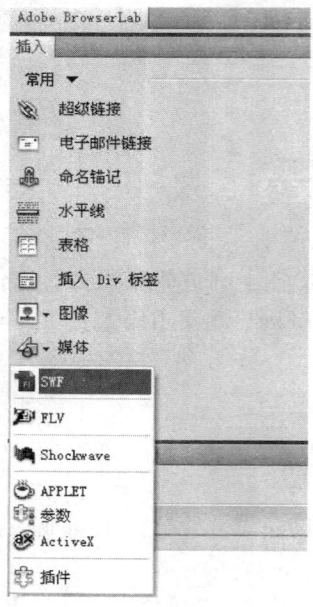

图 6-3 "插入"对象面板

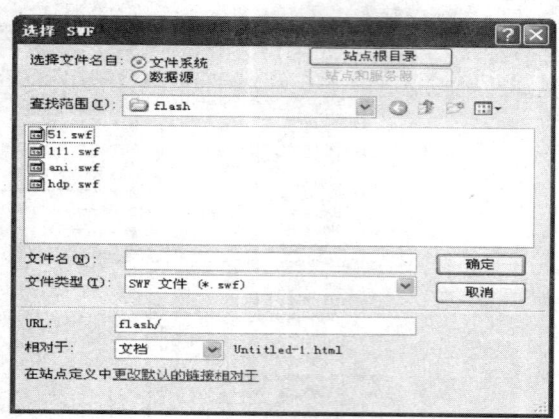

图 6-4 "选择 SWF"对话框

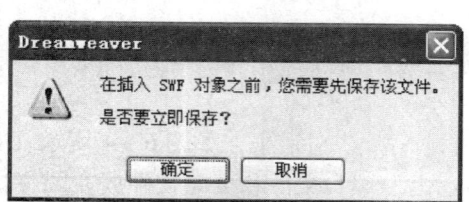

图 6-5 "警告"对话框

（5）插入 Flash 文件后，在设计视图以 Flash 图标方式显示，查看动画效果必须打开浏览器，Dreamweaver 中界面如图 6-6 所示。

项目6 插入动感元素

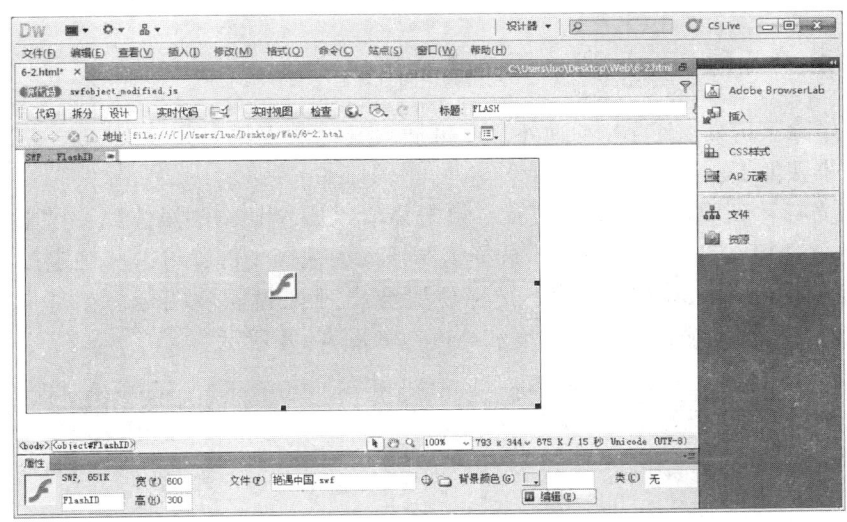

图 6-6 Flash 界面效果图

选中 Flash 动画文件，可在属性面板中对属性进行设置，如图 6-7 所示。

图 6-7 Flash 属性面板

Flash "属性"面板常见选项功能说明如下：
- "FlashID"选项：允许为 Flash 输入名称，用来标识影片的脚本。
- "宽"和"高"选项：指定影片的宽度和高度，默认单位是像素。
- "文件"选项：显示当前 Flash 文件的地址。可以单击文件夹图标查找源文件，也可以直接输入路径。
- "背景颜色"选项：指定影片区域的背景颜色。
- "编辑"按钮：单击编辑工具按钮可对 Flash 文件进行编辑。
- "循环"选项：设置影片是否循环播放。一般是选中该复选框。
- "自动播放"选项：设置影片在加载页面时是否自动播放。一般是选中该复选框。
- "垂直边距"和"水平边距"选项：以像素为单位在影片的四周设置空白区域。
- "品质"选项：设置影片在浏览器中的显示播放效果。
- "比例"选项：有默认、无边框和严格匹配三种显示方式，一般选择默认方式。
- "对齐"选项：设置影片在页面上的对齐方式。
- "播放/停止"按钮：单击此按钮可在当前文档中直接播放影片，或者停止播放。
- "参数"按钮：单击该按钮，可以打开一个对话框，对影片的播放参数进行设置。

6.2.3 插入视频

在网页中除了可插入 Flash 动画外,还可插入其他的视频,如 *.mpg、*.avi、*.mov 文件。操作步骤如下:

(1) 将光标移到要插入影片的位置,单击菜单"插入"→"媒体"→"插件"命令。

(2) 在"选择文件"对话框中,选择需要插入的视频文件,单击"确定"按钮。

(3) 回到 Dreamweaver 窗口后,光标位置会出现视频插件图标,在"属性"面板的"宽"和"高"栏分别输入影片的宽度和高度,如图 6-8 所示。

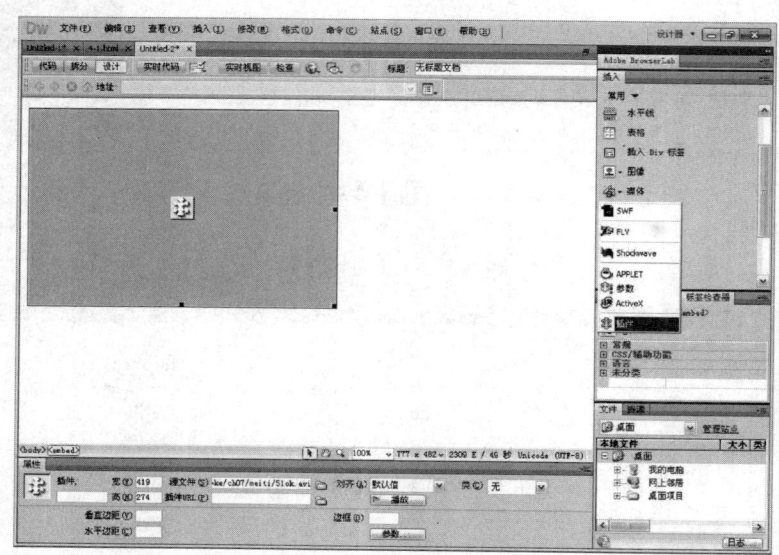

图 6-8　插入视频后的界面

(4) 选中视频插件图标,在属性面板中可以对播放器的属性进行设置。

(5) 设置完成后,保存按下"F12"键,即可预览播放视频。

6.2.4 插入音乐

6.2.4.1 插入音频文件

在网页中插入音频时,考虑到下载速度、声音效果等因素,一般采用 MIDI 或 mp3 格式的音频。在网页中插入音频文件后,系统自动生成默认的播放器。操作步骤如下:

(1) 将光标移到要插入音乐文件的位置,然后选择"插入"面板的"常用"模式,在"媒体"中单击插件外挂程序按钮 。

(2) 在打开的"选择文件"对话框中选择音乐文件。

(3) 回到 Dreamweaver 窗口后,光标位置会出现音乐插件图标。

(4) 选中插件图标,在属性面板中可以对播放器的属性进行设置,如图 6-9 所示。

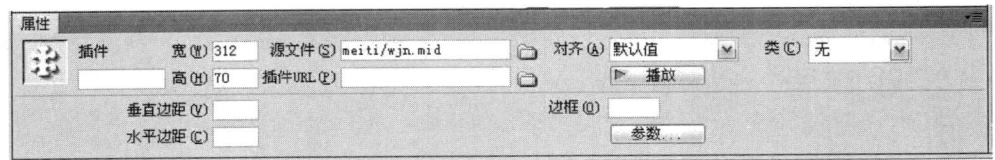

图 6-9 属性面板

（5）在属性面板中，单击"参数"按钮，出现"参数"对话框后，在"参数"栏输入 hidden，并在"值"栏输入 false，接着单击"+"按钮新增设置项目，在"参数"栏输入 autostart，在"值"栏输入 true，最后单击"确定"按钮，如图 6-10 所示。

图 6-10 "参数"对话框

（6）按下"F12"键，打开浏览器预览，在页面中实现了嵌入音乐的效果，在浏览器里显示了播放插件，如图 6-11 所示。

图 6-11 播放器界面

提示：hidden 参数用来设置是否隐藏播放器面板，autostart 参数则是设置是否自动开始播放。

6.2.4.2 添加背景音乐

声音能极好地烘托网页页面的氛围，网页中常见的声音格式有 WAV、MP3、MIDI、AIF、RA 及 Real Audio 格式。

在页面中可以嵌入背景音乐。这种音乐多以 MP3 文件为主，在 Dreamweaver CS5 中，添加背景音乐可以通过代码实现。

在 HTML 语言中，通过 <bgsound> 这个标记可以嵌入多种格式的音乐文件，切换到"代码"视图，将光标定位到 </body> 之前的位置，在光标的位置输入代码，例如：<bgsound src = "music.mp3" loop = "-1">，其中 loop = "-1"表示音乐无限循环播放，如果要设置播放次数，则改为相应的数字即可。

6.3 实践向导

任务 制作"山水江西"动感页面。效果如图6-1所示,具体操作步骤如下:

(1)启动 Dreamweaver CS5,单击菜单"文件"→"新建"命令,弹出"新建文档"对话框新建一个空白页面,然后保存为6-1.html。

(2)设置图片和文字信息

① 设置背景图片,选择菜单"修改"→"页面属性",弹出"页面属性"对话框,选中"外观(CSS)",设置背景图像。

② 将光标放在页面头部,然后在菜单栏中单击"插入"→"表格"命令,切换到"代码"视图,在表格 < table > 标签中设置表格背景图片 < table width = "1000" border = "1" background = "60.jpg" > 和导航图片。

③ 在页面底部插入水平线,同时添加版权信息,如图6-12所示。

图6-12 页眉效果

(3)添加SWF文件

① 将光标定位到要插入Flash文件的位置,选择"插入"→"媒体"→"SWF"文件。

② 弹出"选择SWF"对话框,查找需要的Flash文件"山水江西.swf"。

③ 在提示"对象标签辅助功能属性"对话框中,设置标题等属性,单击"确定"按钮即可。

④ 选中Flash动画文件,设置循环、自动播放,宽度为800像素、高度为700像素,居中对齐,wmode模式为不透明模式,其他属性值为默认值。

⑤ 选中表格,插入Flash文件"head.swf",选中此文件,设置wmode为透明模式,宽

度为 900 像素、高度为 180 像素，其余参数为默认值。

（4）选择"文件"→"保存全部"命令，保存所有文件。按"F12"键预览效果，如图 6-1 所示。

6.4 能力拓展

制作如图 6-13 所示的网页，通过该网页的制作，熟练掌握在网页中插入 Flash 动画的方法和技巧等。

图 6-13 效果图

6.5 项目小结

利用 Dreamweaver 内建的多媒体组件，可以在网页中制作开场动画、播放影片与声音、显示网页更新日期等，各种媒体与程序文件都能使画面的呈现方式更丰富多元化。本项目介绍了在网页中插入多种媒体文件。通过本项目的学习，让读者掌握多种多媒体元素的灵活运用，使网页变得更加丰富。

项目 7

插入超级链接

7.1 项目描述

一个网站由多个网页组成,而各个网页之间通常是由超级链接联系在一起。超级链接是网页中最基本的元素之一,利用它不仅可以进行网页间的相互链接,还可以使网页链接到相关的图像文件、多媒体文件以及下载程序等。

本项目主要介绍超链接的基本知识以及各种超链接的操作方法。本项目所创建的网页效果如图7-1所示。

图 7-1 "超链接"案例效果

7.2 知识储备

7.2.1 链接概念

超链接是指从一个对象指向另一个对象的指针,它可以是网页中的一段文字也可以是一张图片,甚至可以是图片中的某一部分。它允许我们同其他网页、站点、图片、文件等进行链接,从而使 Internet 上的信息构成一个有机的整体。

根据链接方式的不同,超链接可分为绝对路径链接、相对路径链接两种。而根据链接对象的不同超链接又可分为超文本链接、脚本链接、命名锚链接、图像链接、电子邮件链接、热区链接、空链接等。

在一个网站中,链接路径通常有三种表示方式:

(1) 绝对路径。绝对路径是指被链接文档的完整路径,包括使用的传输协议,例如:"http://www.163.com"即是一个绝对路径。绝对路径包含的是具体地址,如果目标文件被移动,则链接无效。

从当前浏览的网页链接到其他网站的网页时,必须使用绝对路径。

(2) 文档目录相对路径。文档目录相对路径,是指以当前文档所在位置为起点到被链接文档经由的路径,使用文档相对路径可省去当前文档和被链接文档的绝对路径中相同的部分,保留不同部分。

文档目录相对路径适合于网站的内部链接。例如:在本地硬盘有如下两个文件,它们要互做超链接。"d:\myweb\index.html" 和 "d:\myweb\web1\01.html",index.html 要链接到 01.html 这个文件,标准的相对路径链接应该是 "web1/01.html"。

(3) 站点根目录相对路径。站点根目录相对路径描述从站点的根文件夹到文档的路径。站点根目录相对路径以一个正斜杠开始,该正斜杠表示站点根文件夹。例如:/web1/index.html 是文件 (index.html) 的站点根目录相对路径,该文件位于站点根文件夹的 web 子文件夹中。

根目录相对路径也适用于创建内部链接,但大多数情况下,一般不使用这种路径形式。

7.2.2 制作链接

7.2.2.1 制作内部链接

与本地网页文档的链接,是最常见的超文本链接类型。通过创建与文档的链接,可以将本地站点的一个个单独的文档连接起来,形成网站。选中要创建链接的对象,在"属性"面板的"链接"文本框中直接输入本地网页文档的路径和文件名,即可创建内部链接,如图 7-2 所示。

图 7-2 内部链接示意

7.2.2.2 制作外部链接

选中要创建链接的对象,在"属性"面板的"链接"文本框中直接输入 URL 地址"http://www.163.com","目标"下拉列表框中选择"_blank"。外部链接的链接地址一般为网页地址 URL（统一资源定位符）。

图 7-3 外部链接示意图

在"属性"面板中，"目标"列表中有 5 个属性供选择：
(1) _blank：超链接的网页会在另外一个窗口中打开显示。
(2) _parent：超链接的网页会显示在浏览器框架或父窗口中。
(3) _self：超链接的网页会显示在当前网页的同一窗口或框架中，这是默认设置。
(4) _top：超链接的网页会显示在浏览器窗口中。
(5) _new：超链接的网页在一个新窗口中打开。

7.2.2.3 创建空链接

空链接是指未指定目标文档的链接。使用空链接可以为页面上的对象或文本附加行为。选中要创建链接的图片或者文字，在"属性"面板的"链接"文本框中直接输入"#"，如图 7-4 所示。

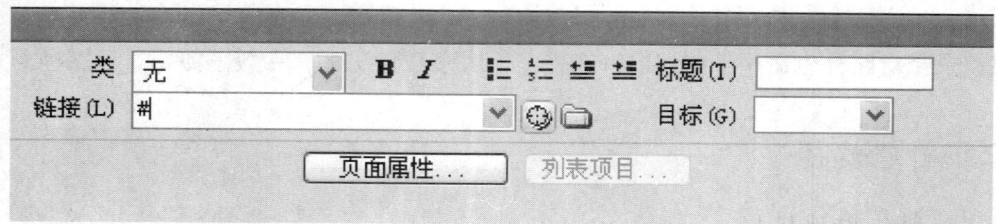

图 7-4 空链接

7.2.2.4 创建锚点链接

所谓锚点链接，是指同一页面中的不同位置链接。例如，一个很长的页面，在页面的最下方有一个"返回顶部"的文字，单击链接后，可以跳转到这个页面最顶端，这就是一种最典型的锚点链接。

创建锚点链接的过程分两步，下面就来制作页面中的"返回顶部"链接。

第一步：创建命名锚记，就是在文档中设置位置标记，并给该位置一个名称，以便引用。

(1) 将光标定位在要设置标记的位置，例如把光标放在页面的最上方。
(2) 在"插入"面板的"常用"模式中，选择"命名锚记"按钮 ⚓，如图 7-5 所示。

项目 7　插入超级链接

图 7-5　选择"命名锚记"按钮

（3）在弹出的"命名锚记"对话框中键入该锚记的名称，如"top"，然后单击"确定"按钮（注意：区分大小写），名为 top 的锚点即被插入到文档中的相应的位置，如图 7-6 所示。

图 7-6　"命名锚记"对话框

第二步：创建到命名锚记的链接。
（1）选择要创建链接的文本或图像，例如选中"返回顶部"四个字。
（2）在"属性"面板的"链接"文本框中，输入锚记名称"#top"。

7.2.2.5　创建电子邮件链接

电子邮件链接是一种特殊的链接，在网页中单击这种链接，不是跳转到其他网页中，而是会自动启动电脑中的 Outlook Express 或其他 E-mail 程序，允许书写电子邮件，并发送到指定的地址。创建电子邮件链接的步骤：
（1）在"文档"窗口的"设计"视图中，将插入点放在设置电子邮件链接的位置，或者选择要作为电子邮件链接出现的文本或图像。

（2）执行下列操作之一，插入该链接：

方法一：在菜单栏中选择"插入"→"电子邮件链接"命令。

方法二：在"插入"面板的"常用"模式中，单击"电子邮件链接"按钮 。

方法三：先选中文本如"联系我们"，在"属性"面板的"链接"文本框中，键入"mailto：xxx@163.com"，如图7-7所示。

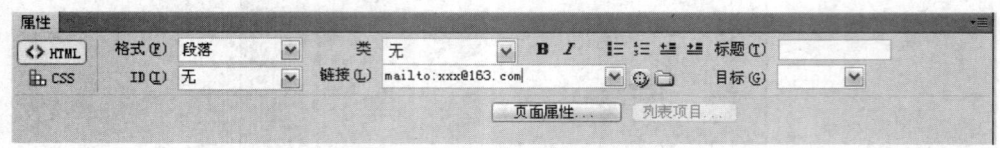

图7-7 电子邮件链接

（3）在执行方法一或者方法二之后，会弹出如图7-8所示的"电子邮件链接"对话框。在"文本"右侧的文本框中，键入或编辑电子邮件链接的源端点文本。

（4）在"电子邮件"右侧的文本框中，键入电子邮件地址，然后单击"确定"按钮，如图7-8所示。

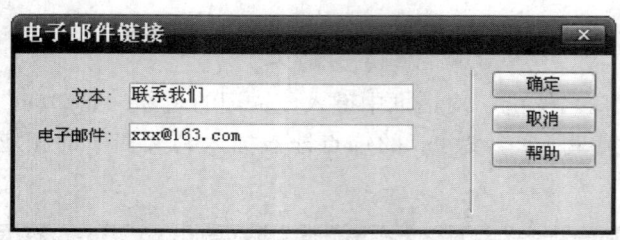

图7-8 "电子邮件链接"对话框

7.2.2.6 下载链接

如果要在网页中提供资源下载服务，就需要设置下载链接。如果超级链接指向的不是一个网页文档，而是zip、rar、exe、mp3等类型的文件，这样单击链接时就会提示是否选择下载文件。

选中"软件下载"文字，然后在"属性"面板中，单击"链接"右侧的"浏览文件"按钮，在弹出的"选择文件"对话框中选择需下载的文件，然后单击"确定"按钮返回"属性"面板，如图7-9所示。

图7-9 下载链接

保存网页文档，按"F12"键预览网页效果。单击下载链接文字"软件下载"时，将会弹出如图7-10所示的"文件下载"对话框，提示浏览者打开或保存文件。

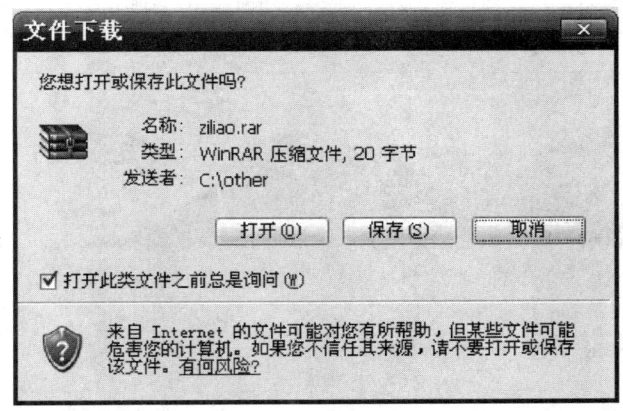

图 7-10 "文件下载"对话框

7.2.2.7 图像热点链接

热点链接也称热区链接,也有的称图像地图。图像热点链接用来划分同一张图像上不同区域的超链接。图像热点就是带有预先定义区域的图像,这些区域包含了指向其他文档或锚点的链接。

(1) 打开网页文件并选择文件内的图像。选中图像后在"属性"面板中选择"矩形热点工具"、"圆形热点工具"、"多边形热点工具"之一,在图像相应位置上绘出热区,如图 7-11 所示。

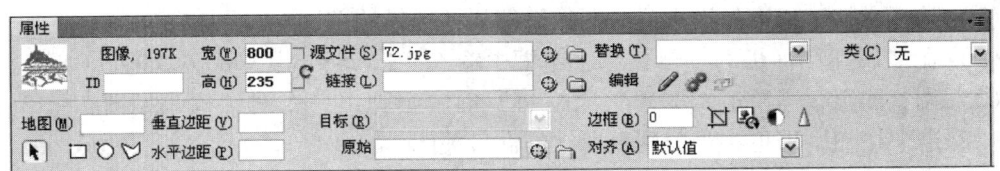

图 7-11 图像"属性"面板

(2) 选择图像上的热点,在"链接"文本框中添加链接地址,在"替换"文本框中设置选区的提示文字,如图 7-12 所示。

(3) 保存页面,预览效果。

"属性"面板的 3 个热点工具按钮名称说明如下:
- 矩形热点工具按钮 ▭ :用来绘制图像地图中的矩形区域。
- 圆形热点工具按钮 ◯ :用来绘制图像地图中的圆形区域。
- 多边形热点工具按钮 ▽ :用来绘制图像地图中的多边形区域。

图 7-12 设置图像热点

7.2.2.8 脚本链接

脚本链接就是执行 JavaScript 代码或调用 JavaScript 函数。它能够在不离开当前 Web 页面的情况下为访问者提供有关某项的附加信息。脚本链接可用于执行计算、验证表单和完成其他处理任务。脚本链接操作步骤：

（1）选择文档窗口中的文本或者图像，例如：选择"关闭窗口"文字。

（2）在"属性"面板的"链接"文本框中输入"JavaScript：window. close ( )"。

（3）浏览网页，当单击文本"关闭窗口"时，会弹出一个对话框，如图 7-13 所示，单击"确定"按钮，即可将当前网页所在的窗口关闭。

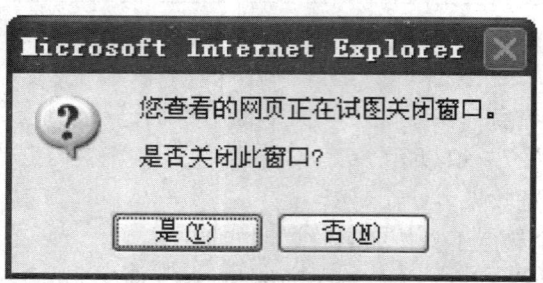

图 7-13 关闭窗口对话框

7.2.3 编辑和管理链接

（1）设置链接文字外观。在 Dreamweaver CS5 中提供了对站点中的超链接进行自动管理的功能。单击"修改"菜单，选择"页面属性"命令，弹出"页面属性"对话框。在"分类"列表框中选择"链接"选项卡,在对话框中对链接文字的字体、字号和颜色进行设置,如图7-14所示。

图7-14 链接设置

对话框中部分选项功能说明如下:
- "链接颜色"文本框:定义正常链接的颜色。
- "已访问链接"文本框:定义已访问过链接的颜色。
- "变换图像链接"文本框:定义鼠标悬浮在链接上时的颜色。
- "活动链接"文本框:定义鼠标单击链接时的颜色。

(2) 删除超链接。在Dreamweaver CS5中删除或者取消一个超级链接,首先在文档窗口中选择需要删除超链接的对象,然后删除"属性"面板的"链接"文本框的链接内容,即可删除对象的超链接。

7.3 实践向导

任务 制作超链接页面。效果如图7-1所示,具体操作步骤如下:

(1) 启动Dreamweaver CS5,单击菜单"文件"→"新建"命令,弹出"新建文档"对话框,然后保存为"index.html"文件。

(2) 完成基本页面。

① 选择菜单"修改"→"页面属性",弹出"页面属性"对话框,选中"外观(CSS)",设置背景图像。

② 将光标放在页面头部,然后在菜单栏中单击"插入"→"图片"命令插入所需图片。

③ 添加文本信息,本页面所选为信天游"回延安",篇幅为五段,段落之间换行用〈br〉标签实现,段落之间为正常换行。

④ 添加导航信息，分别为文字"首页"、"山水江西"、"五岳名山"、"庐山"、"新闻"以及页面底部的 E-mail 图片，其中文字设置为标题 2，设置完成后页面效果，如图 7 - 15 所示。

图 7 - 15　页眉效果图

（3）给页面添加链接。
① 选择文字"首页"，添加空链接"#"。
② 选择文字"山水江西"、"五岳名山"、"庐山"，分别添加内部链接，如："../6/index.html"，其目标值都为"_blank"。
③ 选择文字"新闻"，添加外部链接"http://news.baidu.com"，其目标值都为"_self"。
④ 选择文字"退出"，添加脚本链接"Javascript：window.close（）"。
⑤ 在页面中设置锚点链接，在页眉图片前插入命名锚记"top"。
⑥ 在页面底部输入"返回页首"，选择该文本，在属性面板的"链接"文本框中输入"#top"，如图 7 - 16 所示。

图 7 - 16　设置锚点链接

⑦ 选中图片"E-mail"，选择菜单"插入"→"电子邮件链接"命令，在对话框中进行设置。
⑧ 单击"确定"按钮后，链接文字下显示下划线，字体颜色发生变化。
（4）页面链接文字设置。
打开"修改"菜单，单击"页面属性"选项，打开"页面属性"对话框，选中"链接（CSS）"对话框，在该对话框中进行页面链接文字的设置。
① 链接文字大小为"18px"，链接颜色、已访问链接、活动链接颜色都为"#363"，变换图像链接为"#0C0"，下划线样式为始终无下划线，如图 7 - 17 所示。

项目 7　插入超级链接

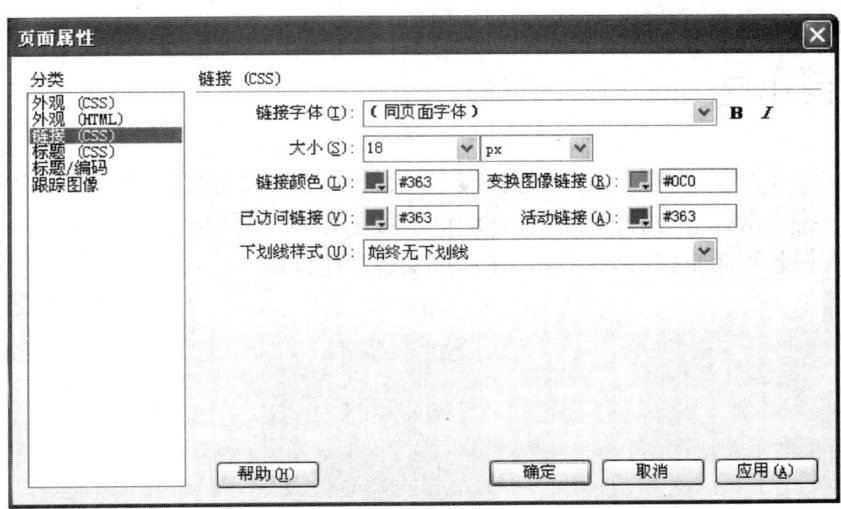

图 7–17　链接页面属性

② 保存后在浏览器中预览，显示效果如图 7–1 所示。

7.4　能力拓展

在"书香诗语"网页中设置超链接，通过对该网页的操作，可以掌握根据页面的实际需要，在页面中合理地创建超链接等，如图 7–18 所示。

图 7–18　"书香诗语"页面

7.5　项目小结

　　本项目主要介绍了超链接，其中包括文本超级链接、图片超级链接、锚点链接、邮件链接、空链接、脚本链接等各种链接，并详细讲解各种链接的属性设置等，通过本项目学习，学生应熟练掌握各种超链接的管理和创建方法及各种超链接的应用。

项目 8

使用表格布局网页

8.1 项目描述

表格是一种特殊的元素,不但可以用来设置各种数据,还可以作为页面布局元素来使用。在作为页面布局元素使用时,表格可以有助于用户有条理地组织网页中的各种对象。本项目运用表格知识制作"庐山风景欣赏"网页,其效果如图 8-1 所示。

图 8-1 "庐山风景欣赏"页面效果

8.2 知识储备

8.2.1 认识表格

一张表格横向叫行，纵向叫列，行列交叉部分就叫单元格，如图8-2所示。单元格中的内容和边框之间的距离叫边距。单元格和单元格之间的距离叫间距。整张表格的边缘叫边框。

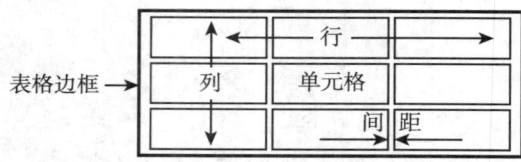

图8-2 表格的基本组成部分

8.2.2 表格的基本操作

8.2.2.1 插入表格

插入表格的具体操作步骤：
（1）将光标置于要插入表格的位置。
（2）单击菜单"插入"→"表格"命令，弹出"表格"对话框，如图8-3所示。

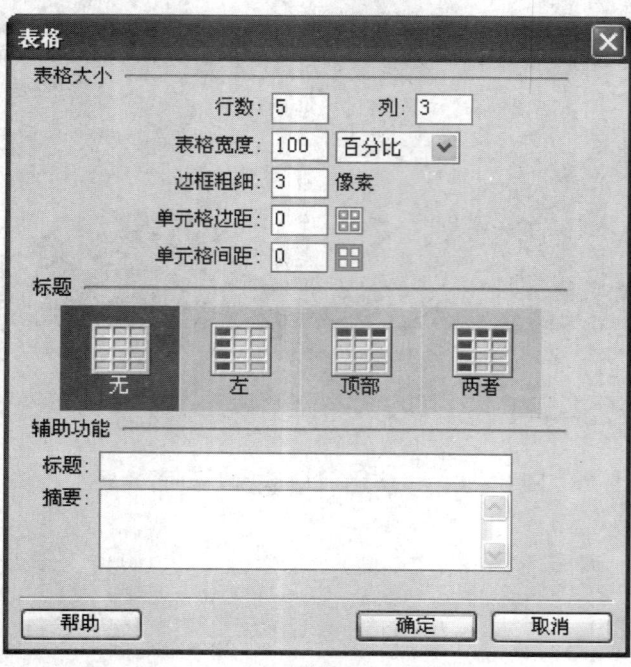

图8-3 表格对话框

（3）设置表格大小行列数为"5 行 3 列"、表格宽度为"100%"、边框粗细为"3"像素，然后单击"确定"按钮。此时，在 Dreamweaver CS5 中显示了 5 行 3 列的表格，如图 8-4 所示。

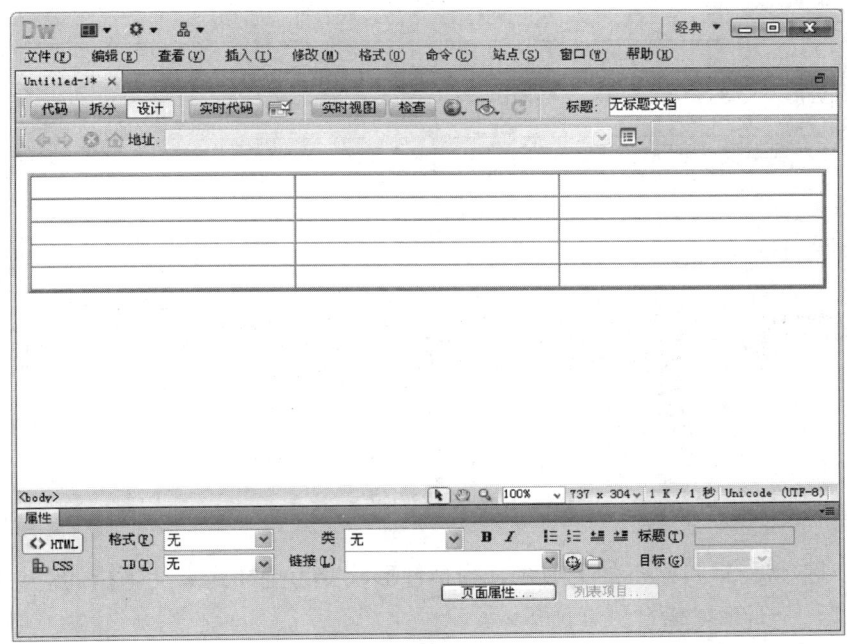

图 8-4　插入表格

（4）在插入表格之后，就可以像在 Word 中一样输入表格内容了。

8.2.2.2　选择表格和表格元素

表格元素包括行、列和单元格三种，它们的选取方法各不相同。

（1）选择表格。要选择表格，可执行以下任意一种操作：

方法一：将鼠标指针移到表格的左上角或表格的顶、底边缘边框上，当指针形状变成形状时单击。

方法二：在表格中的任意单元格内单击，然后单击文档窗口左下角标签选择器中的〈table〉标签。

方法三：单击表格中的任意单元格，然后选择菜单"修改"→"表格"→"选择表格"命令。

方法四：在表格上右击鼠标，从弹出的快捷菜单中选择"表格"→"选择表格"命令。表格被选定后，表格的下边缘和右边缘会出现尺寸控点，如图 8-5 所示。

（2）选择表格元素。可以分别选择表格中的行、列、单元格，一次可以选择一行、一列、一个单元格，也可以同时选择多行、多列或多个单元格。

● 选择行：将指针指向行的左边缘，当指针形状变为选择箭头（右指的箭头）时单击，可选择当前行；上下拖动指针可选择多行。

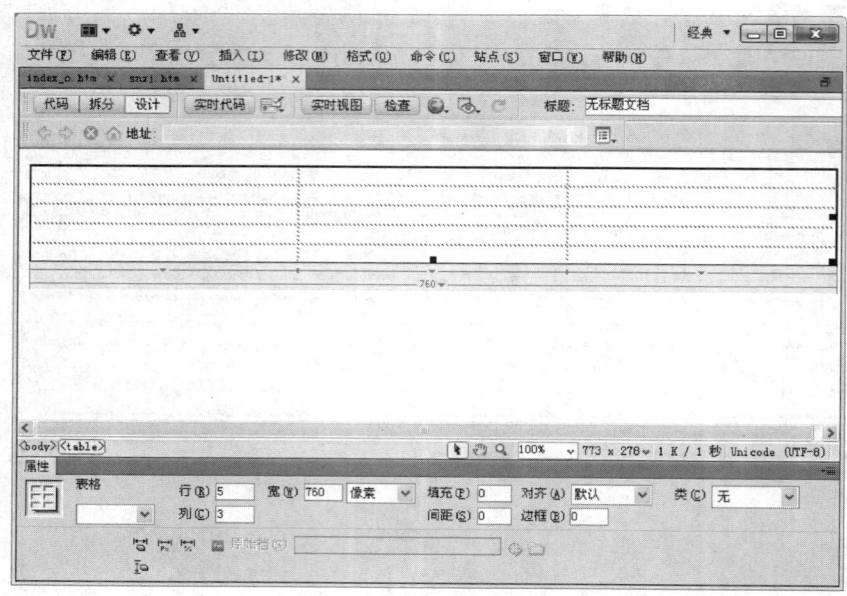

图 8-5 表格的选定状态

- 选择列：将指针指向行的上边缘，当指针形状变为选择箭头（下指的箭头）时单击，可选择当前列；左右拖动指针可选择多列。
- 选择单元格：在所需单元格中单击，然后单击文档窗口左下角标签选择器中的〈td〉标签。
- 选择连续的单元格区域：从一个单元格拖到另一个单元格，或者先单击一个单元格，然后按住"shift"键单击另一个单元格。两个单元格定义的直线或矩形区域中的所有单元格都将被选中。
- 选择不相邻的单元格：在按住"Ctrl"键的同时单击要选择的单元格、行或列。如果按住"Ctrl"键，单击尚未选中的单元格、行或列，则会将其选中。如果它已经被选中，再次单击则会将其从选择中删除。

8.2.3 设置表格及单元格的属性

8.2.3.1 设置表格属性

格式化表格的大部分操作都可以通过表格"属性"面板完成。选择表格后，"属性"面板上会显示当前表格的相关属性，如图 8-6 所示。

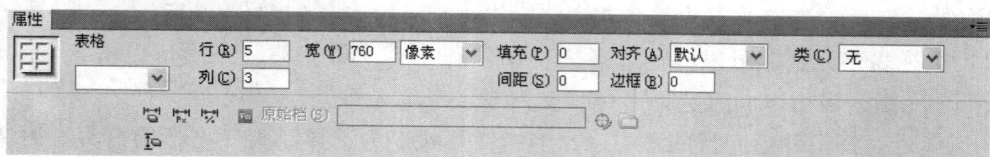

图 8-6 表格属性面板

表格"属性"面板中各选项的功能说明如下：
- "表格 ID"选项：用于指定表格名称。
- "行和列"选项：用于更改表格中行和列的数目。
- "宽"选项：用于以像素为单位或按占浏览器窗口的百分比计算的表格宽度。
- "填充"选项：用于指定单元格内容和单元格边框之间的像素数。
- "间距"选项：用于指定相邻的表格单元格之间的像素数。
- "对齐"选项：用于选择表格相对于同一段落中的其他元素的显示位置。
- "边框"选项：用于指定表格边框的宽度（以像素为单位）。
- "清除列宽"按钮 、"清除行高"按钮 ：用于删除表格中所有明确指定的行高或列宽。
- "将表格宽度转换成像素"按钮 、"将表格宽度转换成百分比"按钮 ：前者用于将表格中以百分比为单位的宽度值更改为以像素为单位，后者用于将以像素为单位的宽度值更改为以百分比为单位。

8.2.3.2 设置单元格、行或列属性

当选择单元格或者一行、一列时，属性面板中将对应显示单元格或者行、列的属性，在行、列、单元格的属性面板中可以分别设置行、列或单元格的宽、高、背景颜色以及单元格内容的对齐方式等属性，如图 8 - 7 所示。

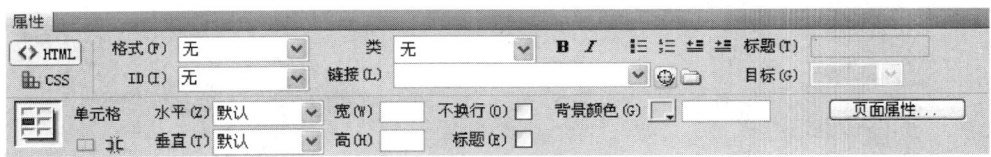

图 8 - 7　单元格属性面板

行、列、单元格属性面板中各选项的功能说明如下：
- "水平"选项：用于设置表格内容在单元格内的水平对齐方式，有左对齐、居中对齐和右对齐三种。
- "垂直"选项：用于设置表格内容在单元格内的垂直对齐方式，有顶端对齐、居中对齐、底部对齐和基线对齐四种。
- "宽"选项：用于更改所选行、列中的单元格或当前单元格的宽度。
- "高"选项：用于更改所选行、列中的单元格或当前单元格的高度。
- "不换行"选项：用于所选行、列中的单元格或当前单元格中的内容不换行。
- "标题"选项：用于使所选行、列中的单元格或当前单元格成为标题单元格。
- "背景颜色"选项：用于设置所选行、列或单元格的背景颜色。

8.2.4 调整表格的结构

8.2.4.1 调整表格和单元格的大小

当调整整个表格的大小时，表格中的所有单元格按比例更改大小。选中插入的表格，在出现三个控制点后，将鼠标移动到控制点上，鼠标形状变成双向箭头时，按鼠标左键并拖动即可改变表格的大小。

将光标置于要设置大小的单元格中，用鼠标拖动列或行的边框来调整列宽或行高，如图 8-8 所示。

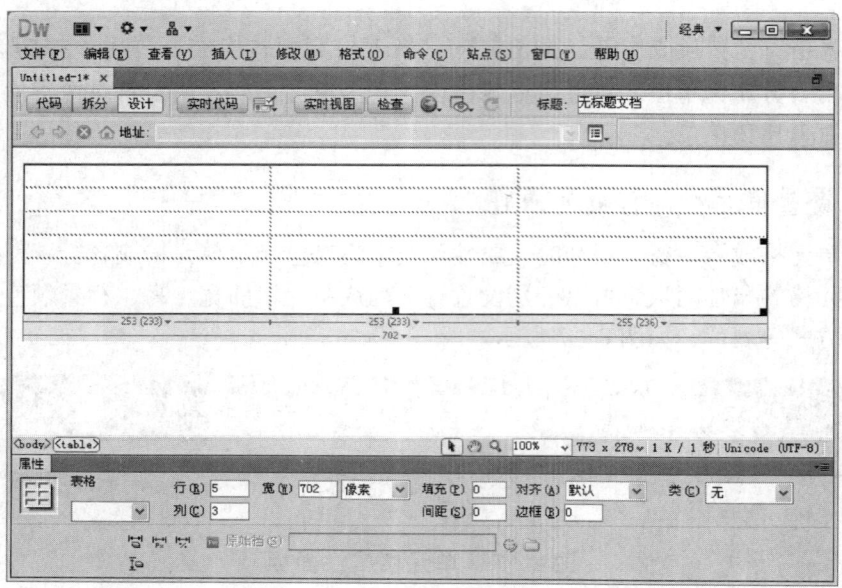

图 8-8 调整单元格行高

8.2.4.2 添加或删除行或列

在网页文档中添加行或列可以用以下方法：

（1）将光标置于相应的单元格中，选择菜单"修改"→"表格"→"插入行"命令，即可插入一行。

（2）将光标置于相应的位置，选择菜单"修改"→"表格"→"插入列"命令，即可在相应的位置插入一列。

（3）将光标置于相应的位置，选择菜单"修改"→"表格"→"插入行或列"命令，弹出"插入行或列"对话框，在对话框中进行相应的设置，如图 8-9 所示。单击"确定"按钮，即可在相应位置插入行或列。

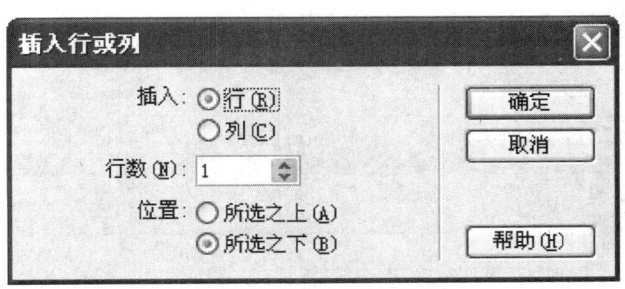

图 8-9　插入行或列对话框

在网页文档中删除行或列可以用以下方法：

（1）将光标置于要删除行的任意一个单元格，选择菜单"修改"→"表格"→"删除行"命令就可以删除当前行。

（2）将光标置于要删除列中的任意一个单元格，选择菜单"修改"→"表格"→"删除列"命令就可以删除当前列。

（3）选中要删除的行或列，选择菜单"编辑"→"清除"命令，即可删除行或列。

（4）选中要删除的行或列，按"Delete"键或按"BackSpace"键也可以删除行或列。

8.2.4.3　拆分单元格

在使用表格的过程中，有时需要拆分单元格以达到所需的效果。拆分单元格就是将选中的表格单元格拆分为多行或多列，有以下方法：

（1）将光标置于要拆分的单元格中，选择菜单"修改"→"表格"→"拆分单元格"命令，弹出"拆分单元格"对话框，如图 8-10 所示。设置完成后，单击"确定"按钮。

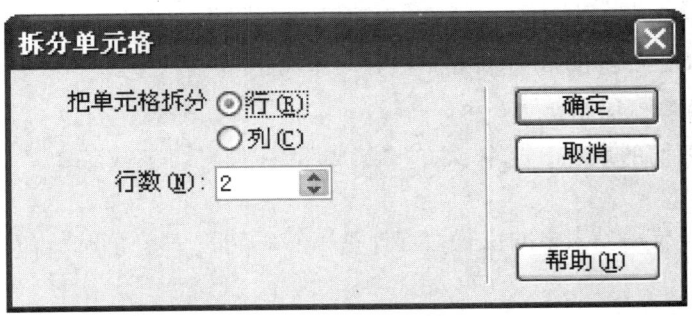

图 8-10　拆分单元格对话框

（2）将光标置于要拆分的单元格中，单击鼠标右键，在弹出菜单中选择"表格"→"拆分单元格"命令，弹出"拆分单元格"对话框，然后进行相应的设置。

（3）单击"属性"面板中的"拆分单元格"按钮，弹出"拆分单元格"对话框，然后进行相应的设置。

8.2.4.4　合并单元格

合并单元格就是将选中单元格的内容合并到一个单元格，合并单元格有以下方法：

（1）选中要合并的单元格，然后选择菜单"修改"→"表格"→"合并单元格"命令，将多个单元格合并成一个，如图8-11所示。

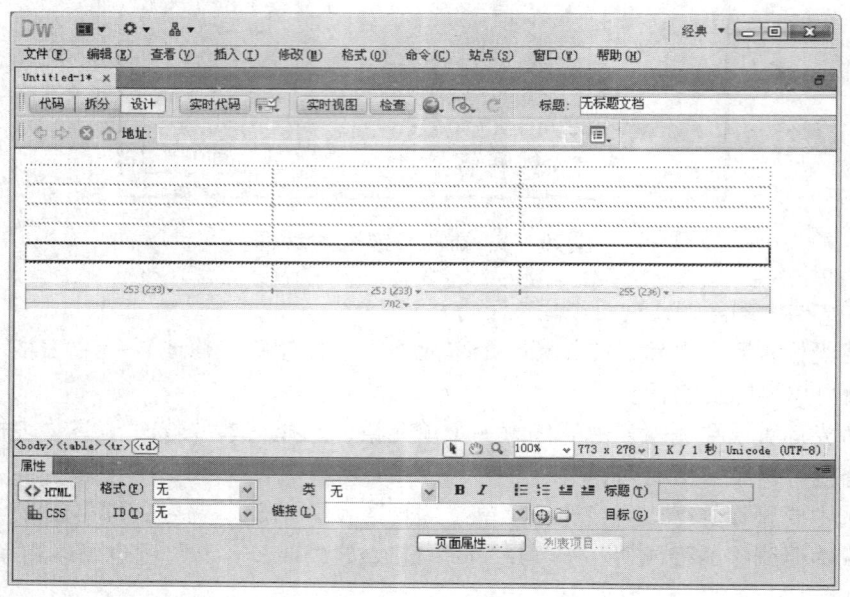

图8-11 合并单元格

（2）选中要合并的单元格，在"属性"面板中单击"合并单元格"按钮，即可合并单元格。

（3）选中要合并的单元格，单击鼠标右键，在弹出菜单中选择"表格"→"合并单元格"，可合并单元格。

8.2.4.5 剪切、复制和粘贴表格

剪切、复制和粘贴表格步骤如下：

（1）选择要剪切的表格，选择菜单"编辑"→"剪切"或菜单"编辑"→"拷贝"命令。

（2）光标置于要粘贴表格的位置，选择菜单"编辑"→"粘贴"命令，即可复制或者移动表格。

8.2.5 添加表格数据

表格中的每一个单元格都相当于一个独立的小文档，在要添加内容的单元格中单击，即可在其中输入文字、插入图像或者其他网页元素。在单元格中添加和编辑数据的方法与在普通文档中相同。

编辑完一个单元格的数据后，用户可执行以下任意操作移动插入点，以便编辑下一个单元格。在表格中跳转的方法如下：

(1) 跳转至下一个单元格：按"Tab"键。
(2) 跳转至上一个单元格：按"Shift + Tab"组合键。
(3) 向上、向下、向左、向右移动插入点：按上、下、左、右箭头键。
(4) 在表格下方添加一行：在表格的最后一个单元格中按"Tab"键。

8.2.6 导入外部表格数据文件

如果在其他应用程序（如写字板）中创建了以分隔文本的格式保存的表格式数据文件（其中的项以制表符、逗号、冒号、分号或其他分隔符隔开），可以直接将其导入到Dreamweaver CS5中。导入的表格数据文件在网页中显示为表格的格式。

要导入数据文件，可选择"文件"→"导入"→"表格式数据"命令或选择"插入"→"表格对象"→"导入表格式数据"命令，打开如图8-12所示的"导入表格式数据"对话框，进行相关设置后单击"确定"按钮，即可将所选文件中的数据以格式的形式导入到Dreamweaver CS5文档中。

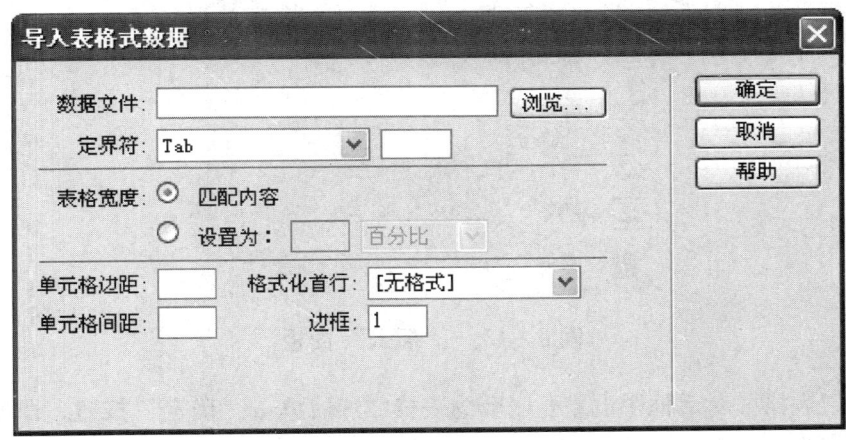

图8-12 "导入表格式数据"对话框

导入表格式数据对话框中各选项的功能说明如下：
- "数据文件"选项：用于指定要导入的数据文件。
- "定界符"选项：用于选择正在导入的文件中所使用的分隔符。可选择的选项有Tab、逗号、分号、引号和其他。如果选择"其他"选项，需在右侧的文本框中输入其他定界符。
- "表格宽度"选项：用于指定将创建的表格的宽度。如果选中"匹配内容"单选按钮，则每个列足够以适应该列中最长的文本字符串；选中"设置为"单选按钮，用于指定表格宽度。可以像素为单位指定固定的表格宽度，也可按占浏览器窗口宽度的百分比指定表格宽度。
- "单元格边距"选项：用于指定单元格内容和单元格边框之间的像素数。
- "单元格间距"选项：用于指定相邻的表格单元格单元格之间的像素数。
- "格式化首行"选项：用于选择应用于表格首行的格式设置。

● "边框"选项:用于以像素为单位指定的表格边框的宽度值。

8.2.7 嵌套表格

嵌套表格是在一个表格的单元格中插入另一个表格,用户可以像对其他任何表格一样对嵌套表格进行格式设置,但是宽度受其所在单元格的宽度限制。

嵌套表格的具体步骤如下:

(1) 选择要嵌套表格的单元格,在"插入"面板的"常用"分类中单击"表格"按钮,如图 8-13 所示。

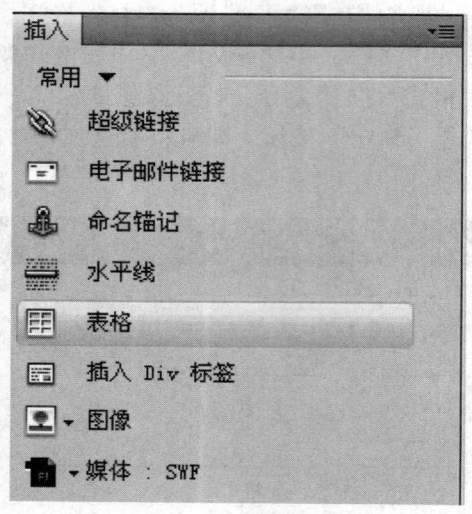

图 8-13 "插入"面板

(2) 在"表格"对话框中设置要嵌套的表格,然后单击"确定"按钮。即可在单元格中插入嵌套表格。

8.3 实践向导

任务 制作"庐山风景欣赏"网页。效果如图 8-1 所示,具体操作步骤如下:

(1) 启动 Dreamweaver CS5,单击菜单"文件"→"新建"命令,打开"新建文档"对话框,选择"空白页"→"HTML"→"〈无〉"选项,单击"确定"按钮,创建一个网页文档,并保存文件。

(2) 单击菜单"插入"→"表格"命令,弹出"表格"对话框,插入一个 4 行 3 列的表格,设置表格宽度为"870"像素,边框粗细为"0"像素,单击"确定"按钮。然后在"属性"面板中设置其对齐方式为"居中对齐",如图 8-14 所示。

(3) 将光标置于表格中,选中第一行,合并单元格,如图 8-15 所示。

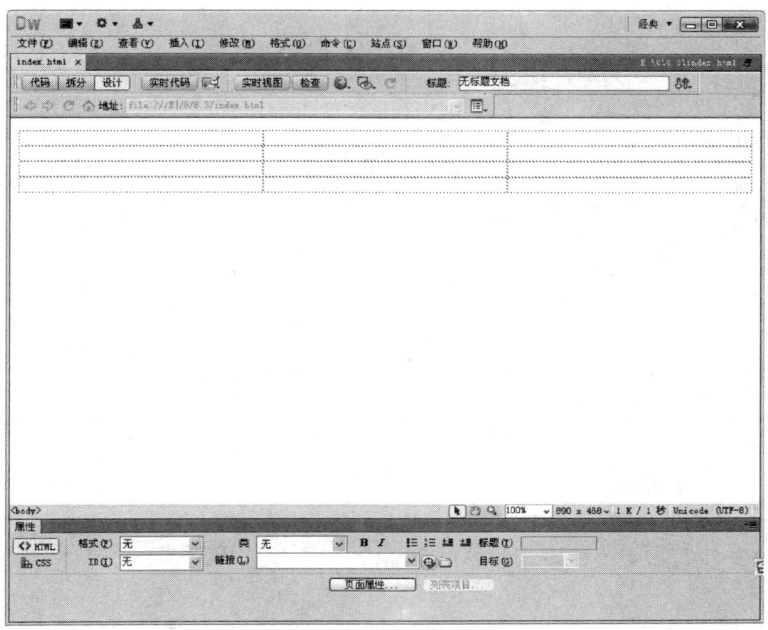

图 8-14 插入表格

图 8-15 合并单元格

(4) 在第一行单元格内输入文本,设置单元格高为"71"像素,文本格式为"标题 1",水平居中对齐,背景颜色为"#FFCC33",如图 8-16 所示。

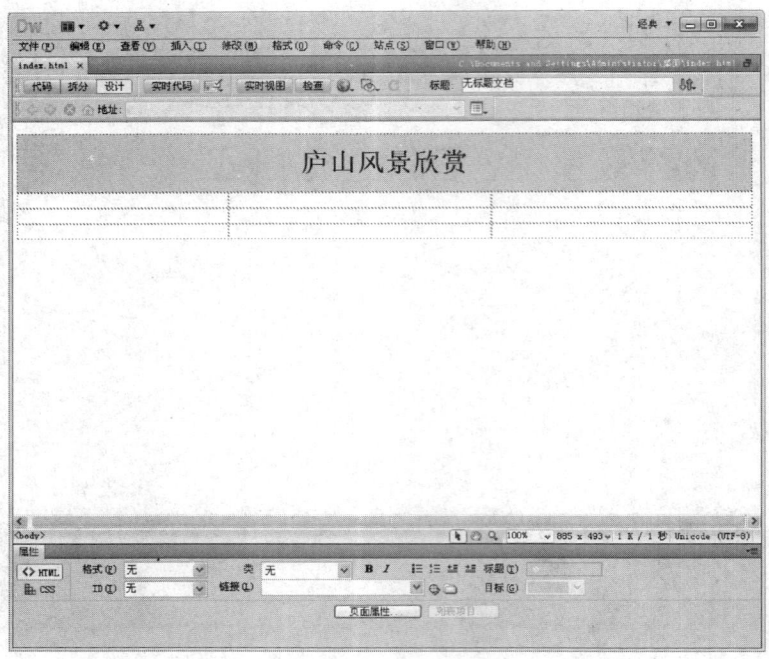

图 8-16 输入文本

(5) 鼠标置于第二行第一列单元格内,设置单元格水平居中对齐,宽为"290"像素,高位"205"像素,背景颜色为"#FFCC99",如图 8-17 所示。

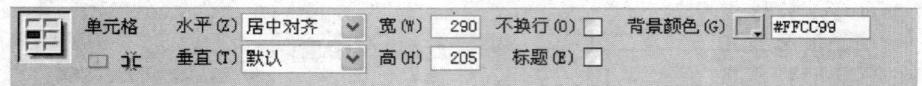

图 8-17 单元格属性面板

(6) 设置完单元格属性后,在单元格内插入图像和输入文本,如图 8-18 所示。

(7) 重复步骤五、步骤六,在第二行和第三行的单元格内插入图片和文本,如图 8-19 所示。

(8) 将光标置于表格第四行中,合并单元格,设置高度为"100"像素,背景颜色为"#FFCCFF",输入文本。

(9) 选择"文件"→"保存全部"命令,保存所有文件。按"F12"键预览,效果如图 8-1 所示。

图 8-18 插入图像和文本

图 8-19 插入图像和文本

8.4　能力拓展

利用表格布局页面。在表格单元格中适当填充内容，完成页面的效果如图 8-20 所示。通过该网页的制作，掌握表格的插入、基本属性的设置、利用表格制作网页。

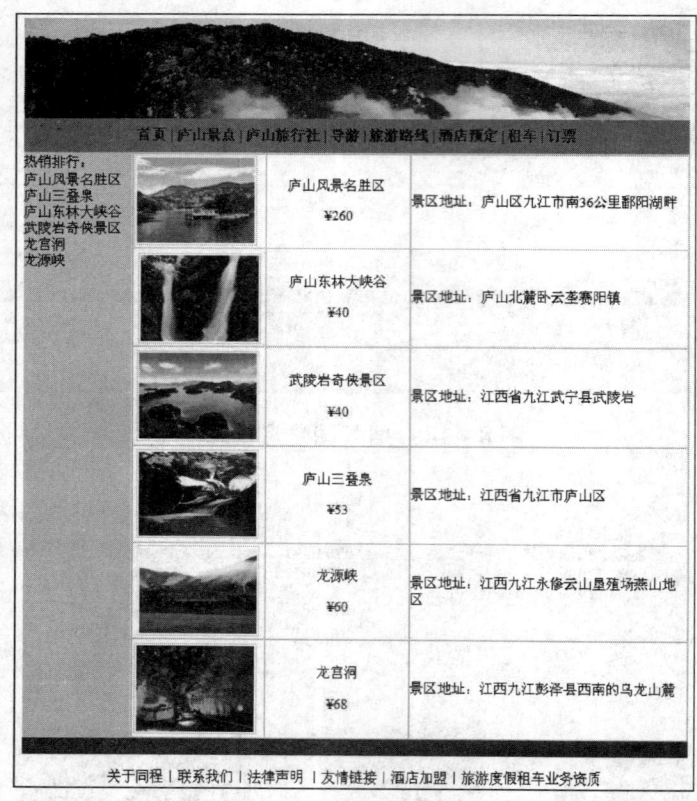

图 8-20　"旅游网"页面效果

8.5　项目小结

本项目介绍了创建和使用表格的方法，包括表格的创建、编辑、嵌套、表格属性的设置，以及使用表格布局页面等内容。通过本项目的学习，读者应掌握表格的基本操作方法，并且能够利用表格布局网页，有条理的组织网页中的各种对象。

项目 9

框架网页制作

9.1 项目描述

框架是网页设计中常用的页面设计方式,框架的出现大大地丰富了网页的布局手段以及页面之间的组织形式。浏览者通过框架可以很方便地在不同的页面之间跳转及操作。本项目运用框架技术制作"网文欣赏"框架网页,效果如图 9-1 所示。

图 9-1 "网文欣赏"页面效果图

9.2 知识储备

9.2.1 框架概述

框架是浏览器窗口的一个区域,它可以显示与浏览器窗口其余部分中所显示内容无关的 HTML 文档。作用是把浏览器窗口划分为若干区域,每个区域可以分别显示不同的网页。使用框架布局网页,可以使不同页面在统一的浏览器窗口中显示,并可以使不同页面在统一的浏览器窗口中相互切换。

使用框架的优点:

第一,访问者的浏览器不需要为每个页面重新加载与导航相关的图形。第二,当框架中的内容太多而不能完全显示时,每个框架都具有自己的滚动条。

使用框架的缺点:

第一,很难实现不同框架中各元素的精确对齐。第二,导航测试很耗时间。第三,带有框架的页面的 URL 不显示在浏览器中。

- 框架(Frame):是指组成框架结构的每一个区域,每个框架实质上都是一个独立存在的 HTML 文档。
- 框架集(Frameset):框架集就是框架的集合,它是在一个文档内一组框架结构的 HTML 网页,定义了网页显示的框架数、框架大小、载入框架网页源和其他可定义的属性等。

9.2.2 框架的创建

9.2.2.1 框架的基本操作

(1)创建框架集。为了方便操作和观察,在开始插入框架之前,建议用户先设置显示框架边框,单击菜单"查看"→"可视化助理"选项→"框架边框"选项,确保该项勾选。

Dreamweaver CS5 提供了两种创建框架集的方法:一是从预定义的框架集中选择;二是自己设计框架集。选择预定义的框架集将自动设置创建布局所需的所有框架集和框架,它是迅速创建基于框架的网页布局最简单的方法。创建预定义的框架集有两种方法。

方法一:在"新建文档"对话框创建新的空框架集。

单击菜单"文件"→"新建"命令,弹出"新建文档"对话框,在对话框中选择"示例中的页"选项卡中的"框架页"类别,从"示例页"列表框中选择"下方固定,左侧嵌套"的框架集,如图 9-2 所示。

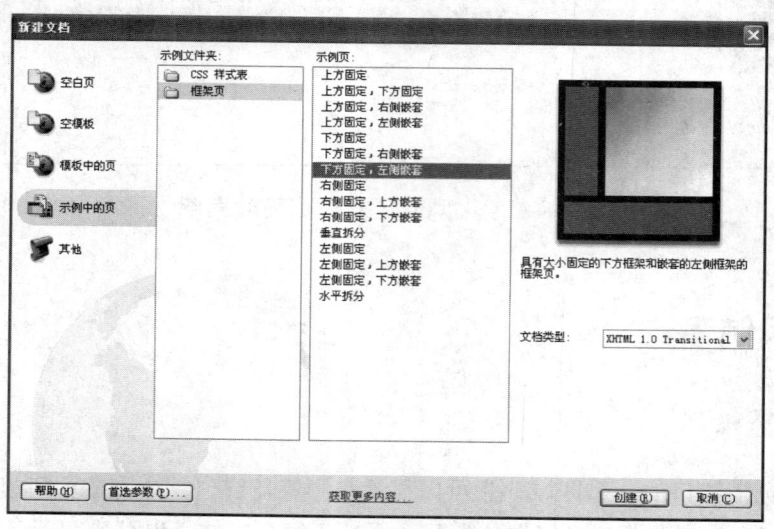

图 9-2 "新建文档"对话框

单击"创建"按钮,弹出"框架标签辅助功能属性"对话框,如图 9-3 所示,对话框中设置每个框架的标题,一般采用默认标题。

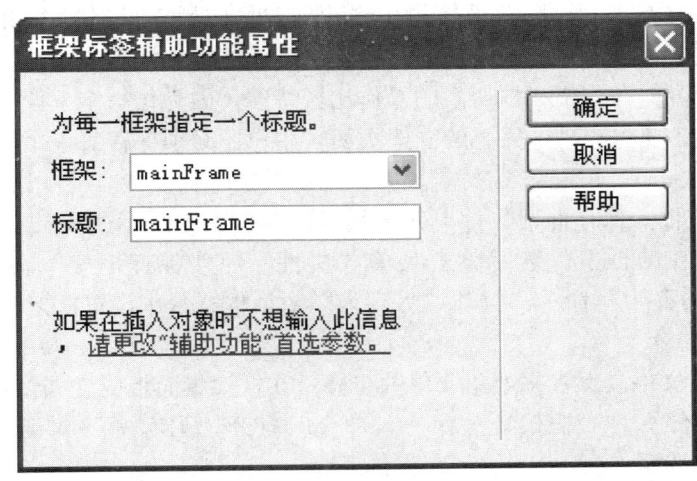

图 9-3　框架标签辅助功能属性对话框

单击"确定"按钮,在文档中创建了下方固定,左侧嵌套形式的框架,如图 9-4 所示。

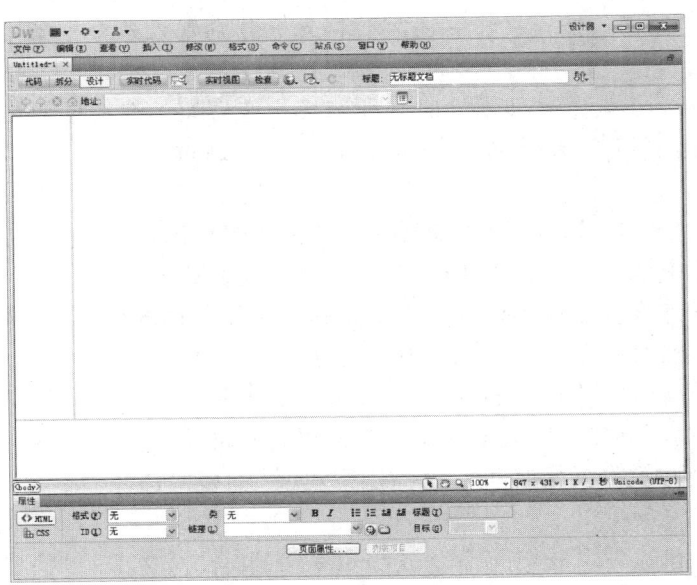

图 9-4　创建空预定义框架集

方法二:通过菜单"插入"栏创建框架集。

单击菜单"插入"→"HTML"选项→"框架"命令,在"框架"子菜单中选择预定义的框架集。

(2) 删除框架。如果某些框架多余,可以将其删除,方法是将指针指向此框架的边框,当指针形状变为双向箭头时,拖动该边框至文档窗口边框或其父框架的边框上,在删除框架时，如果该框架中包含尚未保存的文档，Dreamweaver CS5 会提示用户保存该文档。

通过拖过边框的方式不能删除框架集，删除框架集的操作可通过关闭框架集窗口来实现。若要删除的框架集已保存，则可以通过删除该框架文件来实现。

（3）保存框架。保存框架和框架集的操作比较特殊，因为每一个框架中的内容都是一个单独的文件，因此，要保存一个完整的框架页面，用户还必须保存每一个框架文件和框架集文件。

① 保存框架文件。保存框架文件，其实就是保存框架中显示的文档。保存框架文件的步骤：单击文档所在的框架，然后单击菜单"文件"→"保存框架"命令，或单击菜单"文件"→"框架另存为"命令，打开"另存为"对话框，从中设置框架名称，即可保存框架文件。

② 保存框架集文件。保存框架集文件的步骤：在框架集面板或文档窗口中选择框架集，然后单击菜单"文件"→"框架集另存为"命令，打开"另存为"对话框，指定文件名，然后单击"保存"按钮。

③ 保存全部。保存全部是指保存完整的框架页面，当打开这种文件时，才会保持用户创建框架页时的原貌。保存全部的步骤：单击菜单"文件"→"保存全部"命令，打开"另存为"对话框，在"文件名"文本框中输入要保存框架集的名称。设置完毕单击"保存"按钮，接着会打开插入点当前所在框架文件"另存为"对话框，指定当前框架的文件名，再单击"保存"按钮。然后还需要将光标分别置入各个框架中，保存所有的框架文件。

（4）选择框架。在设置框架属性时必须选择相应框架，选择框架与框架集的方法有两种：一是从文档窗口中选择框架或框架集；二是通过"框架"面板选择框架或框架集。

① 在"文档"窗口中选择框架或框架集。在文档窗口选择一个框架后，它的边界会出现虚线。同样，选中框架集后，它的所有边界都会出现虚线。

在文档窗口中选择框架的具体方法：将光标置于要选择的框架中，按住"Shift + Alt"键单击鼠标左键，框架边框出现虚线，即可选择该框架。

在文档窗口中选择框架集的具体方法：当鼠标指针靠近框架时，鼠标指针变为水平方向箭头或是垂直双向箭头时，单击鼠标左键，框架集内出现虚线，即可选中整个框架集。

② 在框架面板中选择框架或框架集。在"框架"面板中选择框架或框架集的具体方法如下：

单击菜单"窗口"→"框架"命令或 Shift + F2 组合键，打开"框架"面板，在"框架"面板中单击需要选择的框架，框架的边界就会被虚线包围，如图 9 - 5 所示。在"框架"面板中单击"框架集"的边框，框架集的内侧出现虚线，即表示框架集已被选中。

（5）拆分框架集。创建了框架集后，用户还可以根据需要将其中某个框架拆分为几个更小的框架。将鼠标指针移至框架四周边框上，鼠标指针会变为双向箭头形状，此时按下鼠标左键向文档窗口内拖动，即可创建任意框架集。

此外，用户也可以通过命令的方式完成拆分框架集操作，方法为：将插入点置于要拆分的框架中，单击菜单"修改"→"框架集"子菜单中相应的命令。

项目 9 框架网页制作

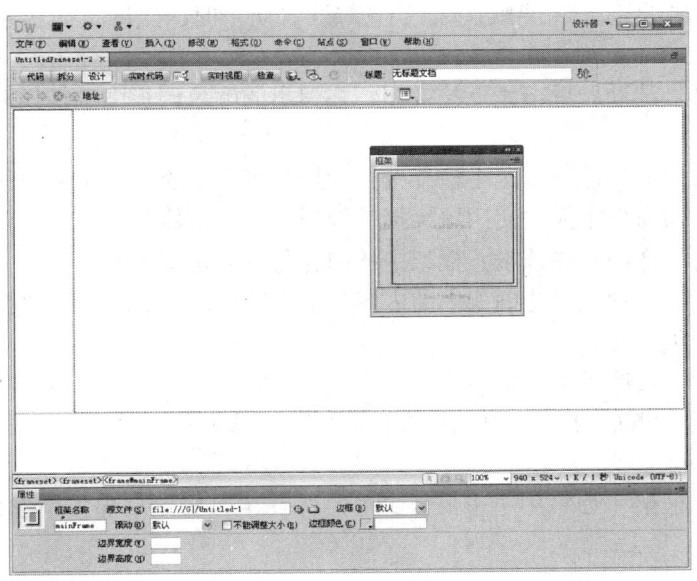

图 9-5 选择框架

9.2.2.2 框架和框架集属性设置

选择了框架或框架集后,属性面板中会显示当前框架或框架集的相关属性,用户可根据需要在其中更改所选框架或框架集的属性。

(1) 设置框架属性。

在"框架"面板中单击框架的名称,可以在相应的"属性"面板中设置框架的相关属性,如图 9-6 所示。

图 9-6 框架"属性"面板

框架属性面板中各选项的功能如下:

- "框架名称"选项:用于链接指向的目标。框架名称必须是一个单独的词,可以包含下划线"＿",不能包含连字符"-"、句点"."和空格。框架名称开头必须是字母,不可以是数字。

- "源文件"选项:提示框架当前显示的网页文件的名称及路径。单击该文本框右侧的"浏览文件"按钮,在弹出的"选择 HTML 文件"对话框中可选择框架中打开的源文件。

- "边框"选项:用于设置在框架中是否显示边框。单击该下拉列表框右侧的下拉按钮,在弹出的菜单中包括"是"、"否"和"默认"菜单项。

- "滚动"选项:设置当前框架内的内容显示不下的时候是否显示滚动条,有四个选项:"是"、"否"、"自动"和"默认",当选择"自动"时,当网页内容超出框架范围时自动显示滚动条。

• "边框颜色"选项:单击该下拉按钮,在弹出的颜色调板中选择任意色块用于设置框架的边框颜色。

• "不能调整大小"选项:选中该复选框,用于指定是否重定义框架的尺寸,选中当前复选框,将在浏览器窗口中无法使用鼠标指针拖动框架边框修改框架大小。

• "边界宽度"选项:在该设置框架中的内容与左右边框之间的距离,单位是像素。

• "边界高度"选项:设置框架中的内容与上下边框之间的距离,单位是像素。

(2) 设置框架集属性。

设置框架集属性具体操作步骤如下:

第一步:使用"Shift + F2"快捷键或在菜单栏中单击菜单"窗口"→"框架"命令,打开"框架"面板。

第二步:在"框架"面板中单击最外一层边框,在"属性"面板中设置框架集的属性,如图9-7所示。

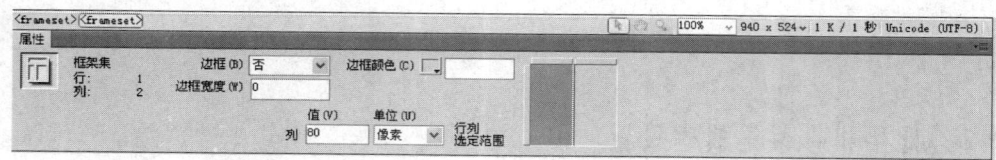

图9-7 框架集"属性"面板

框架集"属性"面板中各选项的功能如下:

• "行"和"列"选项:用于显示框架集是几行几列。

• "边框"选项:用于选择在浏览器中查看文档时在框架周围是否显示边框,选项包括"是"、"否"、"默认",默认显示边框。

• "边框宽度"选项:用于设置框架集中所有边框的宽度,以像素为单位。

• "边框颜色"选项:用于设置整个框架集边框的颜色。

• "值"选项:用于指定选定行的高度或选定列的宽度。若要设置框架集的各行和各列的框架大小,可单击"行列选定范围"右侧图示中的左侧或顶部的选项卡,然后在"值"文本框中输入高度或宽度。

• "单位"选项:用于指定浏览器分配给每个框架的空间大小,有"像素"、"百分比"和"相对"三种单位。像素:将选定行和列的大小设置为一个固定值。百分比:指定选定行和列应相当于其框架集的总宽度或总高度的百分比。相对:指在为"像素"和"百分比"框架分配空间后,为选定列或行。分配其余可用空间,剩余空间在大小设置为"相对"的框架中按比例划分。为了确保完全的跨浏览器兼容性,可以在"值"中输入"1"。

提示:在指定框架的行或列时,要至少一个宽度和高度指定为相对大小,这样在浏览网页时才不会出错。

9.2.3 框架链接

要在一个框架中通过超级链接在另一个框架中打开文档,必须设置链接目标。要设置目标框架,首先在设计视图中选择要作为超链接的文本或对象,然后在属性面板中的"链接"文本框中指定要链接的文件,并在"目标"下拉列表框中选择链接的文档应在其中显示的框架或窗口。在默认情况下,"目标"下拉列表框中有4个选项:_blank、_parent_、_self、_top。

- _blank:链接的页面在新的窗口打开。
- _parent:链接的页面在父框架中打开。
- _self:链接的页面在自身窗口打开。
- _top:链接的页面在最外层框架中打开。

如果当前框架文件中还含有 rightFrame、bottomFrame、mainFrame、leftFrame 和 topFrame 等框架,则在"目标"下拉列表框中还会显示 rightFrame、bottomFrame、mainFrame、left-Frame 和 topFrame 五个选项,方便用户选择链接目标。

9.3 实践向导

任务 创建"网文欣赏"框架网页。效果如图9-1所示,具体操作步骤如下:

(1) 创建框架页。

① 启动 Dreamweaver CS5,单击菜单"文件"→"新建"命令,弹出"新建文档"对话框,在对话框中选择"示例中的页"选项卡中的"框架页"类别,从框架集中选择"上方固定,左侧嵌套"类型,如图9-8所示。

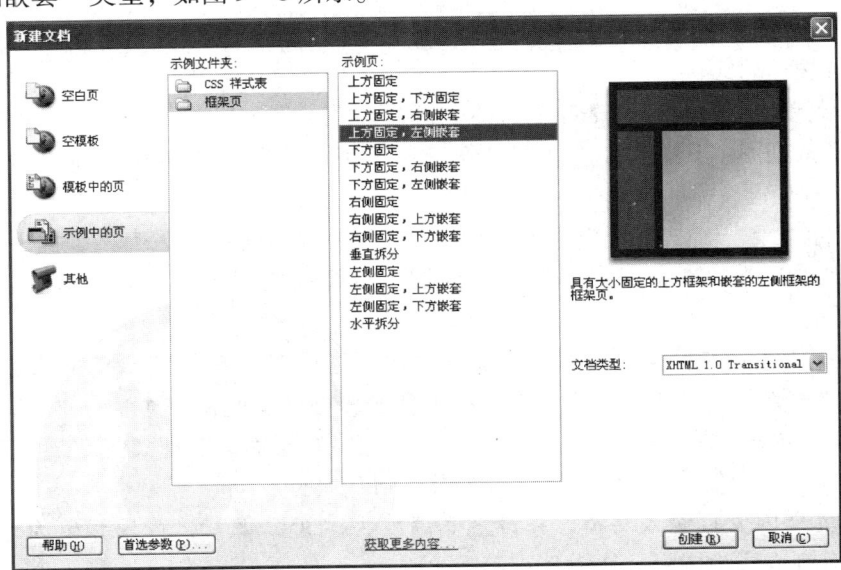

图9-8 新建文档对话框

② 单击"创建"按钮，此时在文档编辑窗口创建了一个上方固定，左侧嵌套的框架集，如图9-9所示。

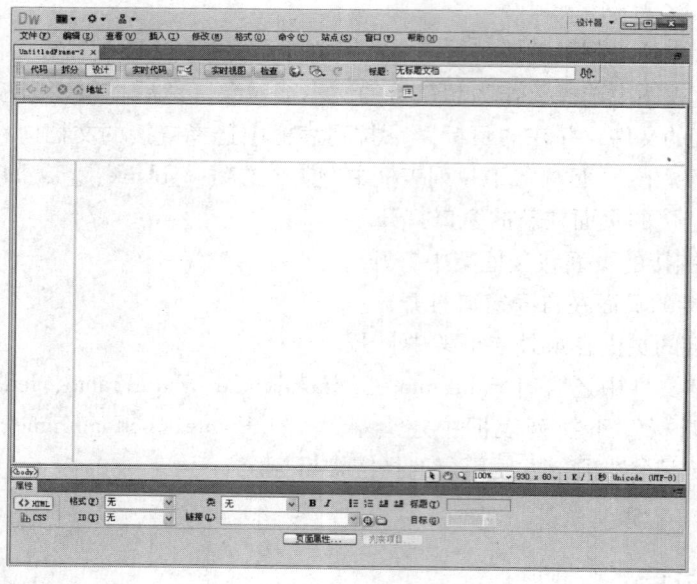

图9-9 创建框架集

（2）保存框架页。

① 单击菜单"文件"→"保存全部"命令，打开"另存为"对话框，指定文件名为"9-1.html"，然后单击"保存"按钮将其保存在站点根目录下。

② 在顶部框架中单击，单击菜单"文件"→"保存框架"命令，打开"另存为"对话框，设置文件名为"top.html"。

③ 参照②，将左侧框架保存为"left.html"，右侧框架保存为"right.html"。

（3）设置框架页面

① 选择菜单"插入"→"表格"命令，弹出"表格"对话框，插入一个1行1列的表格，设置边框粗细为"0"像素，单击"确定"按钮。然后在"属性"面板中设置其对齐方式为"居中对齐"。

② 将光标置于表格中，单击菜单"插入"→"图像"命令，在表格中插入图像，然后单击顶部框架的边框，在框架集"属性"面板中设置框架"行"的值，与图像高度相同，如图9-10所示。

③ 将光标置于在左框架内，并设置页面各边距为"0"，单击菜单"插入"→"表格"命令，弹出"表格"对话框，插入一个7行1列的表格，设置表格宽度为"200"像素，边框粗细为"1"像素，单元格间距为"4"像素。选中框架集，在框架集"属性"面板中设置左侧框架"列"的值为"200"像素，如图9-11所示。

④ 在单元格内分别输入文本，并设置其高度为"30"像素，背景颜色为"#cc6600"，水平、垂直对齐方式为居中，如图9-12所示。

图 9 – 10 顶部框架插入图像

图 9 – 11 左框架插入表格

⑤ 单击菜单"窗口"→"框架"选项,打开"框架"面板,选中 leftFrame 后,在"属性"面板中选择"不能调整大小"复选框,并设置显示边框和滚动条,然后设置边界宽度、高度均为"0"像素,如图 9 – 13 所示。

图 9-12 输入文本

图 9-13 调整左框架

⑥ 将光标置于右框架内，输入文本内容，如图 9-14 所示。

⑦ 打开"框架"面板，单击框架集，在"属性"面板中设置边框为"是"，设置其边框宽度为"2"。单击 topFrame，设置边框为"是"，边框颜色为"#FF9900"。

图 9-14 右框架输入文本

⑧ 选中左框架导航栏中的"亲情文章"文本,在"链接"文本框中输入链接的网页"qinqing.html",在"目标"下拉列表框中选择链接打开的目标位置为"mainframe",即主框架,如图 9-15 所示。

图 9-15 创建链接

⑨ 选择"文件"→"保存全部"命令，保存所有文件。按"F12"键预览效果，如图 9-1 所示。

9.4 能力拓展

创建一个完整的框架网页。插入一个上方固定，下方固定的框架，在 topFrame、mainFrame、bottomFrame 中分别插入网页元素，效果如图 9-16 所示。

图 9-16 "中秋佳节"框架网页效果图

9.5 项目小结

本项目主要介绍了创建和使用框架与框架集的知识，包括框架和框架集的基本知识、创建框架与框架集的方法、选择框架与框架集的方法、框架与框架集的属性设置以及编辑框架页面等内容。

项目 10

表单网页制作

10.1 项目描述

表单是网站管理员与用户之间进行沟通的桥梁,目前大多数的网站都需要与用户进行动态的交流,表单是必不可少的。本项目运用表单知识创建在线注册页面,效果如图 10-1 所示。

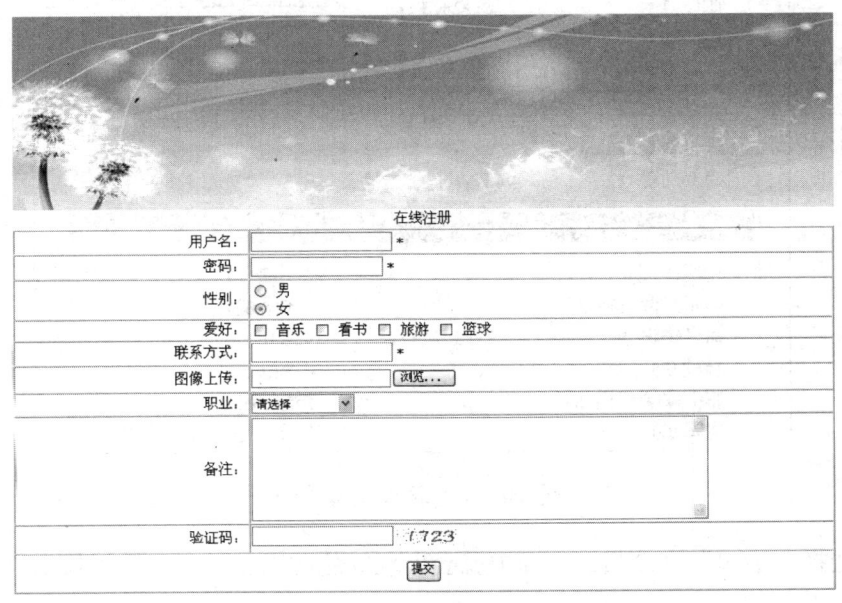

图 10-1 "在线注册"页面效果图

10.2 知识储备

10.2.1 认识表单

表单在网页中主要负责数据采集功能。一个表单主要有三个基本组成部分:表单标签,这里面包含了处理表单数据所用 CGI 程序的 URL 以及数据提交到服务器的方法。表单域，包含了文本框、密码框、隐藏域、多行文本框、复选框、单选框、下拉选择框和文件上传框等。表单按钮，包括提交按钮、复位按钮和一般按钮，用于将数据传送到服务器上的 CGI 脚本或者取消输入，还可以用表单按钮来控制其他定义了脚本的处理工作。

10.2.2 创建及设置表单

10.2.2.1 插入表单

所有的表单控件要放置在表单域中才会有效，因此，制作表单页面的第一步是插入表单域。插入表单的具体操作步骤：

（1）将光标置于要插入表单的位置。

（2）单击菜单"插入"→"表单"选项→"表单"命令，如图 10-2 所示。

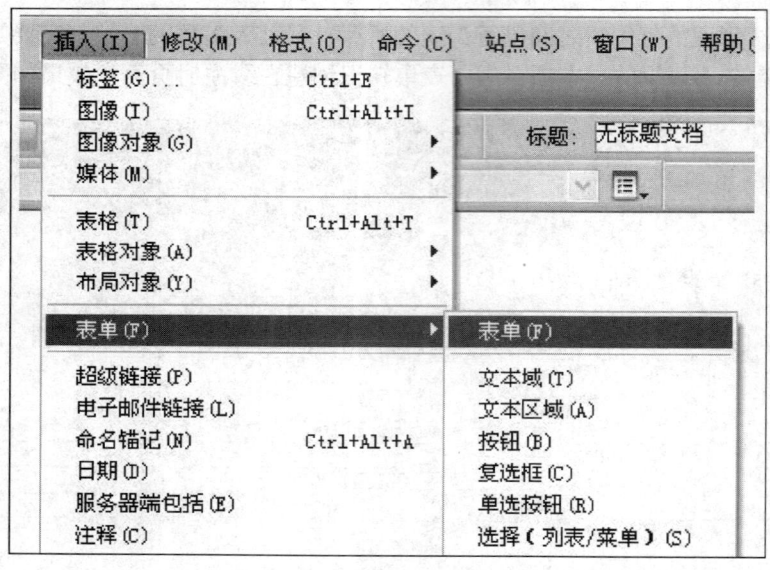

图 10-2 表单对象面板

（3）选择"表单"命令后，页面中就会出现红色的虚线，这虚线就是表单，如图 10-3 所示。

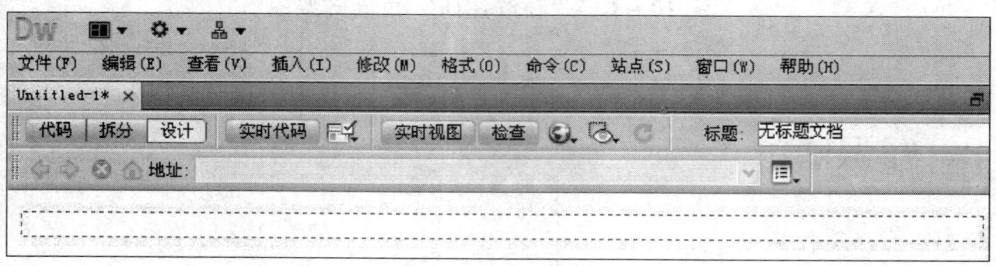

图 10-3 插入表单

10.2.2.2 设置表单属性

表单有对应的属性面板,将光标置于虚线上,打开"属性"面板,可以设置表单的属性,如图 10-4 所示。

图 10-4 表单属性面板

表单属性面板中各选项功能如下:

● "表单 ID"选项:用于设置表单的名称。命名表单后,可以使用脚本语言用于或控制表单。默认表单 ID 名称为 form1。

● "动作"选项:指定处理该表单的动态页或脚本的路径。可以在"动作"文本框中输入完整的路径,也可以单击文件夹图标浏览应用程序。

● "方法"选项:在"方法"下拉列表框中,选择将表单数据传输到服务器的传送方式,包括以下三个选项:POST,用标准输入方式将表单内的数据传送给服务器,服务器用读取标准输入的方式读取表单内的数据。GET:将表单内的数据附加到 URL 后面传送给服务器,服务器用读取环境变量的方式读取表单内的数据。默认:用浏览器默认的方式,一般默认为"GET"。

● "编码类型"选项:用于指定提交给服务器进行处理的数据使用的编码类型。默认设置 application/x - www - form - urlencode 通常与 POST 方法一同使用。如果要创建文件上传域,应指定 multipart/form - data 编码类型。

● "目标"选项:用于指定一个窗口显示被调用程序所返回的数据。目标列表框包含四个选项,_blank、_parent、_self、_top。

10.2.3 创建及设置表单元素

10.2.3.1 文本域、文本区域、隐藏域

表单中可用于输入文本的对象统称为文本域,Dreamweaver CS5 中共提供 3 种类型的文本域:文本域、文本区域和隐藏域。其中文本域又可分为单行文本域,多行文本域和密码域,可接受任何类型的字母、数字、文本输入内容。

(1) 文本域。文本域是一个接受文本信息的文本框。在文本域中几乎可以容纳任何类型的文本数据。网页中常见的文本域有以下 3 种类型:

● 单行文本域:只能输入一行的信息。

● 多行文本域:可以输入多行信息,为访问者提供一个较大的输入区域。

● 密码文本域:该类型比较特殊,当用户在域中输入时,所输入的文本被替换为星号(*)或项目符号,以隐藏输入文本,保护这些信息。

插入文本域的步骤如下:

① 将光标置于要添加文本域的位置。

② 单击菜单"插入"→"表单"→"文本域",弹出"输入标签辅助功能属性"对话框,如图 10-5 所示。

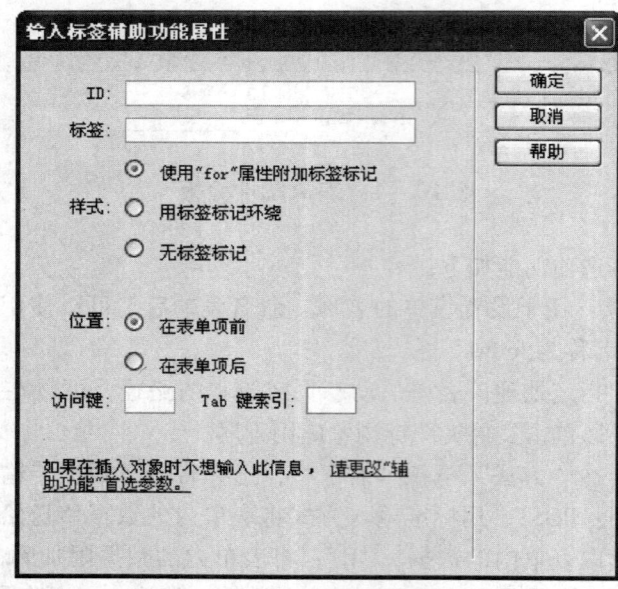

图 10-5 "输入标签辅助功能属性"对话框

③ 根据需要进行相应的设置后单击"确定"按钮,即可在光标处添加文本域。

文本域有对应的属性面板。选中文本域,打开"属性"面板,可以设置文本域的属性,如图 10-6 所示。

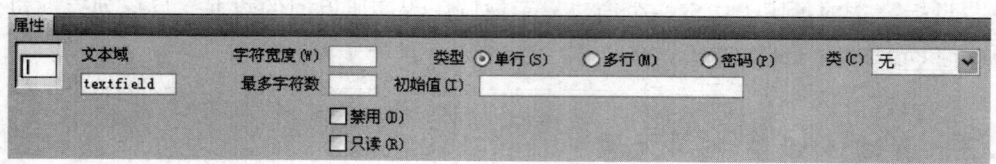

图 10-6 文本域属性面板

文本域属性面板中各选项功能如下:

- "文本域"选项:在"文本域"文本框中,为该文本域指定一个名称。每个文本域都必须有一个唯一名称,文本域名称不能包含空格或特殊字符,可以使用字母、数字、字符和下划线的任意组合,所选名称最好与用户输入的信息有联系。
- "字符宽度"选项:设置文本域一次最多可显示的字符数,可以小于"最多字符数"。
- "最多字符数"选项:设置单行文本域中最多可输入的字符数。如果将"最多字符数"文本框保留为空白,则用户可以输入任意数量的文本,如果文本超过域的字符宽度,文本将滚动显示,如果用户输入超过最大字符数,则表单产生警告声。
- "类型"选项:文本域的类型,包括"单行"、"多行"和"密码"三个选项。

- "初始值"选项：指定在首次载入表单时文本框中显示的值。
- "禁止"选项：禁用文本区域，即文本域呈灰色显示。
- "只读"选项：使文本区域成为只读文本区域。

（2）文本区域。文本区域的外观类似于多行文本框，插入是默认可容纳五行文本，其属性设置也与文本域属性设置相同。

插入文本区域的步骤如下：

① 将光标置于要添加文本区的位置。

② 单击菜单"插入"→"表单"选项→"文本区域"命令，如图10-7所示。

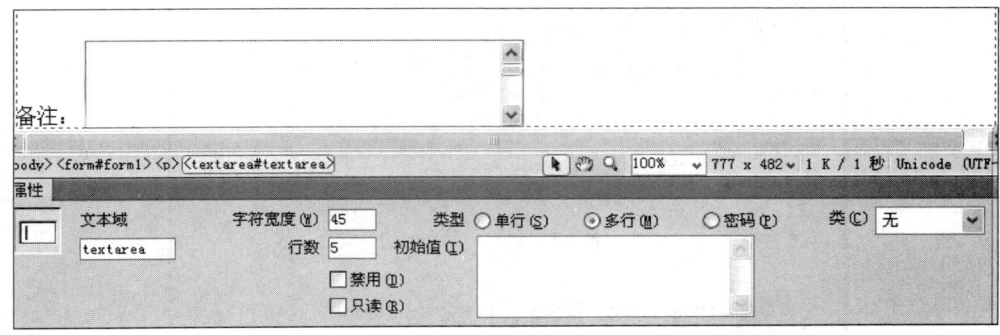

图10-7 文本区域及其属性设置

（3）隐藏域。隐藏域在页面中对于用户是不可见的，它用于存储一些信息，以便于被处理表单的程序使用。

插入隐藏域的步骤如下：

① 将光标置于要添加隐藏域的位置。

② 单击菜单"插入"→"表单"选项→"隐藏域"命令。选中隐藏域，打开"属性"面板，如图10-8所示。

图10-8 隐藏域"属性"面板

隐藏域"属性"面板中各选项功能如下：

- "隐藏区域"选项：设置所选隐藏域的名称。
- "值"选项：设置隐藏域的值。

10.2.3.2 复选框、复选框组、单选按钮、单选按钮组、按钮

（1）复选框。复选框允许访问在一组选项中选任意多个适用的选项。例如，在选择兴趣爱好时，访问者可能会同时选择"读书"、"写作"和"旅游"。

插入复选框的步骤如下：

① 将光标置于要添加复选框的位置。
② 单击菜单"插入"→"表单"选项→"复选框"命令，打开"输入标签辅助功能属性"对话框，在"标签"右侧文本框中输入"读书"，如图 10-9 所示。

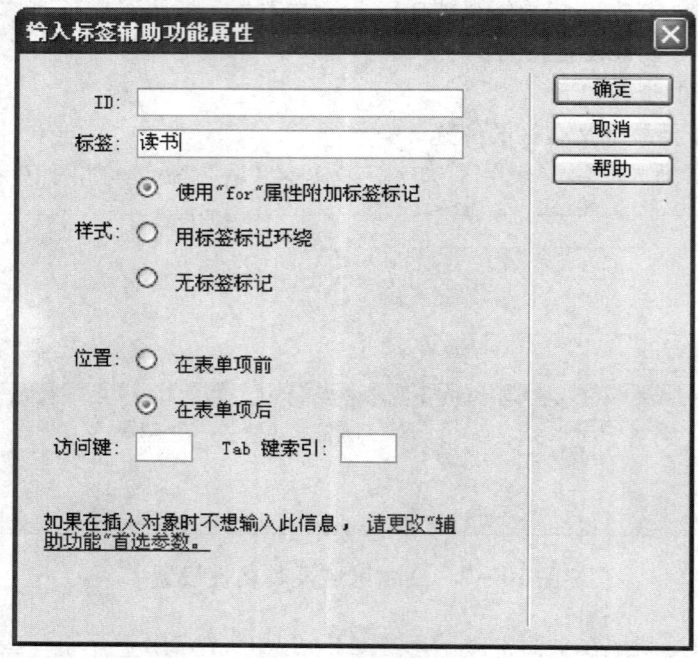

图 10-9 "输入标签辅助功能属性"对话框

③ 依次逐个插入其他复选框。选中复选框，打开"属性"面板，如图 10-10 所示。

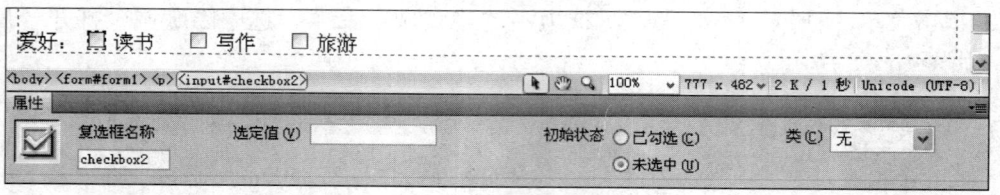

图 10-10 复选框及其"属性"设置

复选框属性面板中各选项功能如下：
- "复选框名称"选项：设置所选复选框的名称。
- "选定值"选项：设置这个复选框的值。
- "初始状态"选项：设置这个复选框的初始状态，有两个选项："已勾选"和"未选中"。如果选择"已勾选"，则这个复选框初始处于选中状态。如果选择"未选中"，则这个复选框初始处于未选状态。

（2）复选框组。
插入复选框组的步骤如下：
① 将光标置于要添加复选框的位置。
② 单击菜单"插入"→"表单"→"复选框组"命令，打开"复选框组"对话框，

在其中设置复选框组的名称、组中包含的复选框个数、复选框的文本标签及布局方式等，如图 10-11 所示。

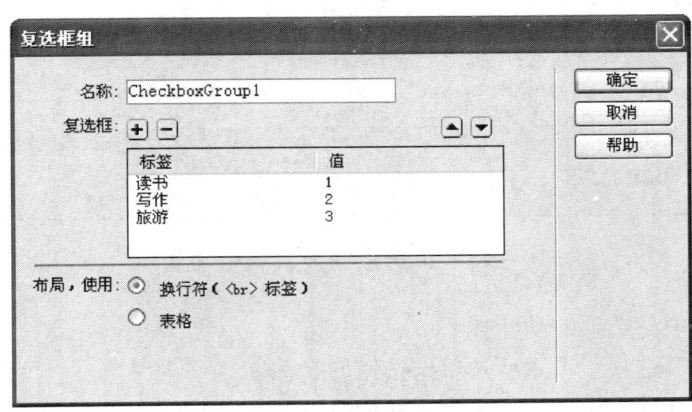

图 10-11 "复选框组"对话框

(3) 单选按钮。单选按钮作为一个使用组，提供彼此排斥的选项值，用户在单选按钮组内只能选择一个选项。

插入单选按钮的步骤如下：

① 将光标放到要添加单选按钮的位置。

② 单击菜单"插入"→"表单"→"单选按钮"命令，打开"输入标签辅助功能属性"对话框，在"标签"右侧文本框中输入"男"，单击"确定"按钮。如图 10-12 所示。

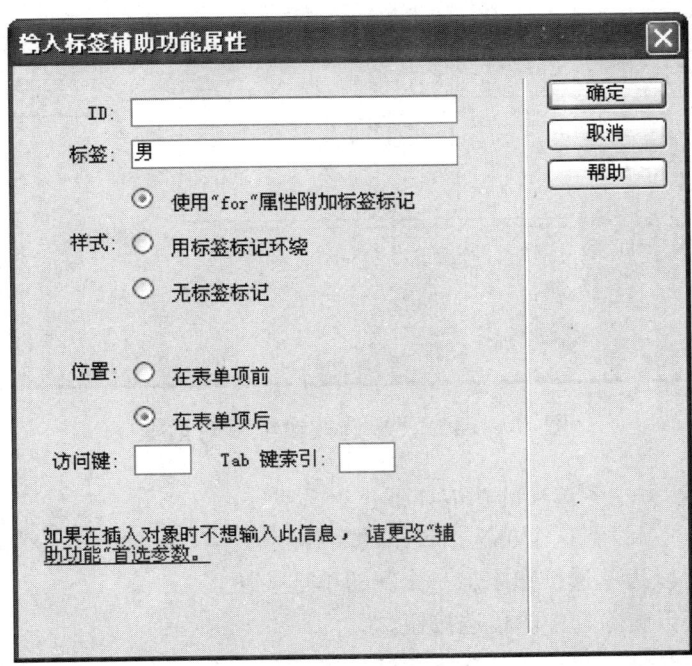

图 10-12 "输入标签辅助功能属性"对话框

③ 接着再次插入"女"单选按钮。选中单选按钮,打开"属性"面板,效果如图 10-13 所示。

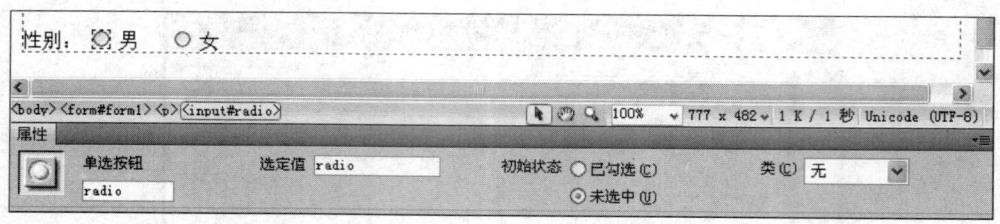

图 10-13 单选按钮及其属性设置

单选按钮属性中各选项的功能如下:
- "单选按钮"选项:设置所选单选按钮的名称。
- "选定值"选项:设置这个单选按钮的值。
- "初始状态"选项:设置这个单选按钮的初始状态,有两个选项:"已勾选"和"未选中"。

(4)单选按钮组。使用单选按钮组对话框,可以一次插入一组单选按钮。
插入单选按钮组的步骤如下:
① 将光标置于要添加单选按钮组的位置。
② 单击菜单"插入"→"表单"选项→"单选按钮组"命令,打开"单选按钮组"对话框如图 10-14 所示。

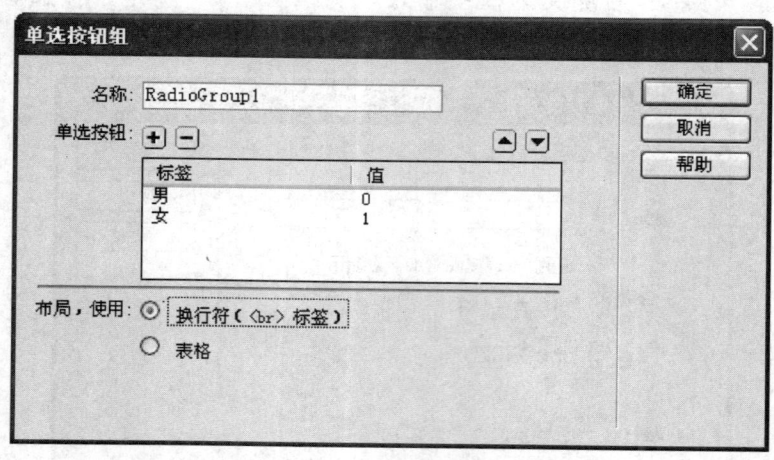

图 10-14 "单选按钮组"对话框

单选按钮组对话框中各选项的功能如下:
- "名称"选项:设置这个单选按钮组的名称。
- ➕按钮:可以为单选按钮添加一个新的单选按钮。
- ➖按钮:可以删除选中的单选按钮。
- ▲按钮或▼按钮:可以为选中的单选按钮调整排列顺序。
- "布局,使用"选项:设置单选按钮的换行方式,有两个选项:"换行符"和"表格"。如果选择"换行符",则单选按钮组在网页中直接换行;如果选择"表格",则 Dreamweaver 自动插入表格来安排单选按钮的换行。

- "标签"和"值":设置单选按钮的文本标签和值。

(5) 按钮。按钮的作用相当于用户单击后,执行一定的任务,常见的有提交表单、重置表单等。

插入普通按钮的步骤如下:

① 将光标置于要添加按钮的位置。

② 单击菜单"插入"→"表单"→"按钮"命令,打开"输入标签辅助功能属性"对话框,在对话框中单击"确定"按钮。

③ 选中按钮,打开属性面板,可以设置按钮的属性,如图 10 – 15 所示。

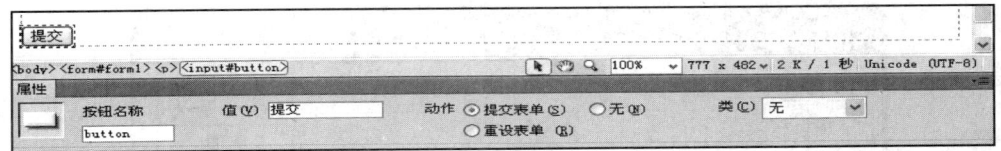

图 10 – 15 按钮"属性"面板

按钮属性中各选项的功能如下:

- "按钮名称"选项:设置所选按钮的名称。
- "值"选项:设置按钮上显示的文本。
- "动作"选项:设置访问者单击按钮将产生的动作,有三个选项:"提交表单"、"重设表单"和"无"。

10.2.3.3 列表/菜单、跳转菜单

(1) 列表/菜单。列表和菜单的功能与复选框和单选按钮的功能类似,都可以列举很多选项供浏览者选择,其最大的好处就是可以在有限的空间内为用户提供更多的选项,非常节省版面。

插入列表/菜单的步骤如下:

① 将光标置于要插入列表的位置。

② 单击菜单"插入"→"表单"→"选择(列表/菜单)"命令,在"输入标签辅助功能属性"对话框中,单击"确定"按钮,即可在光标处插入列表/菜单。选中列表/菜单,在属性面板中设置相应的参数。

如果要插入列表框,在列表/菜单的属性选择"类型"选项组中的"列表"单选按钮,如图 10 – 16 所示。

默认插入的列表框或菜单中不包括任何选项,必须手动添加可供浏览者选择的内容。选择列表或菜单后,单击属性检查器上的"列表值"按钮,打开"列表值"对话框,即可设置选择内容,如图 10 – 17 所示。

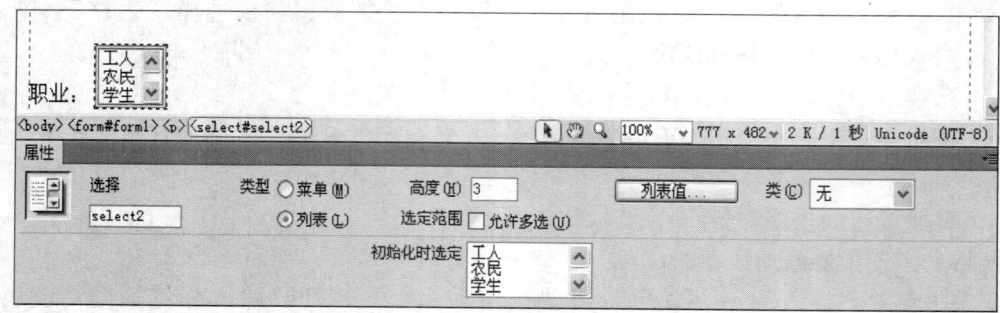

图 10-16 列表及其"属性"设置

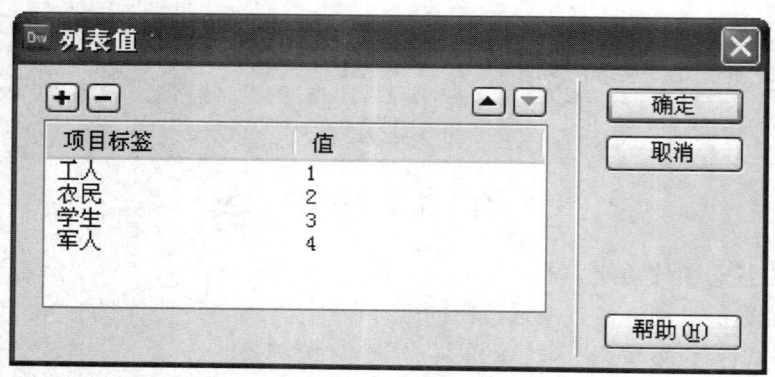

图 10-17 "列表值"对话框

"列表值"对话框中各选项的功能说明如下：
- "项目标签"选项：输入每个菜单项的标签文本，该标签将作为列表/菜单中的显示项。
- "值"选项：输入每个菜单项的可选值，该值为发送处理应用程序值。
- "添加"按钮➕与"删除"按钮➖：向列表中添加项目或删除列表框中的选项。
- "上移"按钮▲与"下移"按钮▼：重新排列列表中的项。

在表单中插入列表框或菜单后，可根据需要更改其属性。列表框与菜单的属性选项内容相同，只是菜单的"高度"与"选定范围"两个属性呈灰色显示，如图 10-18 所示。如果是列表框，则属性检查器中的所有选项均会被激活。

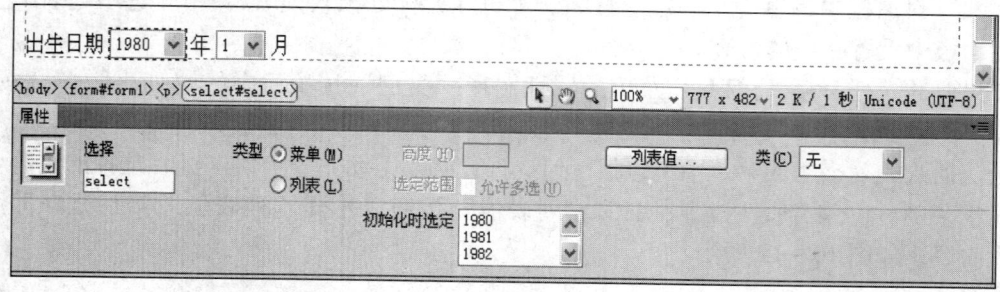

图 10-18 菜单及其"属性"设置

列表/菜单的属性面板中各选项的功能如下：
- "列表/菜单"选项：用于为列表/菜单输入一个唯一的名称。
- "类型"选项：用于设置表单对象的表现形式，即列表还是菜单。
- "高度"选项：用于指定该列表显示的行（或项目）数，如果指定的数字小于该列表包含的选项数，会出现滚动条。
- "选定范围"选项：用于指定用户在列表中的选定范围。如果允许用户选择该列表中的多个选项，可选中此复选框。
- "初始化时选定"选项：用于输入首次载入列表时出现的值。
- "列表值"按钮：用于打开"列表值"对话框，修改列表项及其值。

（2）跳转菜单。跳转菜单是创建链接的一种形式，其中的每个选项都链接到某个文档和文件，以便访问者选择并进行跳转操作。跳转菜单中可放置能够在浏览器中打开的任何文件类型的链接。跳转菜单效果图如图 10 – 19 所示。

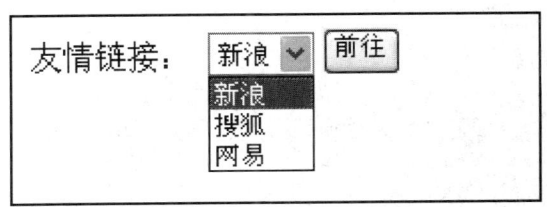

图 10 – 19 跳转菜单效果图

插入跳转菜单的步骤如下：
① 将光标置于要插入跳转菜单的位置。
② 单击菜单"插入"→"表单"选项→"跳转菜单"命令。
③ 在图 10 – 20 所示的弹出对话框中进行"插入跳转菜单"的设定。

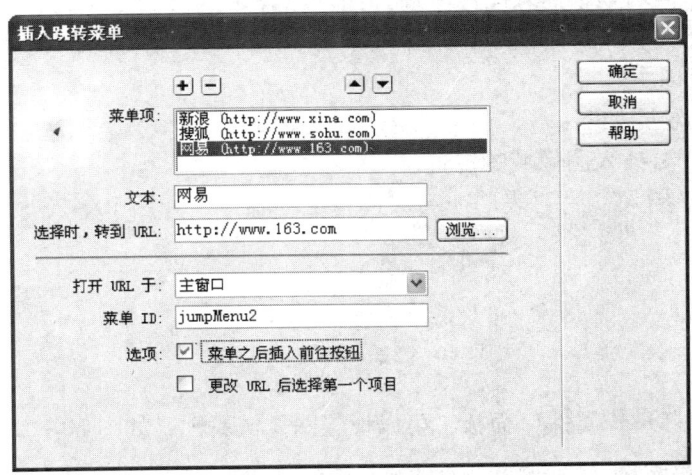

图 10 – 20 "插入跳转菜单"对话框

"插入跳转菜单"对话框中各选项的功能如下：
- "菜单项"选项：列出了跳转菜单的所有菜单项。单击"＋"按钮，可以增加一个菜单。在"菜单项"选框里选中菜单项,单击"-"按钮,可以删除这个选中的菜单项。在"菜单项"选框里选中菜单项,单击向上或向下的箭头按钮,可以调整这个菜单项在跳转菜单里的排列位置。

- "文本"选项:用于设置当前菜单项显示的文本。
- "选择时,转到 URL"选项:指定选择该菜单项后跳转到的 URL。
- "打开 URL 于"选项:设置跳转菜单的目标窗口。
- "菜单 ID"选项:用来设置当前菜单项的名称。
- "菜单之后插入前往按钮"复选框:如果选中,则向网页中插入跳转菜单后,将同时插入一个"前往"按钮。访问者单击"前往"按钮,将打开跳转菜单中当前选中菜单对应的超链接。
- "更改 URL 后选择第一个项目"复选框:如果选中,可以使用菜单选择提示。跳转菜单设置完成后如图 10 - 21 所示。

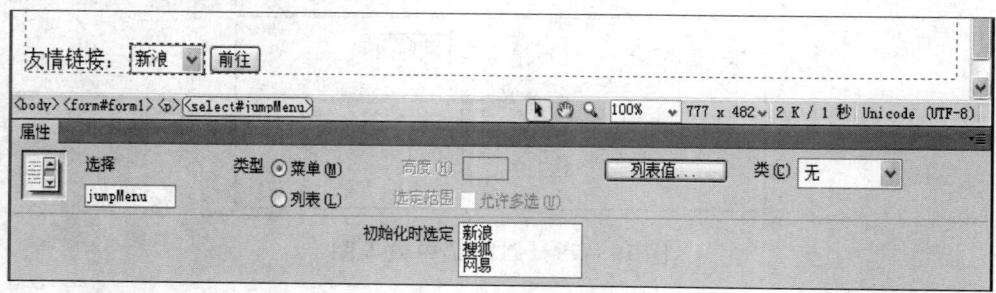

图 10 - 21　跳转菜单及其属性设置

10.2.3.4　图像域、文件域

(1) 图像域。向表单中插入图像域后,图像域将起到提交表单的作用,本来需要用提交表单按钮来提交表单,但有时为了使表单更美观,需要用图像来提交表单,只需要把图像设置成图像域就可以了。

插入图像域的步骤如下:

① 将光标置于要插入图像域的位置。
② 单击菜单"插入"→"表单"→"图像域"命令,如图 10 - 22 所示。

图 10 - 22　插入图像域

选中图像域,打开"属性"面板,可以设置图像域属性,如图 10 - 23 所示。

图 10 - 23　图像域"属性"面板

图像域属性面板中各选项的功能如下：
- "图像区域"选项：用来设置所选图像域的名称。
- "源文件"选项：用来设置图像域的图像来源。
- "替换"选项：用来设置图像域的替换文本，当访问者的浏览器无法显示图像域图像时，可以显示这个替代文本。
- "对齐"选项：下拉列表框用来设置图像域的对齐方式，有六个选项："默认值"、"顶部"、"中间"、"底部"、"左对齐"和"右对齐"。

（2）文件域。文件域允许用户将其计算机上的文件上传到服务器。文件域由一个文本框和一个"浏览"按钮组成。访问者可以在文件域的文本框中输入一个文件的路径，也可以单击文件域的"浏览"按钮来选择一个文件，当访问者提交表单时，这个文件被上传。

插入文件域的步骤如下：

① 将光标置于要插入图像域的位置。

② 单击菜单"插入"→"表单"→"文件域"命令，如图 10 – 24 所示。

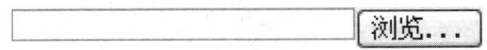

图 10 – 24　插入文件域

选中文件域，打开"属性"面板，可以设置文件域属性，如图 20 – 25 所示。

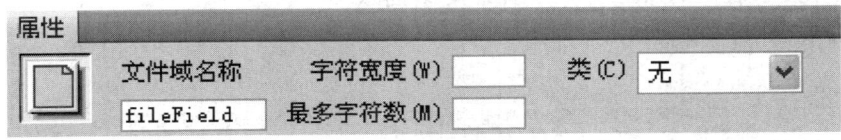

图 10 – 25　文件域"属性"面板

文件域属性面板中各选项的功能如下：
- "文件域名称"选项：用来设置所选文件域的名称。
- "字符宽度"选项：设置文件域里文本框的宽度。
- "最多字符数"选项：设置文件域里文本框可输入最多字符数。
- "类"选项：设置文件域对象的文本样式。

10.3　实践向导

任务　创建"在线注册"页面。效果如图 10 – 1 所示，具体操作步骤如下：

（1）制作页面表格。

① 启动 Dreamweaver CS5，新建一个 HTML 页面，并保存文件。

② 单击菜单"插入"→"表格"命令，插入一个 3 行 1 列，宽度为"900"像素，边框为"0"居中对齐的表格。

③ 在表格的第一行插入图片"top.jpg"，在表格的第二行输入"在线注册"，且文字居

中,如图 10-26 所示。

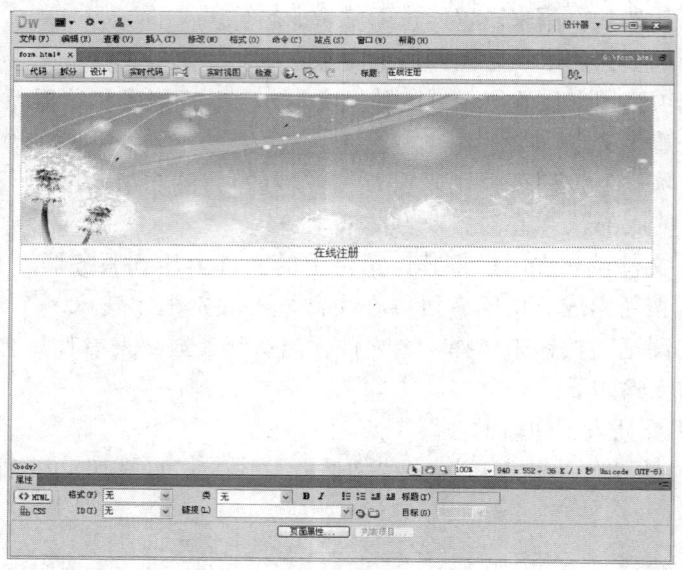

图 10-26 制作页面表格

(2) 插入正文表格和表单。

① 把鼠标置于表格的第三行,单击菜单"插入"→"表单"→"表单"命令,插入一个空白表单。如图 10-27 所示。

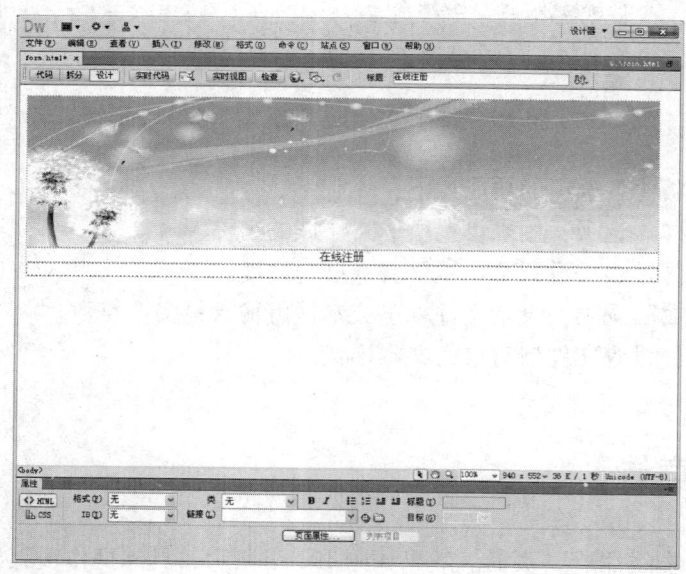

图 10-27 插入表单

② 将鼠标放在表单中,单击菜单"插入"→"表格",插入一个 10 行 2 列的表格,如图 10-28 所示。

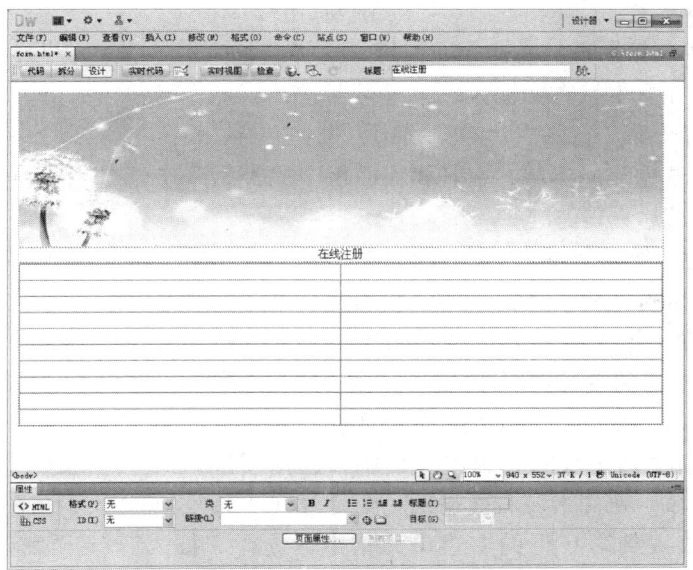

图 10 – 28　插入表格

③ 选择嵌套表格的左列，设置对齐方式为右对齐。

④ 在第 1 行至第 9 行的左边单元格中分别输入："用户名"、"密码"、"性别"、"爱好"、"联系方式"、"头像上传"、"职业"、"备注"、"验证码"，如图 10 – 29 所示。

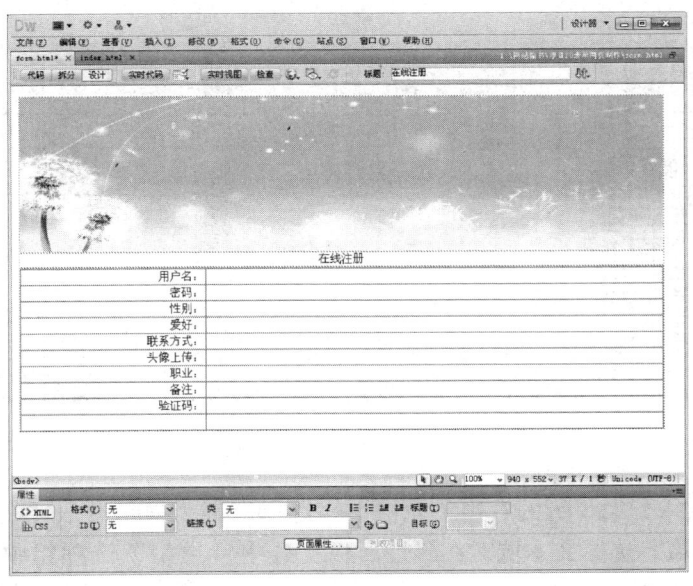

图 10 – 29　输入文本

(3) 插入表单元素。

① 将插入点置于第1行的右边单元格中，选择"插入"→"表单"→"文本域"命令，插入一个文本域。在文本域右面输入一个星号（*）。

② 将插入点置于第2行的右边单元格中，选择"插入"→"表单"→"文本域"命令，插入一个文本域。选中该文本域，在其属性面板中"类型"中选择"密码"，在文本域右面输入一个星号（*）。

③ 将插入点置于第3行的右边单元格中，选择"插入"→"表单"→"单选组按钮"命令，插入一个单选按钮组。在插入的单选按钮右边输入"男"、"女"。

④ 将插入点置于第4行的右边单元格中，选择"插入"→"表单"→"复选框"命令，插入一个复选框。在复选框右侧输入"音乐"，然后在"音乐"右侧再插入3个复选框，并分别对应输入"看书"、"旅游"、"篮球"。

⑤ 将插入点置于第5行的右边单元格中，选择"插入"→"表单"→"文本域"命令，插入一个文本域，在文本域右面输入一个星号（*）。

⑥ 将插入点放入到第6行的右边单元格中，选择"插入"→"表单"→"文件域"命令。

⑦ 将插入点放入到第7行的右边单元格中，选择"插入"→"表单"→"选择（列表/菜单）"命令，打开"列表值"对话框，在"项目标签"栏中单击，输入"请选择"，再单击"添加项目"按钮（+），依次添加"在校学生"、"固定工作者"、"自由职业者"、"待业/无业/失业"、"退休"、"其他"，如图10-30所示。单击"确定"按钮完成设置。选择菜单控件，在其属性面板上选择"初始化时选定"列表中的"请选择"选项。

图10-30 列表值对话框

⑧ 将插入点放入到第8行的右边单元格中，选择"插入"→"表单"→"文本域"命令，插入一个文本域，选择文本域，在属性面板上选中"类型"选项组中的"多行"单选按钮，然后在"字符宽度"文本框中输入"60"，在"行数"文本框中输入"10"。

⑨ 将插入点放入到第9行的右边单元格中，选择"插入"→"表单"→"文本域"命令，插入一个文本域，在文本域后插入图片。

⑩ 选第10行，单击鼠标右键，弹出的菜单中选择"表格"→"合并单元格"，该单元格水平对齐方式选择"居中"，在单元格中，选择"插入"→"表单"→"按钮"命令，插

入一个提交按钮,如图 10-31 所示。

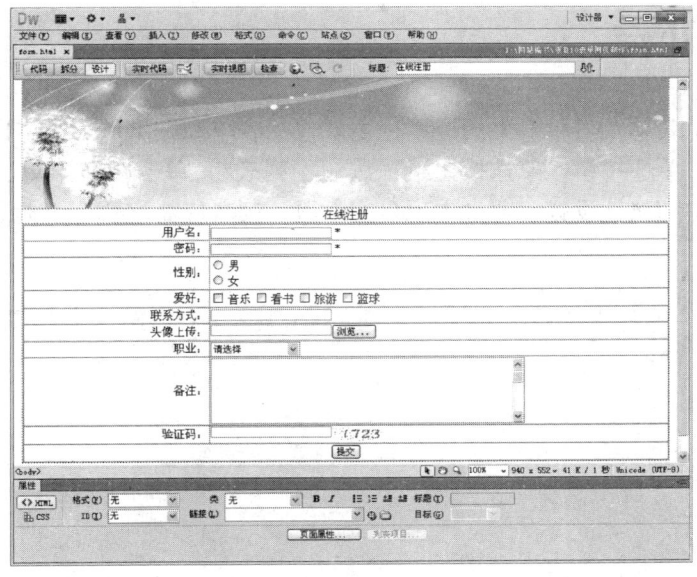

图 10-31 插入表单元素

⑪ 保存文件,按"F12"键预览效果,如图 10-1 所示。

10.4 能力拓展

制作一个考试报名系统,效果如图 10-32 所示。

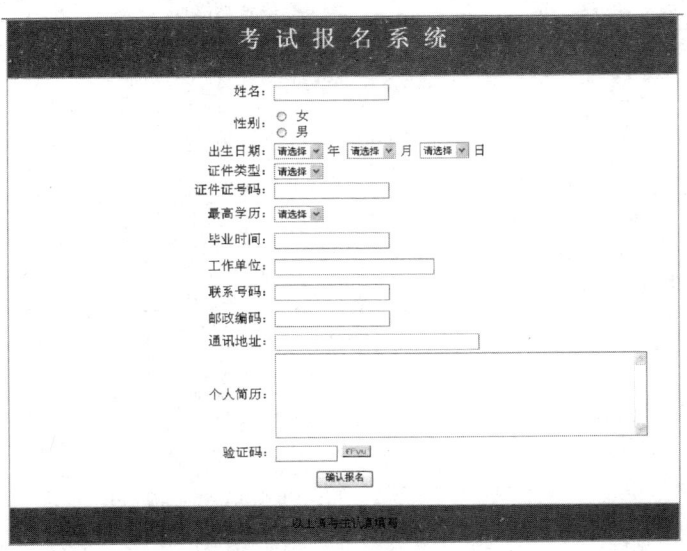

图 10-32 "考试报名系统"页面效果图

10.5　项目小结

　　本项目介绍了表单及表单对象的应用,主要包括表单和文本域、文本区域、隐藏域、复选框、复选框组、单选按钮、单选按钮组、按钮、列表/菜单、跳转菜单、图像域、文件域等表单对象的创建和属性设置。通过本项目的学习,读者应能够熟练掌握表单、表单元素的基本操作方法。

项目 11

使用模板和库制作网页

11.1 项目描述

在 Dreamweaver 中可以利用模板和库创建出具有统一风格的网页，在开发网站时不但可以提高开发效率，而且方便网站的后续维护。本项目运用所学知识创建企业模板，效果如图 11-1 所示，利用模板创建公司简介网页，效果如图 11-2 所示。

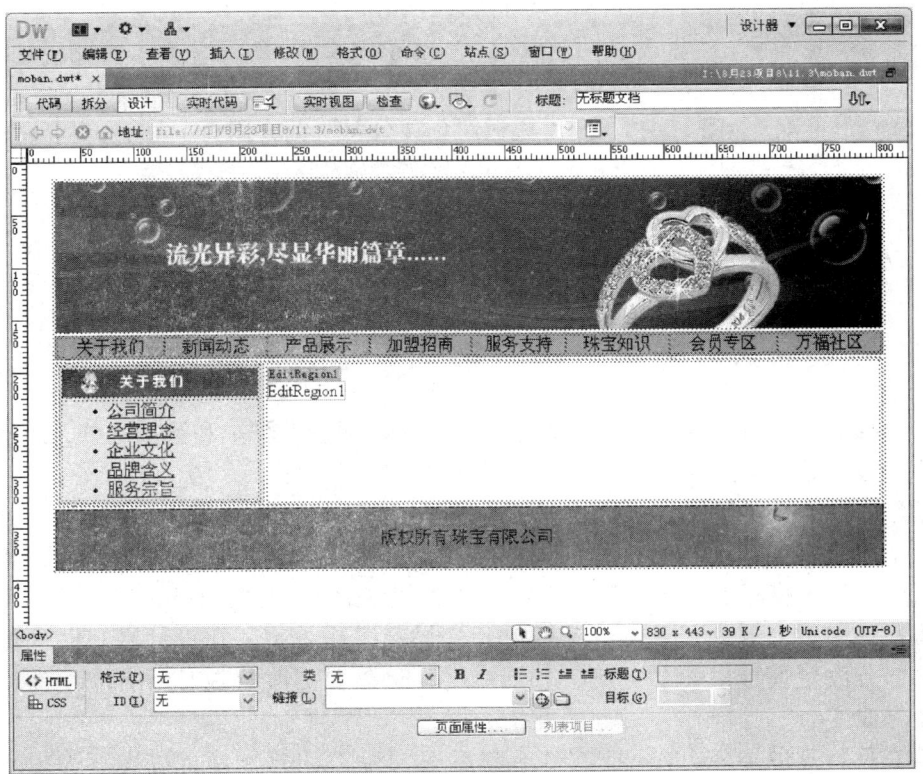

图 11-1 "企业网页"模板

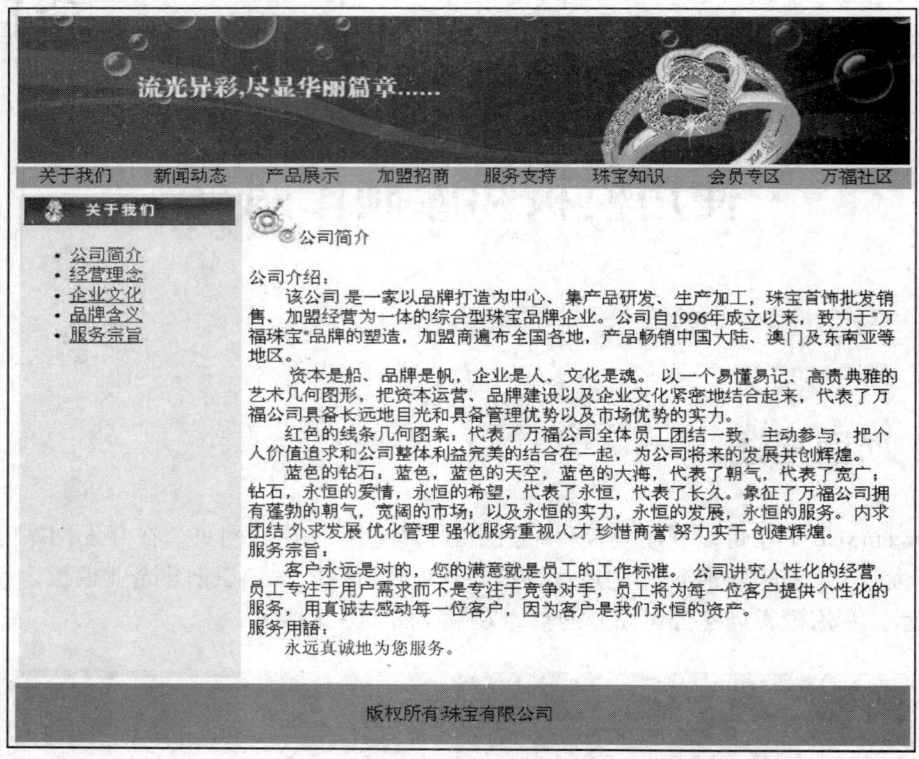

图 11-2 利用模板"创建公司"简介网页

11.2 知识储备

11.2.1 模板和库概述

Dreamweaver CS5 中的资源除了包括图像、影片、颜色、脚本和链接之外,还有两种比较特殊的类型,即模板和库。

模板是一种特殊类型的文档,文件扩展名为".dwt",可用于设计固定的页面布局,用户可基于该模板创建文档,创建的文档会自动继承模板的页面布局。设计模板时,用户可以指定在基于模板的文档中哪些内容是"可编辑的"。模板的最大作用就是用来创建有统一风格的网页,省去了重复操作的麻烦,提高工作效率。在设计网页时,可以将网页的公共部分放到模板中,要更新公共部分时,只需要更改模板,所有应用该模板的页面都会随之改变。

库是一种特殊的 Dreamweaver 文件,其后缀名为".lbi"。库可以理解为用来存放站点中经常重复使用的页面元素场所,对于使用比较频繁的一些页面元素,如文本、图像、表格、表单、插件、版权声明、站点导航条等,都可以作为库项目存放在库文件中。Dreamweaver 将库项目存储在每个站点的本地根文件下的 Library 文件夹中,每个站点都有自己的库。使用库不仅可以方便地插入一些常用对象，而且可以快速更新页面元素。

模板和库的区别是：模板可以用来制作整体网页的重复部分，而库是面向网页局部重复部分。模板主要用于保持页面统一，而库文件更主要的是为了满足经常修改的需要，库项目比模板更加灵活，库项目只是页面中的一小部分，可以放置在页面的任何位置。

11.2.2 建立网页模板

11.2.2.1 模板区域的类型

模板区域共有四种类型：

（1）可编辑区域：是基于模板的文档中的未锁定区域。它是模板用户可以编辑的部分，要让模板生效，应该至少包含一个可编辑区域。

（2）重复区域：是文档中设置为重复的布局部分。例如，可以设置重复一个表格行。通常重复部分是可编辑的，这样模板用户可以编辑重复元素中的内容，同时使设计本身处于模板创作者的控制之下。

（3）可选区域：用于保存有可能在基于模板的文档中出现的内容。Dreamweaver 中的可选区域可分为两类：可选区域和可编辑的可选区域。

可选区域，用户可以自己设定是否显示标注的区域。在这个区域内，用户可以对可选区域的内容进行选中的操作，但无法编辑该区域的内容。

可编辑的可选区域，用户可以自己设定是否显示标注的区域。在这个区域内，用户可以编辑该区域的内容。

（4）可编辑标签属性：允许模板用户在从模板创建的文档中修改指定标签属性，使用户可以在模板中解锁标签属性，以便该属性可以在基于模板的页面中编辑。

11.2.2.2 创建模板

模板的制作与普通网页的制作相同，是用来制作网页的公共部分。设计者可以根据需要，直接创建空白的模板，也可以将已有文档转换为模板。

要使模板生效，其中至少还要创建一个可编辑区域，否则基于该模板的页面是不可编辑的。

为了便于管理，最好将创建的模板存放在站点根目录下的 Templates 文件夹中，使用文件扩展名为".dwt"。若该文件夹不存在，则当存储一个新模板时，Dreamweaver CS5 会自动生成此文件夹。

创建模板有以下三种方法：

（1）通过"资源"面板，创建空模板。在"资源"面板中单击左侧"模板"按钮，进入"模板"子面板，如图 11-3 所示。然后单击下方的"新建模板"按钮，创建空模板。此时新的模板添加"模板"子面板的列表中，为该模板输入名称，如图11-4所示。

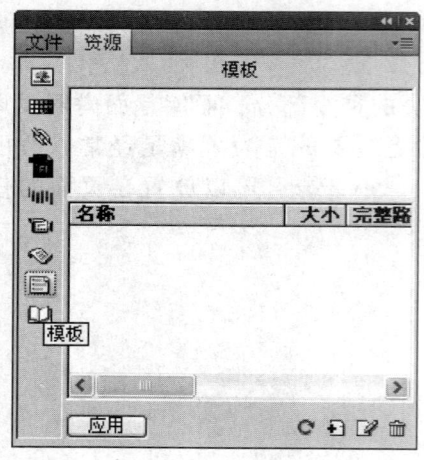
图11-3 "资源"面板

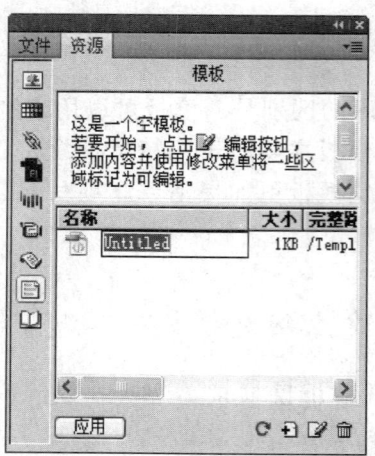
图11-4 新建空模板

（2）通过"插入"面板，创建模板。在打开的文档窗口中，单击"插入"面板的"常用"模式中的"创建模板"按钮，将当前文档转换为模板文档。

（3）使用"新建文档"对话框创建空模板。在Dreamweaver CS5中可以直接创建模板网页，具体步骤如下：

① 单击菜单"文件"→"新建"命令，弹出"新建文档"对话框，在对话框中选择"空模板"中的"HTML模板"选项，如图11-5所示。

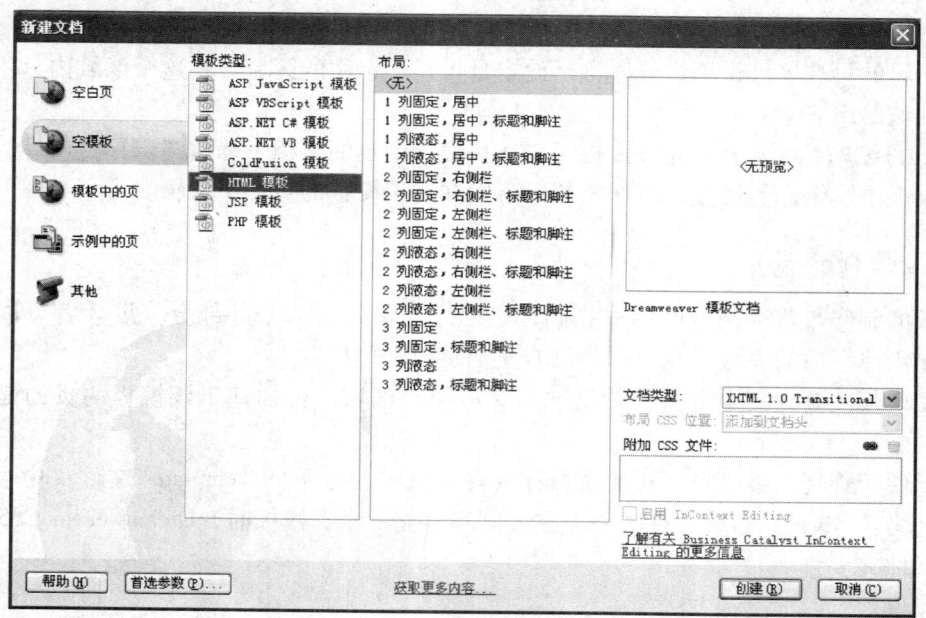
图11-5 "新建文档"对话框

② 单击"创建"按钮，创建模板文档。
③ 单击菜单"文件"→"保存"命令，弹出Dreamweaver CS5提示对话框，如图11-6所示。

项目 11 使用模板和库制作网页

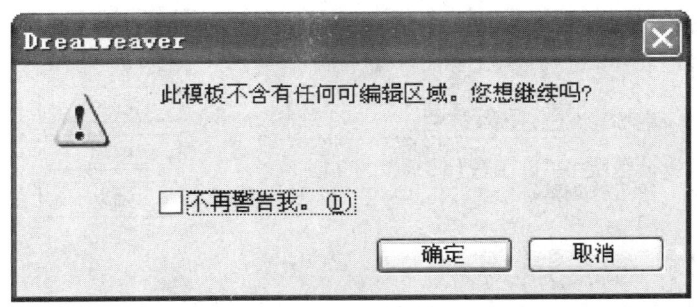

图 11-6 提示对话框

④ 单击"确定"按钮,弹出"另存模板"对话框,在对话框中的"站点"下拉列表中选择站点,在"另存为"文本框中输入名称,如图 11-7 所示。

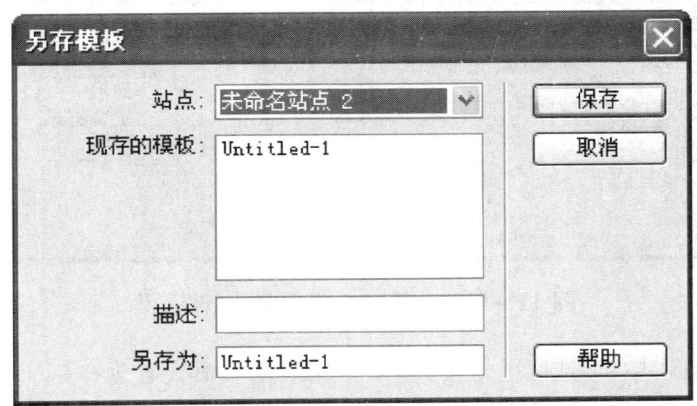

图 11-7 "另存模板"对话框

⑤ 单击"保存"按钮,保存模板。

11.2.2.3 创建可编辑区域、重复区域、可选区域

(1) 创建可编辑区域。在默认情况下,新创建的模板所有区域都处于锁定状态,用户要根据具体要求定义和修改模板的可编辑区域。创建可编辑区域的具体操作步骤如下:

① 将光标置于要定义的可编辑区域。

② 单击菜单"插入"→"模板对象"→"可编辑区域"命令,打开"新建可编辑区域"对话框,在"名称"文本框中输入名称,如图 11-8 所示。

③ 单击"确定"按钮,插入可编辑区域。

提示:可编辑区域是相对基于模板生成的普通页面而言,打开的模板页面中,可以编辑任何部分。

(2) 创建重复区域。重复区域指的是在文档中可能会重复出现的区域。定义重复区域的具体步骤如下:

① 单击菜单"插入"→"模板对象"→"重复区域"命令。打开"新建重复区域"对话框,如图 11-9 所示。

② 在对话框的"名称"文本框中输入名称,单击"确定"按钮,即可创建重复区域。

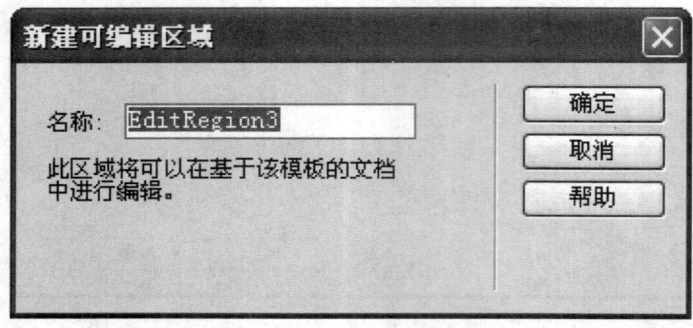

图 11 – 8 "新建可编辑区域"对话框

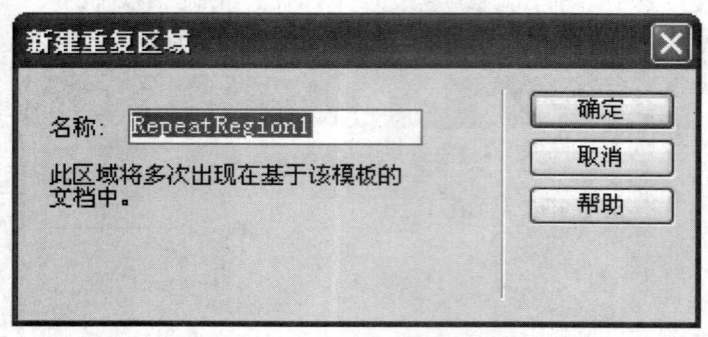

图 11 – 9 "新建重复区域"对话框

（3）创建可选区域。可选区域是模板中的区域，可将其设置为在基于模板的文件中显示或隐藏。当要对在文件中显示的内容设置条件时，即可使用可选区域。创建可选区域的具体操作步骤如下：

① 单击菜单"插入"→"模板对象"→"可选区域"命令，打开"新建可选区域"对话框，如图 11 – 10 所示。

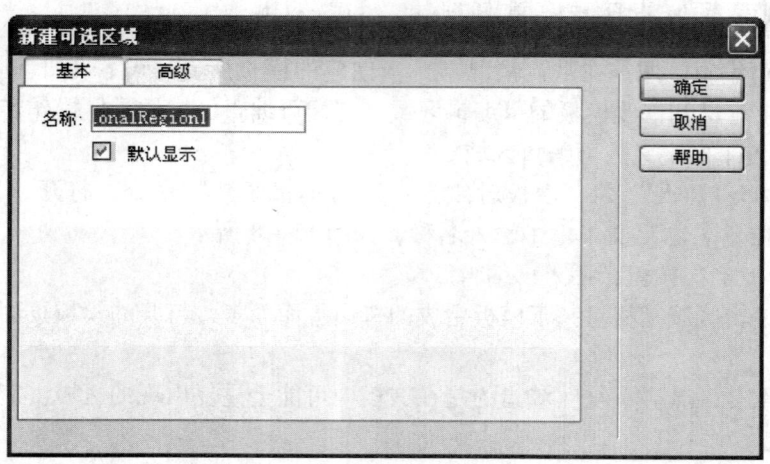

图 11 – 10 "新建可选区域"对话框

② 在"新建可选区域"对话框的"名称"文本框中输入这个可选区域的名称。

③ 如果要设置可选区域的值，切换至"高级"选项卡，在其中进行设置，如图 11 – 11 所示。

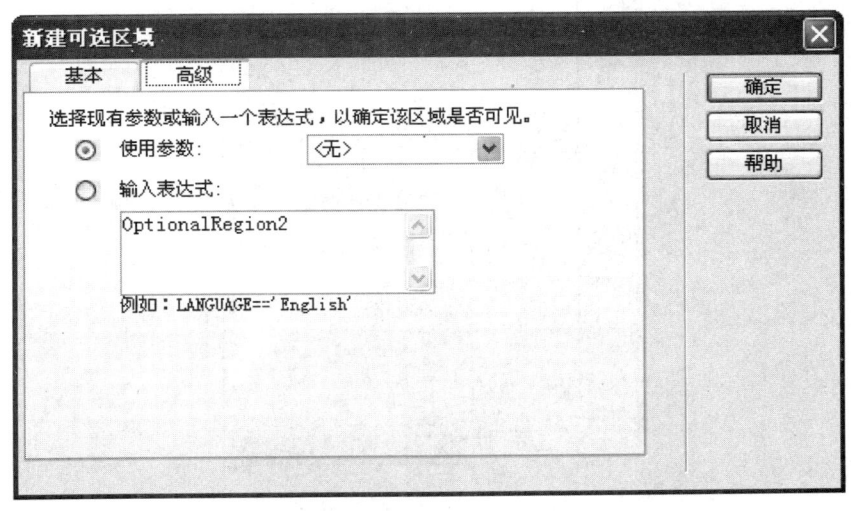

图 11 – 11　高级选项卡

提示：可选区域并不是可编辑区域，它仍然是被锁定的。当然也可以将可选区域设置为可编辑区域，两者并不冲突。

10.2.2.4　编辑模版

（1）重命名模板文件。对于功能不明确的模板，可以通过重命名方法，使用户看到模板名称就知道其功能。重名模板的操作步骤如下：

① 单击菜单"窗口"→"资源"命令，打开"资源"面板。

② 单击"模板"按钮，然后用鼠标右键单击需要重命名的模板，在弹出的快捷菜单中选择"重命名"命令，如图 11 – 12 所示。

③ 为模板输入一个新名称按下回车键重命名生效。

（2）修改模板文件。修改模板的具体方法：打开"资源"面板，单击面板左侧的"模板"按钮，在面板右侧的模板列表中，双击要修改的模板文件将其打开，根据需要修改模板内容。因为模板和应用了模板的文档之间保持着链接的关系，所以，将修改后的模板进行保存时，Dreamweaver CS5 会提示是否更新所有应用了该模板的页面，这就是 Dreamweaver CS5 网站批量更新功能。

（3）删除模板文件。单击"资源"面板左侧的"模板"按钮，在面板右侧本站点的模板列表中选中要删除的模板，单击面板下方的"删除"按钮，并确认要删除该模板，此时该模板文件从站点中删除。

10.2.2.5　模板的应用

（1）使用新建命令创建基于模板的新文档。具体操作步骤如下：

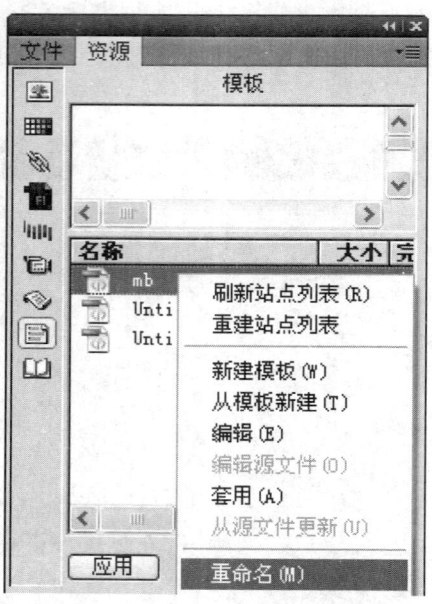

图 11 - 12 模板子面板

① 单击菜单"文件"→"新建"命令,打开"新建文档"对话框,单击"模板中的页"标签,在"站点"列表中选择站点,再从右侧"模板"的列表中选择一个模板文件,单击"创建"按钮,创建基于模板的新文档,如图 11 - 13 所示。

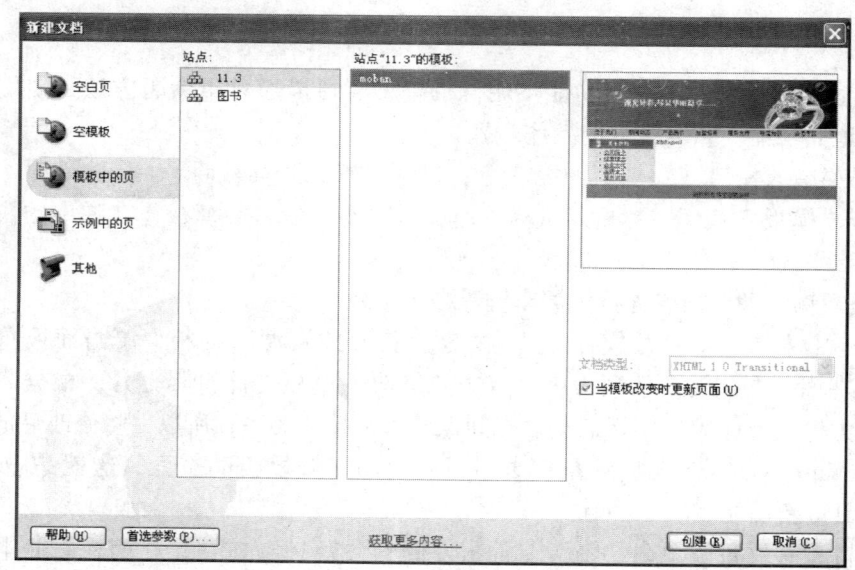

图 11 - 13 "新建文档"对话框

② 在文档窗口中按照模板中的设置建立一个新页面,并可向编辑区域内添加信息,如图 11 - 14 所示。

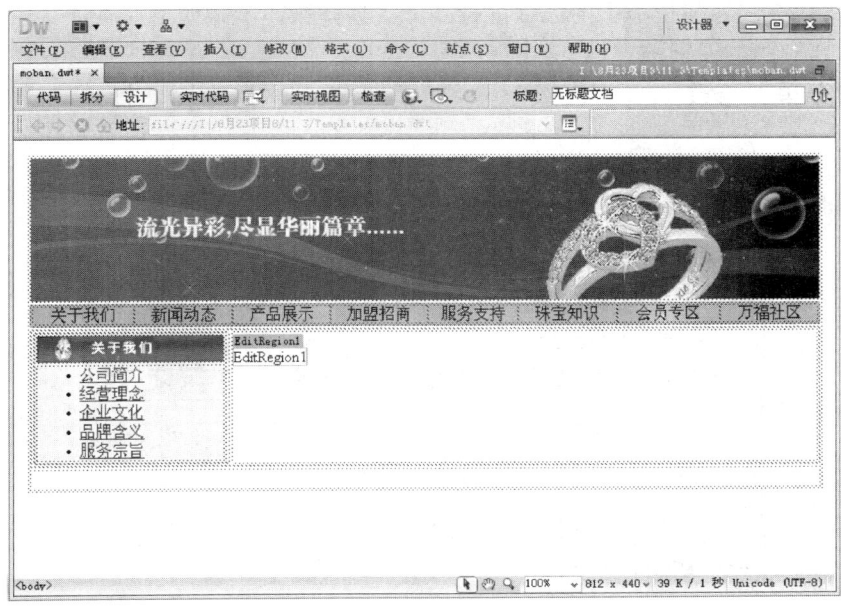

图 11-14　基于模板的新文档

(2) 应用"资源"面板中的模板创建基于模板的网页。具体操作步骤如下：

① 新建 HTML 文档，单击菜单"窗口"→"资源"命令，打开"资源"面板。

② 在"资源"面板中，单击左侧的"模板"按钮，再从模板列表中选择相应的模板，如图 11-15 所示。最后单击面板下方的"应用"按钮，在文档中应用该模板。

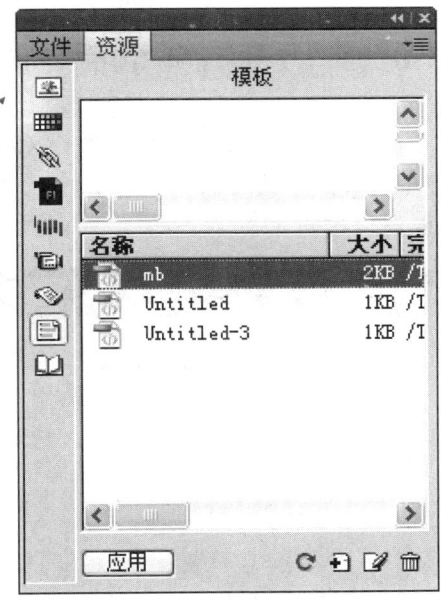

图 11-15　资源模板子面板

(3) 将模板应用于现有文档。当将模板应用到包含现有内容的文档时，Dreamweaver

CS5会尝试将现有内容与模板中的区域进行匹配。具体操作步骤如下：

① 打开要应用的模板的文档。

② 单击菜单"修改"→"模板"→"应用模板到页"命令，打开"选择模板"对话框。

③ 在"选择模板"对话框中的"模板"列表中，选择要套用的模板，并单击"选定"按钮，如图11－16所示。

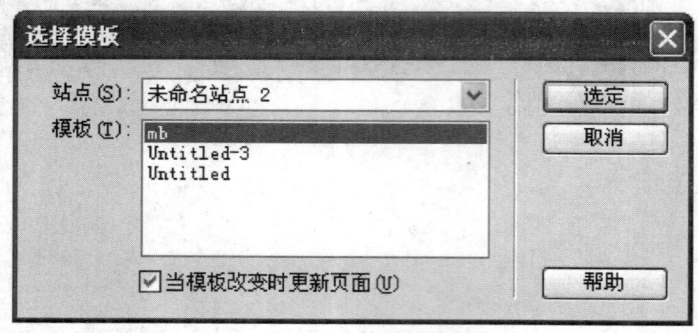

图11－16 "选择模板"对话框

④ 为对话框中显示的每一项未解析内容选择好新区域后，单击"确定"按钮，将套用模板，得到一个新文档；或单击"取消"按钮，取消将模板应用到文档的操作。

（4）把页面从模板中分离出来。如果要对应用了模板的页面的锁定区域进行修改，必须先把页面从模板中分离出来。一旦页面被分离出来，就可以像没有应用模板时一样编辑页面。但当模板被更新时，该页面将不能被更新。从模板中分离页面的步骤如下：

① 打开要分离的页面文档。

② 单击菜单"修改"→"模板"→"从模板中分离"命令，即可把页面从模板中分离出来。

（5）更新模板及其他网页。当已经利用模板创建了多个网页时，若想更改模板中的某些网页元素，可以直接在模板中更改，更改保存时，会弹出"更新模板文件"对话框，如图11－17所示，只需单击"更新"按钮命令。

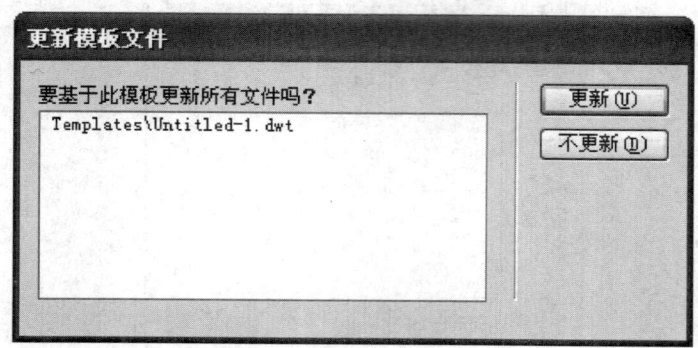

图11－17 "更新模板文件"对话框

如果在保存模板时没有更新基于该模板的文档，也可以在之后手动更新基于模板的文档。具体方法：打开该文档，单击菜单"修改"→"模板"→"更新当前页"命令。

如果要更新整个站点或所有使用指定模板的文档，可以单击菜单"修改"→"模板"→"更新页面"命令，出现"更新页面"对话框，如图 11-18 所示，单击"开始"按钮即可。

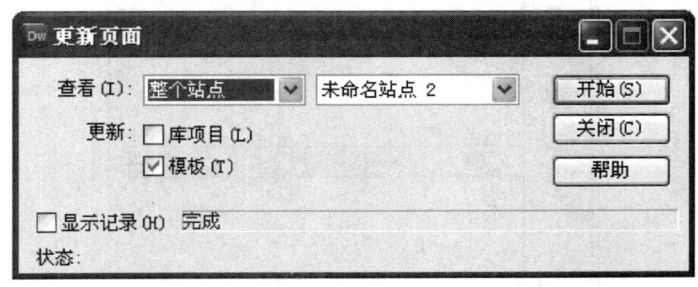

图 11-18 "更新页面"对话框

若要按相应模板更新所选站点中的所有文件，可选择"整个站点"，然后从相邻的菜单中选择站点名称。

若要针对特定模板更新文件，请选择"文件使用"，然后从相邻的菜单中选择模板名称。

更新页面对话框各项含义如下：
- "查看"选项：设置是用模板的最新版本更新整个站点，还是更新应用特定模板的所有网页。
- "更新"选项：设置更新的类别，此时选择"模板"复选框。
- "显示记录"选项：设置是否查看 Dreamweaver CS5 更新文件的记录。如果选择该复选框，则 Dreamweaver CS5 将提供关于其试图更新的文件信息，包括是否成功更新的信息。

11.2.3 库

库是一种特殊的 Dreamweaver 文件，其中包含可放置到 WEB 页中的一组资源或资源副本。库中的这些资源称为库项目。库项目可包括图像、表格、声音、Flash 文件、表单、构件等各类元素，能够在网页中重复使用，当用户更改某个库项目的内容时，系统会更新所有使用该库项目的页面。

11.2.3.1 创建库项目

创建项目的方法有两种：一种是基于选定的内容创建库项目；另一种是新建空白库项目并向其中添加内容。

若要基于选定内容创建库项目，应选择"文档"窗口中要作为库项目的内容或对象，然后执行以下任一操作。

(1) 将选择的内容拖动到"资源"面板的"库"类别中，如图 11-19 所示。
(2) 单击"资源"面板的"库"类别下的"新建库项目"按钮 。
(3) 单击"资源"面板右上角 图标，从打开的菜单中选择"新建项目"命令。
(4) 单击菜单"修改"→"库"→"增加对象到库"命令。

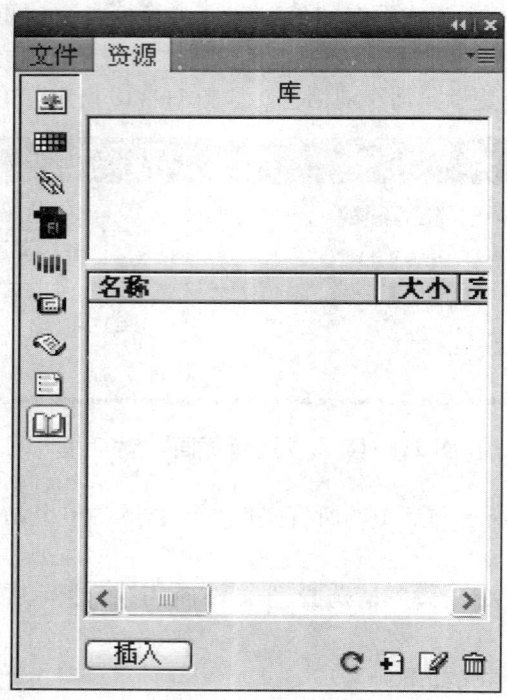

图 11-19 库面板

11.2.3.2 在网页中应用库项目

库项目创建好后,接下来就可以向页面添加库项目,也即把实际内容以及对该库项目的引用一起插入到文档中。在页面中插入库项目的具体操作步骤如下:

① 将插入点放在文档窗口中的合适位置。

② 单击菜单"窗口"→"资源"命令,启用"资源"面板,单击"库"按钮,进入"库"子面板。

将库项目插入到网页有以下两种方法:

方法一:将一个库项目从"库"子面板拖曳到文档窗口中。

方法二:在"库"子面板中选择一个库项目,然后单击面板底部的"插入"按钮。

11.2.3.3 编辑库项目

对库项目的编辑更改包括重命名库项目、删除库项目、重新创建已删除的库项目、修改库项目、更新库项目。

(1) 重命名库项目。重命名库项目可以断开其与文档或模板的连接。重命名库项目的具体操作步骤:在"资源"面板的"库"列表中,在要重命名的库项目上单击鼠标右键,从弹出的快捷菜单中选择"重命名"命令,当名称变为可编辑时,输入新名称即可。

(2) 删除库项目。在"库"列表中选择要删除的库项目,单击库子面板底部的"删除"按钮 ,并确认要删除的库项目,或者按键盘上"Delete"键,确认要删除的库项目。Dreamweaver CS5 将从库中删除该库项目,但是不会更改任何使用该项目的文档的内容。

（3）重新创建已经删除的库项目。若网页中已经插入了库项目，但该库项目被误删，此时可以重新创建库项目。重新创建已删除库项目的具体操作步骤如下：

① 在网页中选择被删除的库项目的一个实例。

② 单击菜单"窗口"→"属性"命令，启用"属性"面板，单击"重新创建"按钮，如图 11-20 所示。此时"库"子面板中显示该库项目。

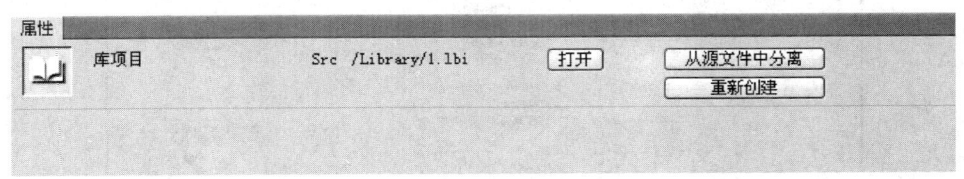

图 11-20 库"属性"面板

（4）修改库项目。

① 单击菜单"窗口"→"资源"命令，启用"资源"面板，单击左侧的"库"按钮，面板右侧显示本站点的库列表。

② 在库列表中，双击要修改的库项目或是单击鼠标右键，在弹出的右键菜单中选择"编辑"命令，打开库项目。

（5）更新库项目。用库项目的最新版本更新整个站点，或更新使用该库项目的所有网页。具体操作步骤如下：

① 单击菜单"修改"→"库"→"更新页面"命令。

② 打开"更新页面"对话框，如图 11-21 示，然后单击"开始"按钮。

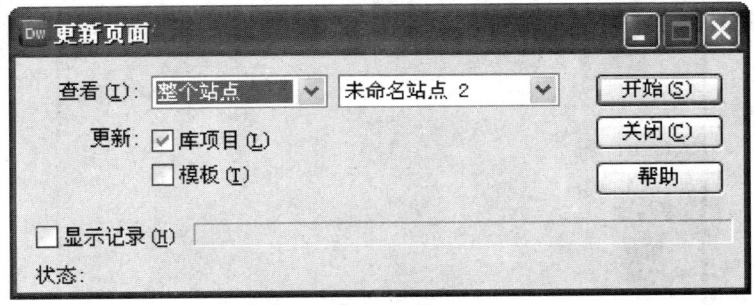

图 11-21 "更新页面"对话框

11.3 实践向导

任务　创建"企业网页"模板。效果如图 11-1 所示，具体操作步骤如下：

（1）创建"企业网站"模板。

① 启动 Dreamweaver CS5，单击菜单"文件"→"新建"命令，打开"新建文档"对话框，选择"空白页"→"HTML"→"<无>"选项，如图 11-22 所示。

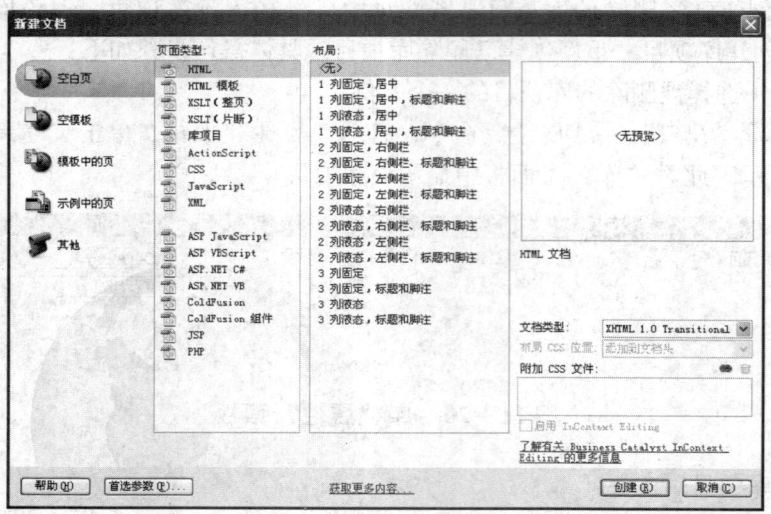

图11-22 新建文档

② 单击"确定"按钮，创建一个网页文档。

③ 单击菜单"文件"→"保存"命名，打开"另存为"对话框，在"文件名"文本框中输入"moban.dwt"，"保存类型"选择"Template *.dwt"，如图11-23所示。

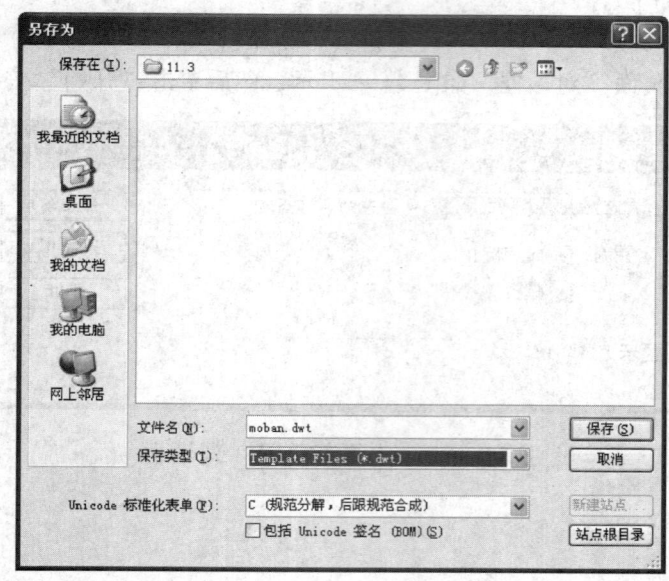

图11-23 "另存为"对话框

④ 单击"保存"按钮，即可创建模板网页文档。

⑤ 单击菜单"插入"→"表格"，打开"表格"对话框，表格宽度设置"887"像素，行数设置为"4"，列设置为"1"，边距为"0"，单击"确定"按钮，插入表格，此表格记为1，表格1设置为居中对齐。

⑥ 将光标置于表格1的第一行单元格中，单击菜单"插入"→"图像"，单击"确定"

命令,如图 11-24 所示。

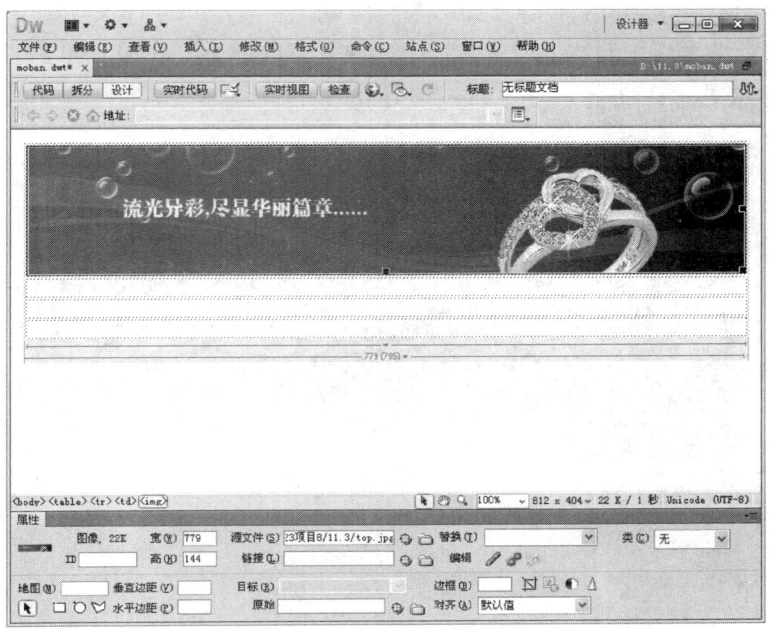

图 11-24 插入图像

⑦ 在表格 1 的第 2 行的背景颜色设为"#FF9999",且在此行中插入一个 1 行 8 列的表格,此表格记为表格 2,在表格 2 中的每个单元格中输入文本,如图 11-25 所示。

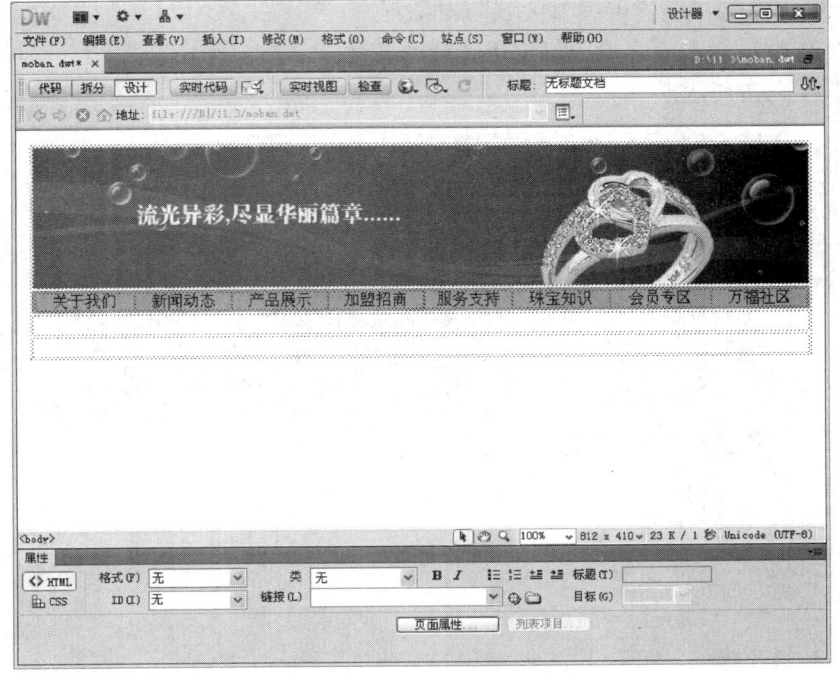

图 11-25 插入表格且输入文本

⑧ 将光标置于表格 1 的第 3 行单元格中，选择"插入"→"表格"命令，插入 1 行 2 列的表格，此表格记为表格 3。

⑨ 将光标置于表格 3 的第 1 列单元格中，背景颜色设为"#EBEBEB"，然后插入 2 行 1 列的表格 4，在表格输入文字，如图 11 – 26 所示。

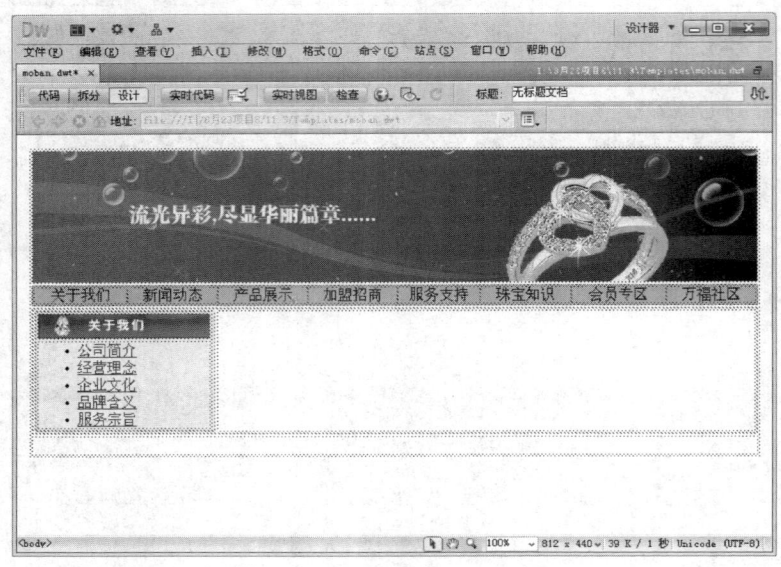

图 11 – 26　插入表格且输入文本

⑩ 将光标置于表格 3 的第 2 列单元格中，选择"插入"→"模板对象"→"创建可编辑区域"命令，弹出"新建可编辑区域"对话框。

⑪ 在"名称"文本框中输入可编辑区域的名称，单击"确定"按钮，即可创建可编辑区域，如图 11 – 27 所示。

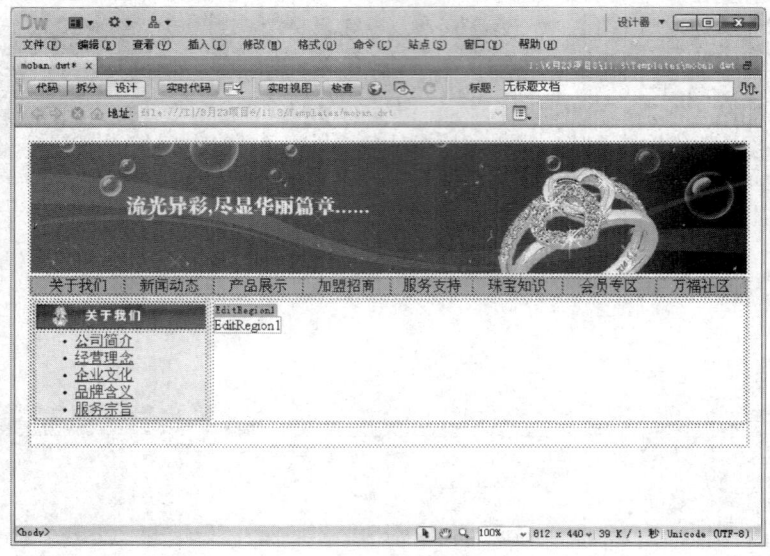

图 11 – 27　创建可编辑区域

⑫ 将光标置于表格 1 的第 4 行单元格中，设置单元格背景颜色为"#FF6699"，输入文本。如图 11 - 28 所示。

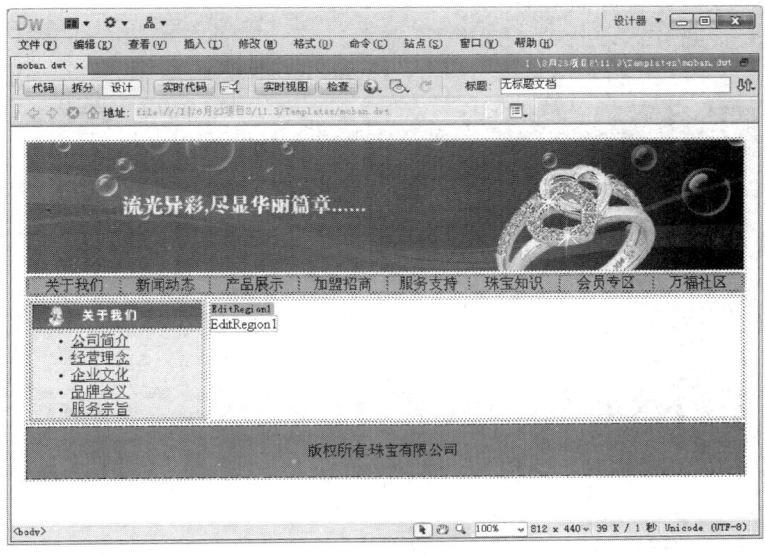

图 11 - 28　输入文本

⑬ 选择"文件"→"保存"命令，保存模板文档。如图 11 - 1 所示。

（2）利用模板创建"公司简介"网页。模板创建好以后就可以将其应用到网页中，利用模板创建"公司简介"网页的效果如图 11 - 2 所示。

① 选择"文件"→"新建"命令，弹出"新建文档"对话框，在对话框中选择"模板中的页"选项，在"站点"列表框中选择站点，并在"站点的模板"列表中选择模板文件，如图 11 - 29 所示。

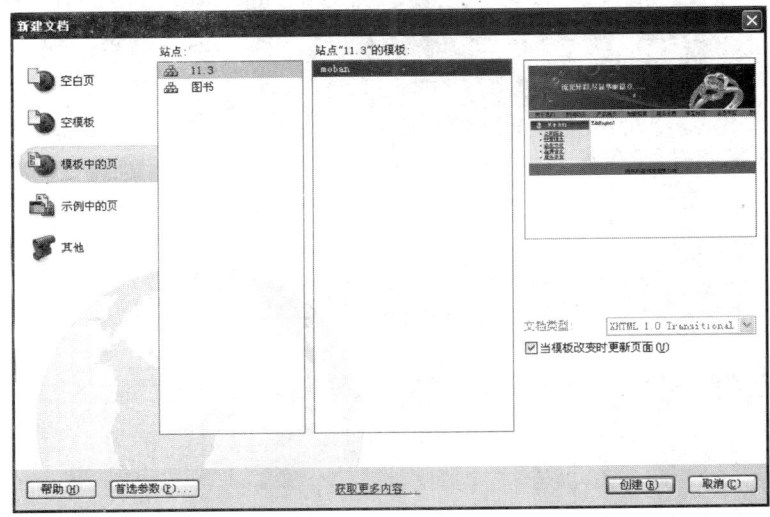

图 11 - 29　"新建文档"对话框

② 单击"创建"按钮，利用模板创建一个网页文档，如图 11-30 所示。

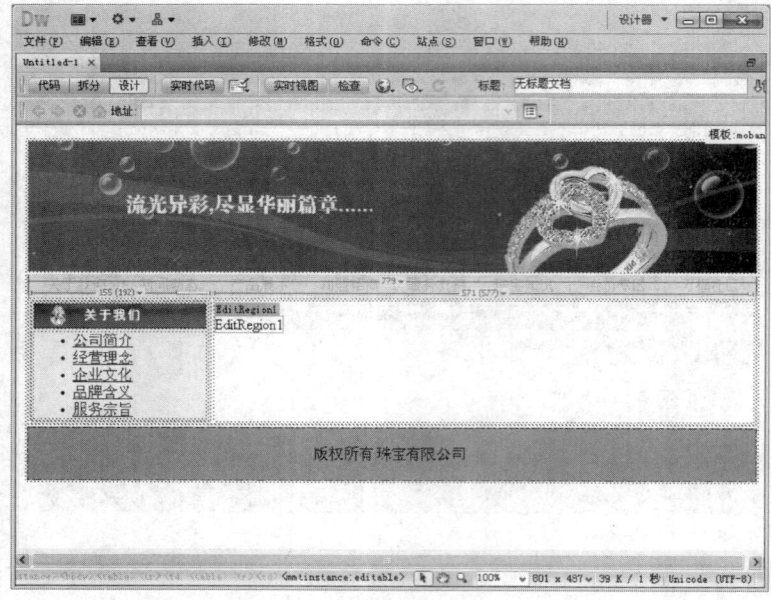

图 11-30　利用模板创建一个文档

③ 将光标置于可编辑区域中，选择"插入"→"表格"，插入一个 2 行 1 列的表格，此表格记为表格 1，如图 11-31 所示。

图 11-31　插入表格

④ 将光标置于表格 1 的第 1 行单元格中，插入图像，输入文本，如图 11-32 所示。

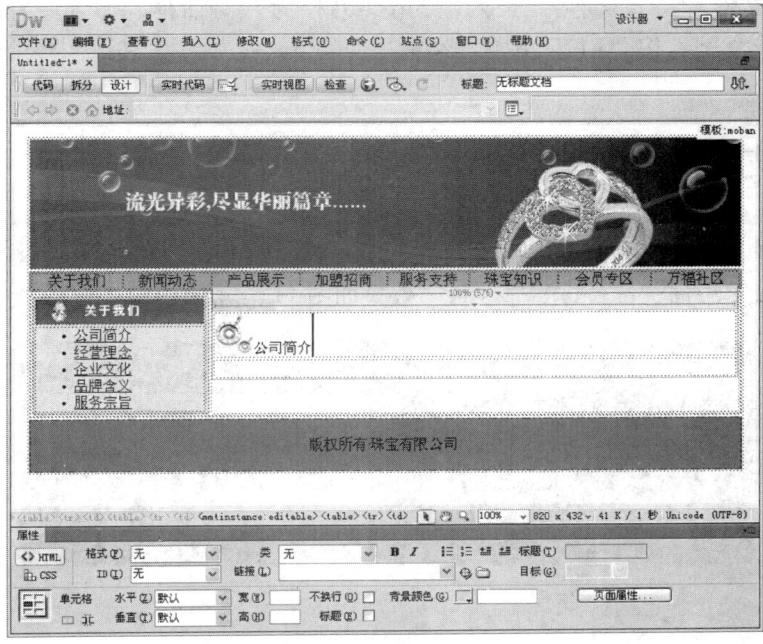

图 11-32 插入图像和输入文本

⑤ 将光标置于表格 1 的第 2 行单元格中,输入文字,如图 11-33 所示。

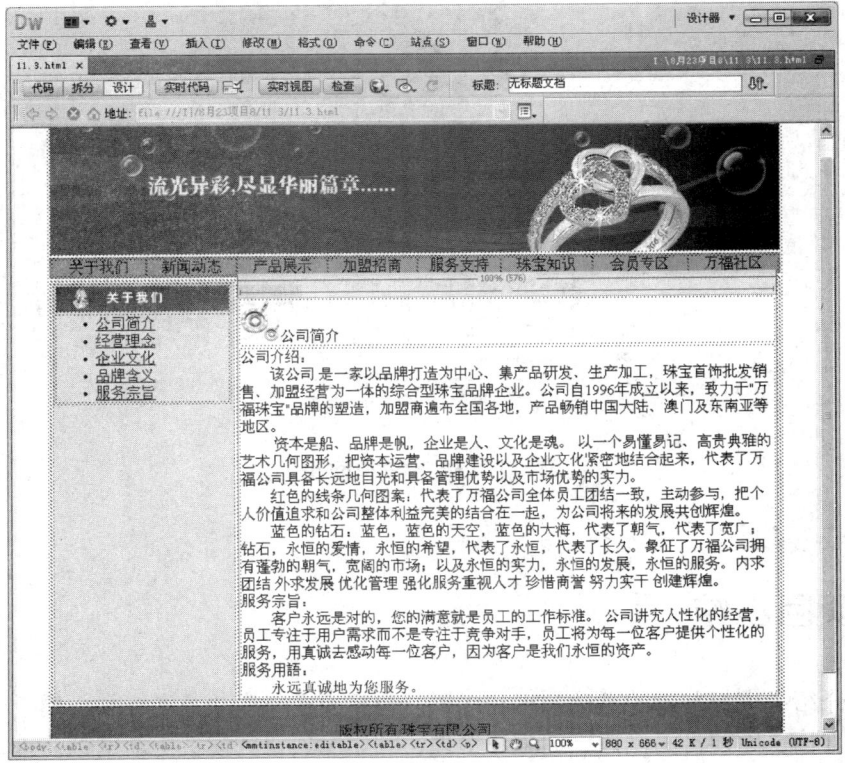

图 11-33 输入文本

⑥ 选择"文件"→"保存"命令，弹出"另存为"对话框，输入文件名，单击"确定"按钮，保存文档，按"F12"键预览效果，如图 11-2 所示。

11.4 能力拓展

制作一个鲜花网页。在网页中插入表格布局网页，然后在表格中插入对应的网页元素、插入可编辑区以及添加"pic.lbi"库项目，效果如图 11-34 所示。

图 11-34 鲜花网页

11.5 项目小结

本项目介绍了模板与库的基础知识和应用，包括模板与库的基本概念，模板的创建，基于模板创建文档，库项目的创建、编辑和管理，利用库项目和模板更新网站。

项目 12

使用 HTML 语言制作网页

12.1 项目描述

本项目通过在 Dreamweaver 中的代码视图窗口手工编写 HTML 代码,制作简单的图文并茂网页、表格网页和插入浮动框架网页。HTML 代码也可以在记事本等文本编辑器中编写,另存为".htm"或".html"文件即可转换为网页文件。

12.2 知识储备

12.2.1 HTML 语言简介

HTML(Hyper Text Markup Language)称为超文本标记语言。通过浏览器看到的网页都是由 HTML 构成的。HTML 是一种建立网页文件的语言,它通过标签式指令,将影像、声音、图片和文字等连接起来。用 HTML 编写的文件的扩展名为".html"或".htm",它们是能够被浏览器解释显示的文件格式。

HTML 代码既可在 Windows 记事本内书写,也可在 Dreamweaver 的代码视图中书写,在 Dreamweaver 中输入 HTML 代码时有代码提示,既便于初学者学习,又可提高工作效率,如图 12-1 所示。

12.2.1.1 HTML 的基本结构

HTML 文件就是由各种 HTML 元素和标签组成的。一个 HTML 文件的基本结构如下:
```
<html>
  <head>
    <title>网页标题</title>
  </head>
  <body>
      网页主体内容
  </body>
</html>
```

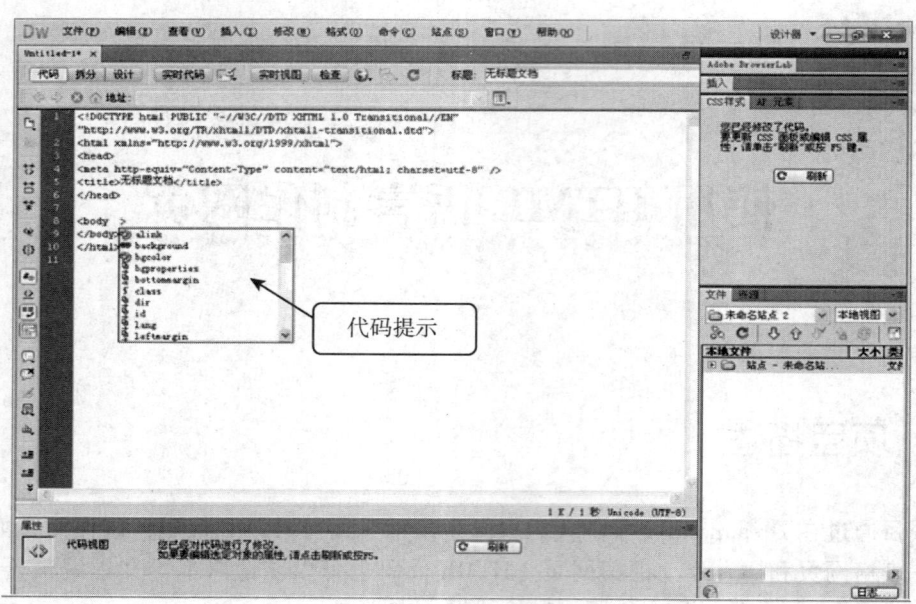

图 12－1　代码提示

HTML 文档主要由头部内容和主体内容两部分构成，头部内容是文档的开头部分，对文件进行一些必要的定义，主体内容是 HTML 网页的主要部分。在 HTML 网页文档的基本结构中主要包含以下几种标记：

（1）HTML 标记：<html>…</html> 标记在最外层，表示这对标签之间的内容是 HTML 文档。

（2）HEAD 头部标记：HEAD 头部标记以 <head> 标记开始，以 </head> 标记结束，头部标记出现在文件的起始部分，用来说明文件的有关信息。头部标记内最常用的标记是标题标记，它的格式是：

<title>网页标题</title>。

（3）BODY 主体标记：文档主体内容以 <body> 标记开始，以 </body> 结束，网页正文中的所有内容包括文字、图像、表格、动画等都包含在这对标记对之间。

12.2.1.2　HTML 的语法规则

一个完整的 HTML 文档由各种网页元素与 HTML 标记组成，网页元素指标题、段落、图像、表格、层等各种对象，标记的功能是逻辑性地描述网页的结构。

HTML 文档应遵循以下语法规则：

（1）HTML 文档以纯文本形式存放，扩展名为". html"或". htm"。

（2）HTML 文档中标记采用"<"与">"作为分割字符。

起始标记的一般形式如下：<标记名称　属性名称 = 对应的属性值…>

结束标记的一般形式如下：</标记名称>

包含在起始标记与结束标记之间的就是网页对象。

(3) HTML 标记及属性不区分大小写。

(4) HTML 标记可以嵌套，但不能交叉，各层标记是全包容关系。

例如：< p > < font color = "#0000FF" > 欢迎进入本网站 </p > </font >，将不能正确地显示。

(5) HTML 文档一行可以书写多个标记，一个标记也可以分多行书写，不用任何续行符号，显示效果相同。但是 HTML 标记中的一个单词不能分开两行书写。

(6) HTML 源代码中的换行、回车符和多个连续空格在浏览时都是无效的，浏览网页时，会自动忽略文档中的换行符、回车符、空格，所以在文档中输入的回车符，并不意味着在浏览器中将看到不同的段落。当需要在网页中插入新的段落时，必须使用分段标记 < p >，它可以将标记后面的内容另起一段。换行可以使用 < br > 标记，需要多个空格，可以使用多个" "转义符号。

(7) 网页中所有的显示内容都应该受限于一个或多个标记，不能存在游离子标记之外的文字或图像等，以免产生错误。

(8) 对于浏览器不能分辨的标记可以忽略，同时也不显示其中的对象。

12.2.1.3 HTML 标记的类型

在查看 HTML 源代码或编写网页时，经常会遇到三种格式的 HTML 标记。

(1) 不带属性的双标记：< 标记名称 > 内容 </ 标记名称 >。例如：设置网页中的标题，< title > 欢迎你 </title >。

(2) 带有属性的双标记：< 标记名称 属性名称 = 对应的属性值…… > 网页对象 </ 标记名称 >。这种形式的标记最常用，功能更强大，各属性之间无先后次序，属性也可以省略，取其默认值。例如：设置超级链接，< a href = "gsjj.htm" target = "_blank" > 访问公司简介 </a >。

(3) 单标记：< 标记名称/ >。单标记只有起始标记没有结束标记，这类标记并不多见，经常看到的可能是 < br/ > 换行标记、< hr/ > 等。新的 HTML 标准要求单标记必须以 "/" 表示结束。

12.2.2 常用的 HTML 标记

12.2.2.1 元信息标记

(1) 网页的跳转。在浏览网页时经常会看到一些欢迎信息的界面，在经过一段时间后，这一页面会自动转到其他页面中，这就是网页的跳转。使用 HTML 代码可以很轻松地实现这一功能。

语法：< meta http-equiv = "refresh" content = "跳转时间；url = 链接地址" / >

说明：在该语法中，refresh 表示网页的刷新，在 content 中设定刷新的时间和刷新后的地址，时间和链接地址之间用分号相隔。在默认情况下，跳转时间是以秒为单位的。

当链接地址为一个新的网页地址时，就会在设定的时间跳转到这个新的网址，其代码如下：

```
< html >
  < head >
    < title >网页的跳转</title >
    < meta http-equiv = "refresh" content = "3; url = http://www.163.com" / >
  </head >
  < body >
    您好,本页在3秒之后将自动跳转到网易网站
  </body >
</html >
```

运行程序,效果如图12-2所示。在3秒之后,网页自动跳转到了网易网站。

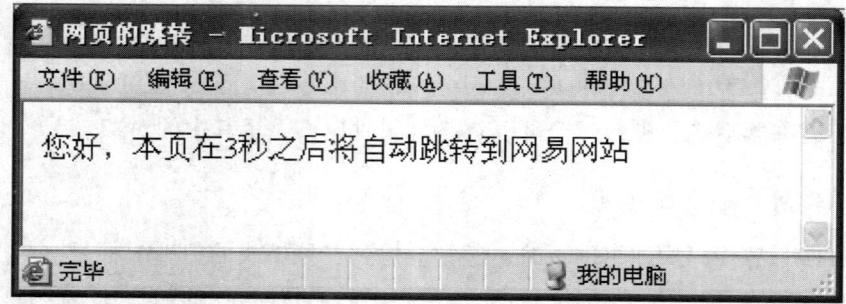

图12-2 运行自动跳转的页面

(2) 自动刷新页面

当上述语法中的链接地址被省略时,网页的功能就变成了刷新页面本身,这在不断更新数据的页面中常常会用到,刷新页面的代码如下:

```
< html >
  < head >
    < title >自动刷新页面</title >
    < meta http-equiv = "refresh" content = "30"/ >
  </head >
  < body >
    您好,本页每隔30秒自动刷新一次
  </body >
</html >
```

12.2.2.2 HTML主体标记

网页的主体部分以 < body > 标记开始,以 </body > 标记结束。< body > 标记有自己的属性,设置 < body > 标记内的属性,可控制整个页面的显示方式,包括页面的背景、文字属性设置、链接设置、边距设置等。

(1) 设置页面背景图像。页面中可以使用jpeg或gif图片来作为页面的背景。

例如: < body background = "bj.jpg" >

表 12-1　　　　　　　　　　　<body> 标记的属性

属性	描述	属性	描述
background	设定页面背景图像	alink	设定鼠标正在单击时的链接颜色
bgcolor	设定页面背景颜色	vlink	设定访问后链接文字的颜色
text	设定页面文字的颜色	leftmargin	设定页面的左边距
link	设定页面默认的链接颜色	topmargin	设定页面的上边距

(2) 设置页面背景颜色。使用 <body> 标记中的 bgcolor 属性，可以设置网页的背景颜色。使用的格式有以下两种：

<body bgcolor = "#RRGGBB" >

<body bgcolor = "颜色的英文名称" >

在第一种格式中，RR、GG、BB 可以分别取值为 00~FF 的十六进制数。RR、GG、BB 分别用来表示颜色中的红色、绿色和蓝色成分的多少，数值越大，颜色越深。红、绿、蓝三色按一定的比例混合，可以得到各种颜色。

例如：<body bgcolor = "#CCFFFF" >

第二种格式是直接使用颜色的英文名称来设定网页的背景颜色。

例如：<body bgcolor = "blue" >

(3) 设置文字颜色。text 属性表示 HTML 网页的文本颜色。

例如：<body text = "#FF0000" > 用于设置文本颜色为红色。

(4) 设置文字链接颜色。使用 link、vlink、alink 属性可以分别控制普通的超级链接、访问过的超级链接、当前活动的超级链接文本的颜色。

例如：<body link = "#ccddee" vlink = "#ff3366" alink = "#66cc77" >

(5) 设置边距。设置内容和浏览器内部边框之间的距离，默认单位为像素。

例如：<body topmargin = "10" leftmargin = "10" bottommargin = "10" rightmargin = "10" >

12.2.2.3　HTML 文字与段落标记

(1) 标题文字标记。标题标记用于显示 HTML 文件的各级标题，格式：<hn>标题内容</hn>

其中 n 为 1~6 的数字，1 级标题字最大，6 级标题字最小。标题内容用黑体字显示，各行之间自动换行。标题字可以在页面中实现水平方向左对齐、居中、右对齐。

例如：<h1 align = "center" >标题 h1 </h1>

(2) 字体格式标记。格式：<font face = 值1 size = 值2 color = 值3 >文字 </font>。<font> 标记的属性见表 12-2。

表 12-2　　　　　　　　　　<font> 标记的属性

属性	描述	默认值
face	设置文字使用的字体	宋体
size	设置文字的大小，取值范围为 1~7，取 7 时最大	3
color	设置文字的颜色	黑色

例如：<font face="华文行楷" size="7" color=" #00FF66">欢迎光临我的网站</font>

另外，还有一种写法：<font size= +1>文字内容</font>，比预设字大一级。或是 font size= -1，比预设字小一级。

（3）特定文字样式标记。在有关文字的显示中，常常会使用一些特殊的字形或字体来强调、突出、区别以达到提示的效果。

粗体标记<b>：在<b>与</b>标记之间的文字将以粗体方式显示。

斜体标记<i>：在<i>与</i>标记之间的文字将以斜体方式显示。

下划线标记<u>：在<u>与</u>标记之间的文字将以下划线方式显示。

（4）段落标记。在HTML语言中，段落通过<p>标记来表示。在Dreamweaver CS5设计视图中，按回车键后，就会自动形成一个段落，相当于添加了<p>标记。不同段落间的间距等于连续加了两个换行符，也就是要隔一行空白行，用以区别文字的不同段落。

格式：<p align = 参数>

其中，align是<p>标记的属性，有四个参数left，center，right，right，justify。分别设置段落文字的左、中、右和两端对齐的对齐方式。

例如：<p align="center">欢迎光临我的网站</p>

（5）换行标记。换行标记
是单标记，也叫空标签，不包含任何内容，在HTML文件中的任何位置只要使用了
标记，当文件显示在浏览器中时，该标签之后的内容将在下一行显示。

（6）水平线标记。水平线标记<hr/>是单标记。通过设置<hr>标记的属性值，可以控制水平分隔线的样式。格式：<hr/>。<hr>标记的属性见表12-3。

表12-3   <hr>标记的属性

属性	描述	默认值
size	设置水平分隔线的粗细，单位为pixel（像素）	2
width	设置水平分隔线的宽度，单位为pixel（像素）、%	100%
align	设置水平分隔线的对齐方式	center
color	设置水平分隔线的颜色	black
noshade	取消水平分隔线的3d阴影	

例如：

<hr width="100%" size="3" align="center" color="#FF0000" noshade/>

（7）文本缩进标记。文本缩进标记能使文本两边缩进显示，格式：<blockquote>…</blockquote>

（8）注释标记。在HTML文档中可以加入相关的注释标记，便于查找和记忆有关的文件内容和标识，这些注释内容并不会在浏览器中显示出来。格式：<!--注释的内容-->

（9）列表标记。列表是一种非常实用的数据排列方式，使读者能够一目了然，在HTML中列表一般分为项目列表、编号列表、定义列表。

① 项目列表。项目列表是指在列表中没有顺序可言，是由<ul>和<li>元素定义的，它通常使用一个项目符号作为每个列表项的前缀。默认的符号是圆点。

<ul>元素包含 type 属性,通过定义不同的 type 属性可以改变列表的项目符号。type 属性包括:disc(圆)、circle(圆圈)、square(方块)。

例如,项目列表 html 代码如下,浏览效果如图 12-3 所示。

< ul type = "circle" >
    < li >表项一</li >
    < li >表项二</li >
    < li >表项三</li >
</ul >

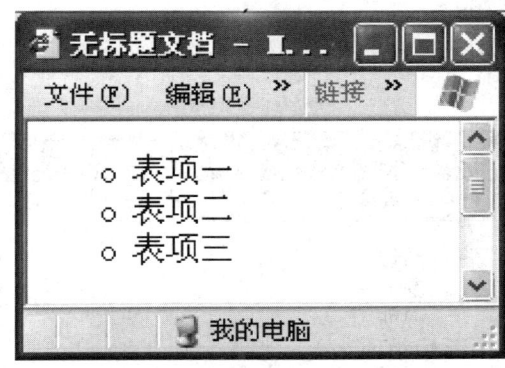

图 12-3　项目列表

② 编号列表。编号列表同项目列表的区别在于,它使用编号,而不是项目符号来编排项目,表项里不用设置就可以自动按顺序排列,< ol >元素包含 type 属性,type 属性值有 1、A、a、I、i 等。

例如:编号列表 HTML 代码如下,浏览效果如图 12-4 所示。

< ol type = "a" >
    < li >表项一</li >
    < li >表项二</li >
    < li >表项三</li >
</ol >

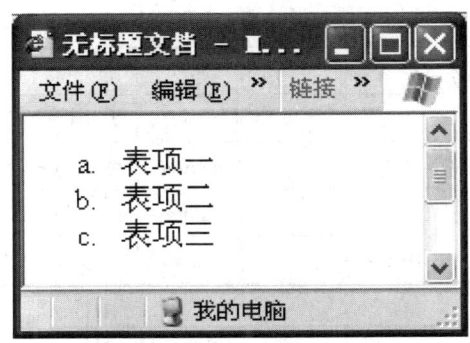

图 12-4　编号列表

③ 定义列表。定义列表也称作字典列表，因为它同字典具有相同的格式。在定义列表中，每个列表项带有一个缩进的定义字段，就好像字典对文字进行解释一样。

例如：定义列表 html 代码如下，浏览效果如图 12－5 所示。

<dl>
    <dt>第一标题项</dt>
        <dd>说明一</dd>
        <dd>说明二</dd>
    <dt>第二标题项</dt>
        <dd>说明一</dd>
        <dd>说明二</dd>
</dl>

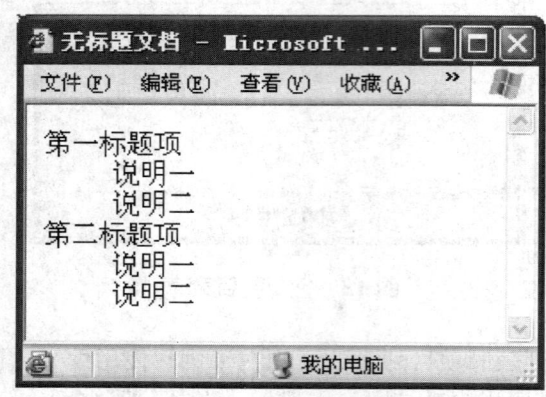

图 12－5　定义列表

12.2.2.4　HTML 图像标记

浏览器可以显示的图像格式有 jpeg，bmp，gif，png。网页中插入图片用单标记 <img>，如果要对插入的图片进行修饰时，还要配合其他属性来完成，<img> 标记的具体属性见表 12－4。

格式：<img src ="图像文件名" alt ="替换文本" width ="值1" height ="值2">

表 12－4　　　　　　　　　　　　　<img> 标记的属性

属性	描述	属性	描述
src	图像文件名及路径	vspace	设定图像上下的空间，采用 pixels 作单位
width	图像宽度，一般采用像素作单位	border	图像边框
height	图像高度一般采用像素作单位	align	图像与周围文字的对齐方式
hspace	设定图像左右的空间，采用 pixels 作单位	alt	用以描述该图像的替换文本

例如：

<img src ="map.jpg" vspace ="10" hspace ="10" border ="3" alt ="中国地图" width ="559" height ="491" align ="absbottom" />

12.2.2.5 HTML 超级链接标记

在 HTML 语言中，可以使用 < a > 标记来创建超链接。基本语法格式：

< a href = " 资源地址" target = " 窗口名称" title = " 指向链接显示的文字" > 超链接名称 </a >

- href：该属性定义链接所指向的目标地址。
- target：该属性用于指定打开链接的目标窗口，其默认方式是原窗口。
- title：该属性用于指定指向链接时所显示的标题文字。
- 超链接名称：是要单击到链接的元素，元素可以包含文本，也可以包含图像。文本带下划线且与其他文字颜色不同，图形链接通常带有边框显示。

（1）书签链接。这种链接的目标端点是网页中的一个位置，通过这种链接可以从当前网页跳转到本页面或其他页面中的指定位置。

定义链接到的目标位置格式：

< a name = "书签名称"> 链接内容 </a >

在同一页面内使用书签链接的格式：

< a href = "#书签名称" target = "窗口名称"> 链接标题 </a >

在不同页面之间要使用书签链接的格式：

< a href = "URL 地址#书签名称" target = "窗口名称"> 链接标题 </a >

例如，可以使用 a 标记在 test.htm 页面顶部创建一个书签。

< p > < a name = "top"> </a > </p >

创建书签后，可以使用 a 标记来创建指向该书签的超链接。若要在同一个页面中跳转到名为"top"的书签处，可以使用以下 HTML 代码：

< p > < a href = "#top"> 返回顶部 </a > </p >

若要在其他页面中跳转到该书签，则使用以下 HTML 代码：

< p > < a href = "test.htm#top"> 跳转到 test.htm 页的顶部 </a > </p >

（2）内部链接。内部链接是指在同一个网站内部，不同的 HTML 页面之间的链接关系，在建立网站内部链接的时候，要明确主链接文件和被链接文件。内部链接一般采用相对路径链接。

例如：< a href = " filename.html" > … </a >

（链接到本地磁盘上同一目录下的页面）

< a href = " ../../filename.html" > … </a >

（链接到本地磁盘上不同目录下的页面）

（3）外部链接。外部链接是指跳转到当前网站外部，与其他网站中页面或其他元素之间的链接关系。这种链接的 URL 地址一般要用绝对路径，要有完整的 URL 地址，包括：协议名，主机名，文件所在主机上的位置的路径以及文件名。

最常用的外部链接格式：< a href = " http：//网址" >

例如：< a href = " http：//www.sohu.com" target = " _blank" > 搜狐 </a >

（4）电子邮件链接。在 HTML 页面中，可以建立 E-mail 链接。当浏览者单击链接后，系统会启动默认的本地邮件服务系统发送邮件。

格式：< a href = " mailto：E – mali 地址" > 描述文字 < /a >

例如：< a href = " mailto：xiaoping@163.com" > 发送邮件 < /a >

（5）图像链接。图像链接是将图像设定为热区，单击图像则转移到被链接的文本或其他文件。

格式：< a href = " 被链接的文件名" > < img src = " 图像文件名" > < /a >

例如：< a href = " ddd.htm" > < img src = " book1.gif" align = " left" width = 18 height = 12 > < /a >

12.2.2.6　HTML 表格标记

在 HTML 语言中，表格主要通过三个标记来构成：

- 表格标记：< table > … < /table >
- 行标记：< tr > … < /tr >
- 单元格标记：< td > … < /td >

这几个标记之间是从大到小，逐层包含的关系。另外，表格中的标题单元格可以使用标记 < th > … < /th > 定义，标题单元格中的内容通常以黑体显示。标记 < td > … < /td > 和标记 < th > … < /th > 都必须位于 < tr > 标记符之内。

一个表格可以有多个 < tr > 和 < td > 标记，分别代表多行和多个单元格。表格还可以嵌套，一个表格所包含的标记较多，而 Dreamweaver 提供了可视化方法制作表格，表格的属性，表格的标题与表头，行、单元格的属性等都可以通过"属性"面板设置具体属性如表 12 - 5、表 12 - 6 和表 12 - 7 所示。

表 12 –5　　　　　　　　　　表格 < table > 标记的属性

属性	描述	属性	描述
width	表格宽度	cellspacing	内框宽度（即单元格间距）
height	表格高度	cellpadding	表格内文字与边框距离（单元格边距）
align	表格对齐方式	bgcolor	表格背景色
border	表格的边框宽度	background	表格背景图像
bordercolor	表格的边框颜色		

表 12 –6　　　　　　　　　　行 < tr > 标记的属性

属性	描述	属性	描述
height	行高度	background	行背景图像
bordercolor	行边框颜色	align	行文字的水平对齐
bgcolor	行背景色	valign	行文字的垂直对齐

表 12-7　　　　　　　　　　单元格 <td> 标记的属性

属性	描述	属性	描述
width	单元格宽度	valign	单元格文字的垂直对齐方式
height	单元格高度	bgcolor	单元格的背景色
colspan	水平跨度（单元格跨越的列数）	background	单元格的背景图像
rowspan	垂直跨度（单元格跨越的行数）	bordercolor	单元格的边框颜色
align	单元格文字的水平对齐方式		

例如：HTML 表格代码如下，浏览效果如图 12-6 所示。
```
<table border=1>
    <tr><th>表头一</th>
        <th>表头二</th>
    </tr>
    <tr><td>表元一</td>
        <td>表元二</td>
    </tr>
</table>
```

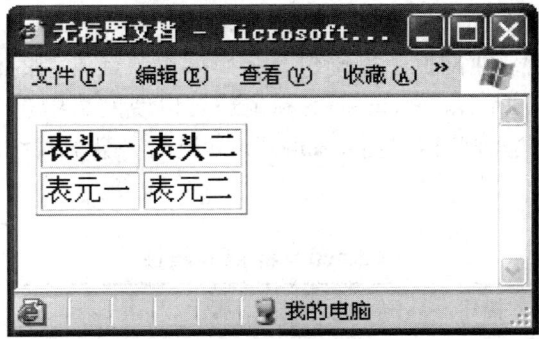

图 12-6　表格浏览效果

12.2.2.7　其他标记

（1）播放背景音乐。浏览器可以播放的音乐格式有 MIDI、WAV、MP3、AIFF、AU 等格式。将 <bgsound> 标记加入到 <body> 和 </body> 之间，用以插入页面背景音乐。该标记只适用于 IE 浏览器，其参数不多，如表 12-8 所示。

表 12-8　　　　　　　　　　<bgsound> 标记的属性

属性	描述
Src	音乐文件名及路径
Autostart	页面打开时是否自动播放音乐。true 是（默认），false 否
Loop	设定循环播放音乐。loop=n 重复播放 n 次，loop=-1 循环播放无限次

格式：<bgsound src =" 音乐文件名" / >

例如：<bgsound src =" 01. mid" autostart =" true" loop =" – 1" / >

（2）滚动文本。在 HTML 语言中，可以使用 <marquee> 标记实现如字幕一般的滚动文字效果，具体参数如表 12 – 9 所示。

表 12 – 9　　　　　　　　　　　<marquee> 标记的属性

属性	描述	属性	描述
direction	滚动方向（up、down、left、right）	width、height	滚动面积
behavior	滚动方式（alternate、scroll、slide）	hspace、vspace	水平边距、垂直边距
scrollamount	滚动速度（即步长）	on Mouseover = " this. stop ( )"	鼠标经过时停止滚动
scrolldelay	滚动延迟	on Mouseout = " this. start ( )"	鼠标离开时继续滚动
bgcolor	滚动背景色		

格式：<marquee> 滚动文字 </marquee>

例如：<marquee direction =" right" behavior =" scroll" scrollamount =" 5" scrolldelay =" 1" width =" 80%" height =" 100%" bgcolor =" #FF9900" hspace =" 10" vspace =" 20" > 世纪长城公司欢迎你 </marquee>

（3）添加多媒体文件。在网页中直接包含多媒体对象最常用的标记是 <embed> 标记，具体参数设置如表 12 – 10 所示。<embed> 标记还可使网页中包含 JavaApple、视频和音频等多媒体及其他文件。当浏览器遇到 <embed> 标记时，会加载相应的文件并根据该标记包含属性的值来显示它。

表 12 – 10　　　　　　　　　　　<embed> 标记的属性

属性	描述	属性	描述
src	多媒体文件的地址	autostart	是否自动播放
width	播放器的宽度	hidden	是否隐藏播放器
height	播放器的高度	loop	是否循环
align	播放器的对齐方式		

格式：<embed src =" 文件目录与文件名或 URL" > </embed>

例如：<embed src =" exam01. avi" width = 300 autostart =" true" loop =" true" > </embed>

12.2.2.8　表单标记

（1）<form> 表单标记。该标记的主要作用是设定表单的起止位置，并指定处理表单数据程序的 url 地址。

基本语法：< form name = "名称" action = "应用程序 url" method = "方法">
　　　　　……
　　　　　</form >

语法说明：
- name：给定表单名称，表单命名之后就可以用脚本语言（如 JavaScript 或 VBScript）对它进行控制。
- action：指定处理表单信息的服务器端应用程序。
- method：用于表单数据传送到服务器所使用的方法。method 的值可以为 get 或是 post，默认方式是 get。

（2） < input > 表单输入标记。< input > 是个单标记，它必须嵌套在表单标记中使用，用于定义一个用户的输入项。

基本语法：< form >
　　　　　< input name = " 名称" type = " 类型" >
　　　　　</form >

语法说明：
- < input > 标记主要有六个属性，type、name、size、value、maxlength、checked。其中 name 和 type 是必选的两个属性；
- Name：属性的值是相应程序中的变量名。
- type：主要有 text（文本）、submit（提交按钮）、reset（重置按钮）、password（密码）、checkbox（复选）、radio（单选）、image（图像）、hidden（隐藏）和 file（插入文件）九种类型。

① 单行文本输入框 text。当 type = text 时，表示该输入项的输入信息是字符串。此时，浏览器会在相应的位置显示一个文本框供用户输入信息。

基本语法：< input name = "名称" type = "text" maxlength = "数值 1" size = "数值 2" value = "值">

语法说明：
- maxlength：设置单行输入框可以输入的最大字符数，例如限制邮政编码为 6 个数字、密码最多为 10 个字符等。
- size：设置单行输入框可显示的最大字符数，这个值总是小于等于 maxlength 属性的值，当输入的字符数超过文本框的长度时，用户可以通过移动光标来查看超过超出的内容。
- value：文本框的值，可以通过设置 value 属性的值来指定当表单首次被载入时显示在输入框中的值。

② 密码输入框 password。与单行文本输入框 text 使用起来非常相似，所不同的只是当用户在输入内容时，是用"＊"来代替显示每个输入的字符，以保证密码的安全性。

基本语法：< input name = "名称" type = "password " maxlength = " 数值1" size = "数值2" >
语法说明：在表单中插入密码框，只要将 < input > 标记中 type 属性值设为 password 就可以插入密码框，maxlength、size 属性同文件输入框 text 的属性一样。

③ 按钮 submit 和 reset。当 type = submit 时，产生一个提交按钮，当用户单击该按钮时，浏览器就会将表单的输入信息传送给服务器。当 type = reset 时，产生一个重置按钮，当用户

单击该按钮时，浏览器就会清除表单中所有的输入信息而恢复到初始状态。一般情况下，提交与重置按钮经常同时出现。

基本语法：< input name = "名称" type = "submit/reset " maxlength = "数值 1" size = "数值 2" value = "值" >

语法说明：

• 提交按钮的 name 属性是可以默认的。除 name 属性外，它还有一个可选的属性 value，用于指定显示在提交按钮上的文字，value 属性的默认值是"提交"。在一个表单中必须有提交按钮，否则将无法向服务器传送信息。

• 重置按钮的 name 属性也是可以默认的。value 属性与 submit 类似，用于指定显示在清除按钮上的文字，value 的默认值为"重置"。

例如：HTML 代码如下，浏览效果如图 12 - 7 所示。

< body >
< form action = " index. aspx " method = " get" >
　　请输入用户名：
　　< input name = " yourname" type = " text" size = " 12" > < br/ >
　　请输入密码：
　　< input type = " password" size = " 10" maxlength = " 10" > < br/ >
　　< input type = " submit" value = " 提交" >
　　< input type = " reset" value = " 重置" >
</form >
</body >

图 12 - 7　文本输入框与按钮

④ 复选框 checkbox。

基本语法：< input name = "名称" type = "checkbox" value = "值">

语法说明：

• 用户可以同时选中表单中的一个或多个复选项作为输入信息，由于选项可以有多个，属性 name 应取不同的值。

• 属性 value 的参数值就是在该选项被选中并提交后，浏览器要传送给服务器的数据。因此，value 属性的参数值必须与选项内容相同或基本相同，该属性是必选项。

• checked 属性用于指定该选项在初始时是否被选中。

例如:HTML 代码如下,浏览效果如图 12-8 所示。
```
<body>
  请选择你喜欢的运动: <br>
  <form action = " index. aspx" method = " post" >
  <input type = " checkbox" name = " basketball" value = " basktball" >
  篮球 <br>
  <input type = " checkbox" name = " football" value = " football" >
  足球 <br>
  <input type = " checkbox" name = " tennis" value = " tennis" >
  网球 <br>
  <input type = " submit" value = " 提交" >
  </form>
</body>
```

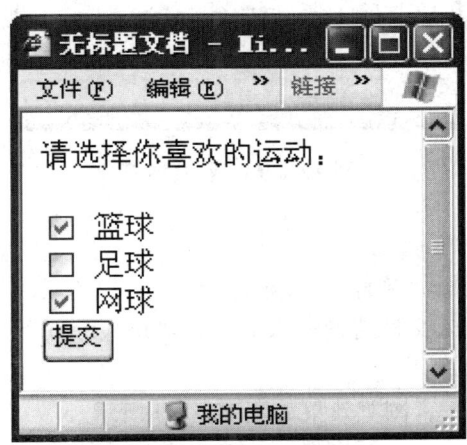

图 12-8 复选框

⑤ 单选框 radio。

基本语法: <input name = "名称" type = "radio" value = "值" >

语法说明:

- 单选项必须是唯一的,即用户只能选中表单中所有单选项中的一项作为输入信息,因此,所有属性的 name 都应取相同的值;
- 不同的选项其属性 value 的值应是不同的;
- checked 属性用于指定该选项在初始时是被选中的。

⑥ 图像按钮 image。

基本语法: <input name = " image" type = " image" src = " url" >

语法说明:单击该按钮时,浏览器就会将表单的输入信息传送给服务器。image 类型中的 src 属性是必需的,它用于设置图像文件的路径。

例如:HTML 代码如下,浏览效果如图 12-9 所示。

<body>

选择性别：< br >
< form action = " ParaSet. aspx" method = "post">
　　< input type = "radio" name = " radio1" >男
　　< input type = "radio" name = " radio1" >女
　　< input type = "image" src = "img/icon20. gif" >
</form >
</body >

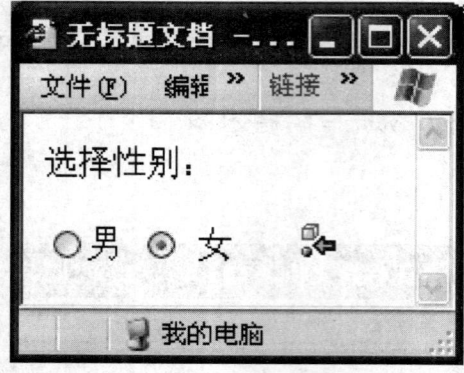

图 12 – 9　图像按钮

⑦ 文件选择输入框 file。

基本语法：< input name = "名称"　type = "file" >

语法说明：在表单中插入文件选择输入框，只要将 < input > 标记中 type 属性值设为 file 就可以插入文件选择输入框。

例如：HTML 代码如下，浏览效果如图 12 – 10 所示。

< body >
　　< form action = "index. aspx"　method = "post">
　　　　请选择文件 < br >
　　　　< input type = "file" name = "uploadfile" size = "30">
　　　　< input type = "submit" value = "上传" name = "Send" ">
　　</form >
</body >

图 12 – 10　文件选择输入框

⑧ 隐藏框 hidden。

基本语法：< input name = "名称" type = "hidden" value = "值" >

语法说明：当 type = hidden 时，表示输入项将不在浏览器中显示。

(3) 多行文本输入框 < textarea >。用 < textarea > 标记可以来定义高度超过一行的文本输入框，< textarea > 标记是成对标记，首标记 < textarea > 和尾标记 </textarea > 之间的内容就是显示在文本输入框中的初始信息。< textarea > 标记有四个属性：name、rows、cols、wrap。

基本语法：< textarea name = "名称" cols = "数值 1" rows = "数值 2" wrap = "值">
　　　　　</textarea >

语法说明：
- name：用于指定文本输入框的名字。
- rows：设置多行文本输入框的行数，此属性的值是数字，浏览器会自动为高度超过一行的文本输入框添加垂直滚动条。但是，当输入文本的行数小于或等于 rows 属性的值时，滚动条将不起作用。
- cols：设置多行文本输入框的列数。
- wrap：默认值是文本自动换行，当输入内容超过文本域的右边界时会自动转到下一行，而数据在被提交处理时自动换行的地方不会有换行符出现。

例如：HTML 代码如下，浏览效果如图 12 - 11 所示。

< body >
　< form action = " index. aspx" method = " get" >
　　备注：< br >
　　< textarea name = " beizhu" cols = " 20" rows = " 3" > </textarea >　　< br >
　　< input type = " submit" value = " 提交" >
　　< input type = " reset" value = " 重写" >
　</form >
</body >

图 12 - 11　多行文本输入框

(4) 下拉列表框 < select >、< option >。在表单中，通过 < select > 和 < option > 标记可以在浏览器中设计一个下拉式的列表或带有滚动条的列表，用户可以在列表中选中一个或多个选项。

基本语法：
< select name = "名称" size = "数值" >
　　< options value = "值 1" >文本 1 </option >
　　…
　　< options value = "值 n" >文本 n </option >
</select >

语法说明：< select >标记是成对标记，首标记< select >和尾标记</select >之间的内容就是一个下拉式菜单的内容。< select >标记必须与< option >标记配套使用。< select >标记有 name、size 和 multiple 三个属性。

- name：设定下拉列表名字。
- size：可选项，用于改变下拉框的大小。size 属性的值是数字，表示显示在列表中选项的数目，当 size 属性的值小于列表框中的列表项数目时，浏览器会为该下拉框添加滚动条，用户可以使用滚动条来查看所有的选项，size 默认值为 1。
- multiple：如果加上该属性，表示允许用户从列表中选择多项。

< option >标记用来定义列表中的选项，设置列表中显示的文字和列表条目的值，列表中每个选项有一个显示的文本和一个 value 值。< option >标记必须嵌套在< select >标记中使用。一个列表中有多少个选项，就要有多少个< option >标记与之相对应，选项的具体内容写在每个< option >之后。< option >标记有两个属性：value 和 selected，它们都是可选项。

- value：用于设置当该选项被选中并提交后，浏览器传送给服务器的数据。如果是默认状态，浏览器将传送选项的内容。
- selected：用来指定选项的初始状态，表示该选项在初始时被选中。

例如：HTML 代码如下，浏览效果如图 12－12 所示。

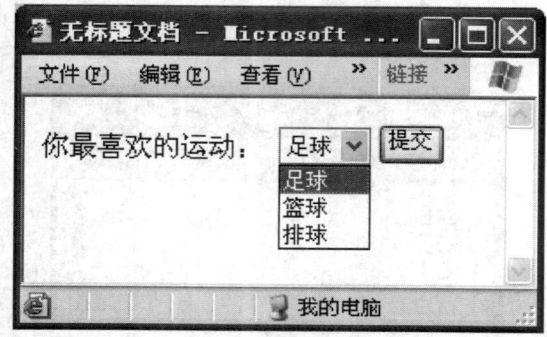

图 12－12　下拉列表框

< body >
　　< form action = "index. aspx" method = "post">
　　你最喜欢的运动：
　　< select name = "sports">
　　　　< option value = "football">足球 </option >

< option value = " bastetball"> 篮球 </option >
        < option value = " volleyball"> 排球 </option >
    </select >
    < input type = " submit" value = "提交">
  </form >
</body >

12.2.2.9 框架标记

（1）框架。框架主要包括框架集和框架两部分，框架集是一个文档内定义一组框架结构的 HTML 网页，而框架在网页上定义一个显示区域。所有的框架标记要放在一个 html 文档中。html 页面的文档体标记 < body > 被框架集标记 < frameset > 所取代，然后通过 < frameset > 的子窗口标记 < frame > 定义每一个子窗口和子窗口的页面属性，具体参数如表 12 – 11 和表 12 – 12 所示。

表 12 – 11　　　　　　　　　　　< frameset > 标记的属性

属性	描述
border	设置边框粗细，默认是 5 像素
bordercolor	设置边框颜色
frameborder	指定是否显示边框："0"代表不显示边框,"1"代表显示边框
cols	用"像素数"和"%"分割左右窗口,"*"表示剩余部分
rows	用"像素数"和"%"分割上下窗口,"*"表示剩余部分
framespacing	表示框架与框架间的保留空白的距离
noresize	设定框架不能调节大小

表 12 – 12　　　　　　　　　　　< frame > 标记的属性

属性	描述	属性	描述
src	框架页面源文件	noresize	框架尺寸调整
name	框架名称	marginwidth	框架边缘宽度
frameborder	框架边框	marginheight	框架边缘高度
scrolling	框架滚动条		

语法格式：
< html >
  < head >
  </head >
  < frameset >
    < frame src = " url 地址 1" >

< frame src = " url 地址 2" >
……
< frameset >
</html >

Frame 子框架的 src 属性的每个 URL 值指定了一个 HTML 文件地址,地址路径可使用绝对路径或相对路径,这个文件将载入相应的窗口中。

例如:框架页面代码如下,浏览效果如图 12 – 13 所示。

< html >
< head >
　　< title >指定子窗口显示网页 </title >
</head >
< frameset cols = "30% ,40% , * ">
　　< frame src = " left. html">
　　< frame src = " center. html">
　　< frame src = " right. html">
</frameset >
</html >

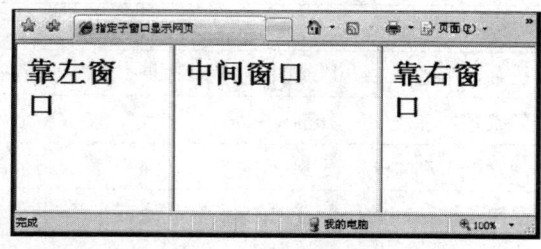

图 12 – 13　框架页面

(2) 浮动框架。在浏览网页时有时会看到在浏览器窗口含有孤立的子窗口,那么这就是浮动框架,插入浮动框架要使用成对的标记 < iframe > </iframe >,同样,使用 src 属性来设置框架中显示文件的路径。与框架不同的是,浮动框架可以包含在 < body > 标记中,具体参数如表 12 – 13 所示。

表 12 – 13　　　　　　　　　　<iframe >标记的属性

属性	描述	属性	描述
src	显示页面源文件路径	framespacing	边框宽度属性
width	宽度	scrolling	框架滚动条属性
height	高度	noresize	框架尺寸调整属性
name	名称	borderColor	边框颜色属性
align	对齐方式	marginwidth	框架边缘宽度属性
frameborder	边框显示属性	marginheight	框架边缘高度属性

项目12 使用HTML语言制作网页

格式：< iframe src = " url" > < /iframe >
例如：对于如下代码，显示效果如图 12 – 14 所示。
< html >
 < head >
  < title >浮动框架< /title >
 < /head >
 < body >
  < iframe src = "01. html" width = "200" height = "250"
  name = "iframe" align = "center">
  < /iframe >
 < /body >
< /html >

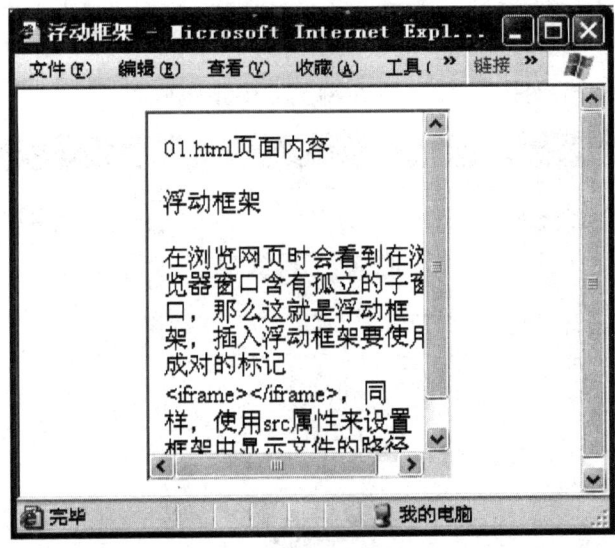

图 12 – 14 插入浮动框架页面

12.3 实践向导

任务1 利用"代码"视图制作如图 12 – 15 所示的 HTML 网页。具体操作步骤如下：
（1）打开 Dreamweaver CS5，创建站点，命名为"HTML 语言"，把"项目12＼实践向导"文件夹中的图片复制到站点"image"文件夹。
（2）在 Dreamweaver CS5 中，新建一页面文件，保存在站点下，命名为"12 – 1. html"。
（3）在"文档"工具栏中单击"代码"按钮，切换到"代码"视图的窗口。
（4）在代码视图 < body > 标记中输入如下代码：
< body text = "#006633" background = "image/bj. jpg">

```
    < marquee behavior = "alternate">
       < font color = "#ff00ff">
           < h2 >宽容他人,解放自己 </h2 >
       </font >
    </marquee >
       < hr  color = "#006666" / >
       < ul >
        < li >宽恕别人,就是学会善待自己。 </li >
         ……
        < li >宽恕别人,就是解放自己。 </li >
       </ul >
     宽容是一种美德,……让爱充满在自己的周围。
< img src = "image/back. gif" width = "48" height = "48" align = "right" / >
</body >
```
（5）保存该网页文档,按"F12"键在浏览器中预览效果。

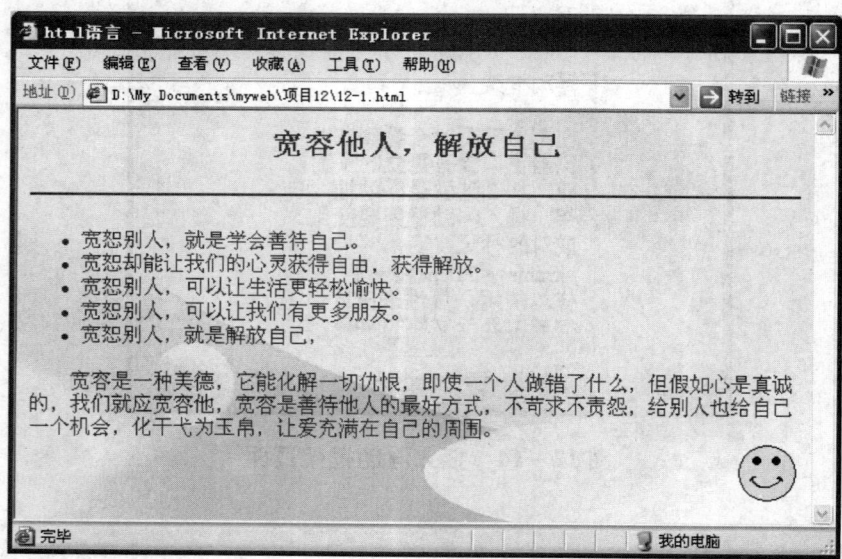

图 12 – 15　任务 1 运行结果

任务 2　利用"代码"视图制作如图 12 – 16 所示的 HTML 网页。具体操作步骤如下：
（1）在 Dreamweaver CS5 中,新建一页面文件,保存在站点下,命名为"12 – 2. html"。
（2）在"文档"工具栏中单击"代码"按钮,切换到"代码"视图的窗口。
在代码视图 < body > 标记中输入如下代码：
```
 < body >
  < table width = "60% " height = "116" border = 1   align = "center"
bordercolor = "#0000FF">
    < tr align   = "center"  bgcolor = "#FFCC99">
```

```
      <th>姓名</th>
      <th>学号</th>
      <th>专业</th>
    </tr>
    <tr align = "center"    bgcolor = "#C1FFC1">
      <td>李平</td>
      <td>18</td>
      <td>会计</td>
    </tr>
    <tr align = "center"    bgcolor = "#86B8E1">
      <td>刘芳</td>
      <td>19</td>
      <td>计算机</td>
    </tr>
  </table>
</body>
```

（3）保存该网页文档，按"F12"键在浏览器中预览效果。

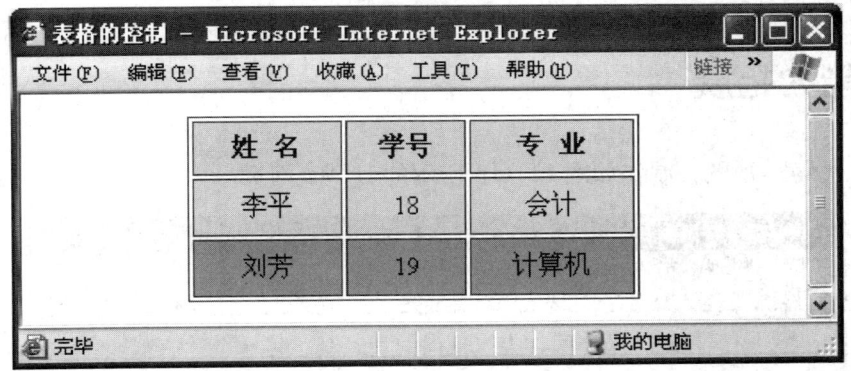

图 12－16　任务 2 运行结果

任务 3　利用"代码"视图制作如图 12－17 所示的 IFrame 框架页面。具体操作步骤如下：

（1）启动 Dreamweaver CS5，在菜单栏中，选择"文件"→"打开"菜单项，打开"项目 12 \ 实践向导 \ 12－3. html"素材文件。

（2）将光标放置在准备插入浮动框架的位置，在"插入"面板"布局"选项卡中，选择"IFRAME"选项。

（3）此时，在页面中插入一个浮动框架，页面会自动转换到拆分模式，并在代码中生成 <iframe></iframe> 标签。

（4）在代码视图中的 <iframe> 标签中输入的代码如下：

`<iframe width = "700" height = "300" src = "web/12-3-1.html" scrolling = "auto" frameborder = "0"></iframe>`

（5）此时，页面中插入的浮动框架会变成灰色区域，在菜单栏中，选择"文件"→"保存"菜单项，保存页面，在工具栏中，单击"在浏览器中预览"按钮，即可在浏览器中预览页面效果，如图12-17所示。

图12-17　任务3运行结果

12.4　能力拓展

利用"代码"视图，制作如图12-18所示的HTML网页。

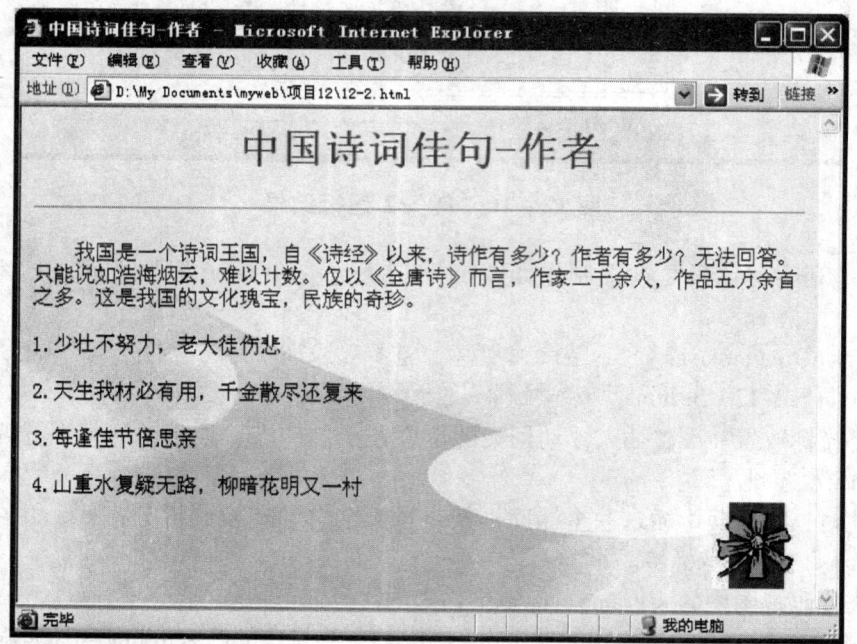

图12-18　"能力拓展"效果图

说明：
(1) 标题格式采用"标题1"，颜色为红色，居中对齐。
(2) 第一段落文字颜色采用蓝色。
(3) 第二段落采用项目编号。
(4) 整个页面添加背景图片，右下角插入一幅小图片。

12.5 项目小结

本项目介绍了HTML的基本概念、文件特点、基本结构、基本语法和常用标记等。通过该项目的学习，理解常用的HTML标记含义及应用，学会手工编写或修改HTML源代码。

项目 13

行为和脚本的应用

13.1 项目描述

行为和脚本的应用是网页制作中十分重要的一个环节,是增强网页交互性、表现力以及用户体验的主要手段之一。本项目通过多个实例学习如何使用 Dreamweaver 添加"行为和脚本",通过弹出菜单和拼图游戏两个具体的任务巩固学习效果,为今后学习脚本代码编写奠定基础。

13.2 知识储备

13.2.1 行为概述

在 Dreamweaver 中,网页页面的主要交互效果是通过对浏览器和网页中的各个对象创建行为而产生的。所谓"行为",就是为响应某一事件而采取的一个操作。当把行为赋予页面中某个对象时,也就是定义了一个操作,以及用于触发这个操作的"事件"。

"事件",可以理解为对象或者页面发生的变化或动作,例如,鼠标经过、鼠标离开、鼠标单击,都属于"事件"。例如,当鼠标单击这个"事件"发生后,页面改变了颜色,称为"动作",那么这个"事件"加"动作"的过程我们就称为一个"行为"。

在 Dreamweaver 中,"行为面板"是为页面标签添加行为的主要手段之一。它可以对行为的参数进行修改。其本质上是 Dreamweaver 软件在 HTML 源代码中自动编写添加的 JavaScript 代码脚本。单击"窗口"菜单,选择"行为"选项,即可打开行为面板,如图 13-1 所示。下面简单介绍一下行为面板的设置。

(1)"显示设置事件"按钮▤▤:只显示附加到当前文件的事件。

(2)"显示所有事件"按钮▤▤:按字母顺序显示属于某类别的所有事件。一般情况下,在文档中选择了某一个 HTML 标签,就会显示关于此标签的所有事件。

(3)"添加行为"按钮 ✚﹒:单击此按钮,则会弹出快捷菜单,如图 13-2 所示。在此菜单中,包含了可以附加到当前选定对象的动作。从该菜单列表中选择一个动作时,将会出现对应的对话框,可以在此对话框中设置相关参数。若菜单上的某动作处于灰色状态,则说明该动作不能使用。若菜单上的所有动作都处于灰色状态，则表示选定的对象无法依赖软件自动生成任何事件（此类对象较少，在 CS6 版本中即使不选中任何对象也不会全部都处于灰色）。

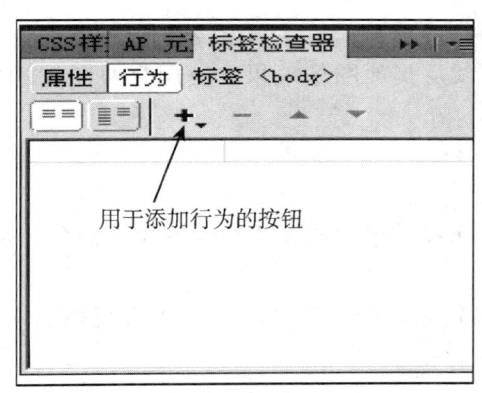
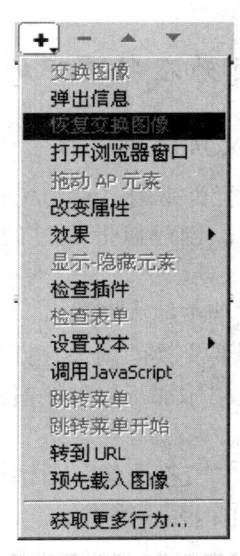

图 13 - 1　行为面板　　　　　　　　图 13 - 2　添加行为

（4）"删除事件"按钮：从行为列表中删除所选定的事件和动作，如图 13 - 3 所示。

（5）选择不同的事件：选择一个行为项，单击行为左边的事件，则在该事件的旁边出现一个向下的箭头，如图 13 - 4 所示。单击向下的箭头出现下拉菜单，可以在该菜单中为该行为选择不同的事件。

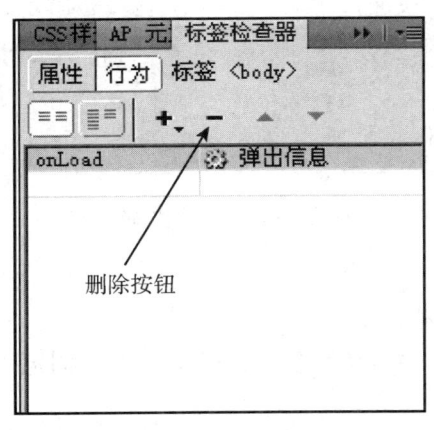

图 13 - 3　删除行为　　　　　　　　图 13 - 4　选择事件

（6）修改行为参数：选择一个行为项，双击带有"齿轮"图标的行为名称，或者先选取它然后按下"Enter"键，可以在弹出的窗口中修改这个行为项的参数。

（7）"上箭头"或"下箭头"：在行为列表中上下移动某一事件的选定动作。当同一事件出现几个行为时，选择其中的一个行为，单击"增加事件值"或者"降低事件值"按钮，可以向上或者向下移动该行为。同一事件的几个行为的排列顺序决定了文档中对象行为的执行顺序。排在上面的先执行，排在下面的后执行。对于不能在列表中上下移动的行为，箭头按钮将处于不可用状态。

13.2.2 行为在网页中的应用

13.2.2.1 交换图像行为

交换图像行为是通过改变 <img> 标签的 src 属性，将一幅图像替换成为另外一幅图像。使用此行为可以创建鼠标经过的按钮效果以及其他图像效果。使用交换图像的操作步骤如下：

（1）在文档中插入图像。
（2）选择要交换的图像，打开行为面板。
（3）单击"添加行为"按钮，在弹出的下拉菜单中选择"交换图像"命令，如图 13–5 所示。
（4）打开"交换图像"对话框，在"设定原始档为"文本框中输入交换图像的文件路径和名称，如图 13–6 所示。

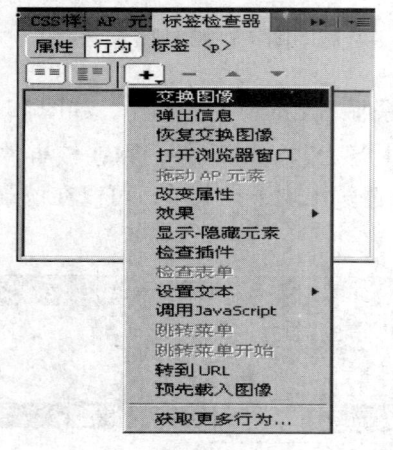

图 13–5　选择交换图像

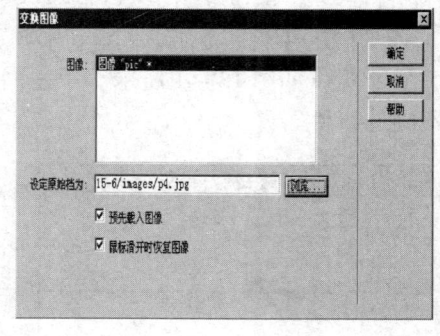

图 13–6　交换图像

"交换图像"对话框中各选项说明如下：
- "图像"选项：选择一个需要被改变的图像。
- "设定原始档为"选项：输入新图像的文件路径和名称，或者单击"浏览"按钮选取事件发生后交换进页面的图像文件。
- "预先载入图像"选项：选择此项可以将新图像预先加载到浏览器缓存中，防止图像延迟。

（5）设置完成后，单击"确定"按钮，保存网页，按"F12"键预览效果。

13.2.2.2 弹出信息行为

使用"弹出信息"行为可以显示一个带有指定信息的 JavaScript 警告。因为 JavaScript

警告只有一个"确定"按钮,所以使用此行为可以提供信息,而不能为用户提供选择。添加弹出信息行为操作步骤如下:

(1)选择一个页面元素或者对象。打开行为面板,单击"添加行为"按钮,在弹出的下拉菜单中选择"弹出信息"命令。

(2)打开"弹出信息"对话框,如图13-7所示。

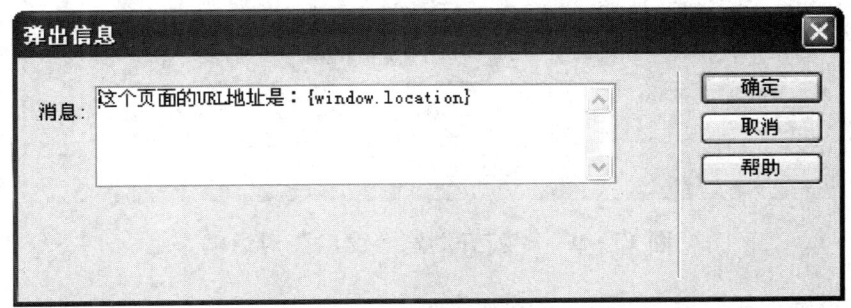

图13-7 "弹出信息"对话框

"消息"即是输入要显示的消息,也可以在"消息"框中输入任何JavaScript函数、属性、变量或者表达式。如果输入JavaScript表达式,则需将其放在大括号 {} 中。

例如,在"消息"右侧的文本框中输入"这个页面的URL地址是:{window.location}"(window是浏览器对象,location是它的属性,表示URL地址)。

(3)单击"确定"按钮后,保存网页,按"F12"键预览效果,在网页中即可生成图13-8所示的消息框。

图13-8 消息框

13.2.2.3 打开窗口行为

使用"打开浏览器窗口"行为可以在一个新窗口中打开URL。操作步骤如下:

(1)选择一个页面元素或者对象。打开行为面板,单击"添加行为"按钮,在弹出的下拉菜单中选择"打开浏览器窗口"命令。

(2)在"打开浏览器窗口"对话框中进行参数设置,如图13-9所示。

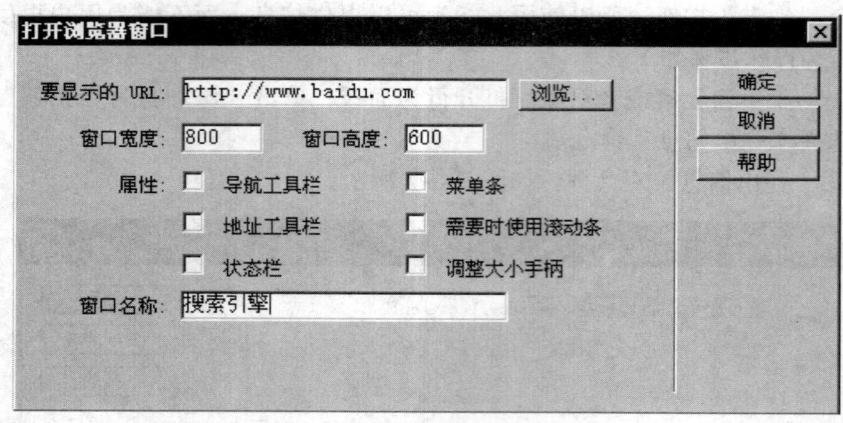

图 13-9 "打开浏览器窗口"对话框

"打开浏览器窗口"对话框中各选项的说明如下：

● "要显示的 URL"选项：输入要显示的 URL，或者单击"浏览"按钮选择要打开的文件。

● "窗口宽度"选项：指定窗口的宽度，单位是像素。

● "窗口高度"选项：指定窗口的高度，单位是像素。

● "导航工具栏"选项：窗口中显示浏览器按钮，包括前进、后退和刷新等按钮。

● "菜单条"选项：浏览器窗口上显示菜单，包括文件、编辑、查看、转到和帮助等。

● "地址工具栏"选项：包括地址域的浏览器选项。

● "需要时使用滚动条"选项：如果内容超过可见区域时滚动条自动出现。

● "状态栏"选项：浏览器窗口底部的区域，用于显示信息。

● "调整大小手柄"选项：指定用户是否可以调整窗口大小。

● "窗口名称"选项：如果要作为链接目标或者用 JavaScript 控制它，那么应该给新窗口命名。

(3) 设置完成后，单击"确定"按钮，保存网页，按"F12"键预览效果。

13.2.2.4 显示-隐藏元素行为

"显示-隐藏元素"行为可以显示、隐藏或者恢复一个或多个页面元素的可见性。操作步骤如下：

(1) 在网页中插入或绘制 AP Div，也就是常说的"层"。选择 <body> 标签、某个链接 <a> 标签或者选择 AP 元素。

(2) 打开行为面板。单击"添加行为"按钮，在弹出的下拉菜单中选择"显示-隐藏元素"。打开"显示-隐藏元素"对话框，如图 13-10 所示。

(3) 在"元素"列表中选择需要改变可见性的元素。单击"显示"按钮、"隐藏"按钮或者"默认"按钮设置元素的可见性。继续选择其他元素并单击相关的按钮，以设置更多元素的可见性。

(4) 设置完成后单击"确定"按钮，保存网页，按"F12"键预览效果。

项目 13　行为和脚本的应用

图 13-10　"显示-隐藏元素"对话框

13.2.2.5　改变属性行为

在 Dreamweaver CS5 中使用"改变属性"行为可以更改页面元素的属性值。操作步骤如下：

（1）选择一个页面元素或者对象。打开行为面板，单击"添加行为"按钮，在弹出的下拉菜单中选择"改变属性"命令。打开"改变属性"对话框。

（2）在"改变属性"对话框中进行参数设置，如图 13-11 所示，具体选项说明如下：

• "元素类型"选项：指选择要改变属性的元素。

• "元素 ID"选项：指选择的元素如果有 ID，会在此处自动显示出来。如果没有 ID，在添加 ID 后，重新填写"改变属性"对话框。

• "属性"选项：可以选择一个要改变的属性名称，也可以输入一个要改变的属性名称。

• "新的值"选项：指需要为属性输入一个新值，也就是改变后的属性数值。

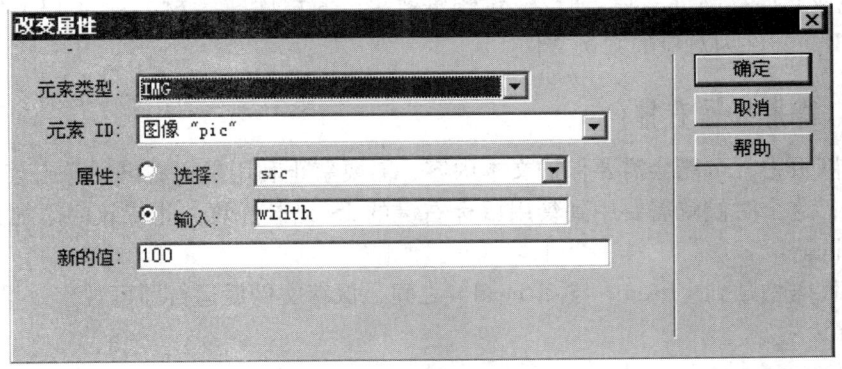

图 13-11　"改变属性"对话框

（3）设置完成后单击"确定"按钮，保存网页，按"F12"键预览效果。

13.2.3　JavaScript 脚本在网页中的应用

网页 JavaScript 特效，简称 JS 特效，是用 JavaScript 程序代码在网页中实现特殊效果或者特殊功能的一种技术,它为网页活跃了气氛,增加了网站的亲和力。一般来说,在需要添加特效的地方直接粘贴特效代码即可,有些特殊的代码还需要在其他地方添加代码。下面将以几个常用特效来示范如何在网页中应用脚本。

13.2.3.1 滚动的标题栏信息

很多地方都可以获取 JS 特效代码,例如在百度或者谷歌搜索引擎中以"JS 特效"、"网页特效"等为关键词进行搜索都可以获取大量相关知识或代码。

操作步骤如下:

(1)新建一个 HTML 页面,切换到"代码视图"。

(2)将如下代码粘贴到 <head> 与 </head> 之间。

JS 特效代码:

```
<script language = "javascript">
isIE4 = (navigator.appVersion.charAt(0) > =4 &&
(navigator.appVersion).indexOf("MSIE") ! = -1);
var m1 = "滚动消息1...";
var m2 = "滚动消息2...";
var msg = m2 + m1;
function titnimation( ) {
msg = msg.substring(1,msg.length) + msg.substring(0,1);
document.title = msg;}
if(isIE4) {setInterval("titnimation( )",500);}
</script>
```

(3)完成后保存网页,按"F12"键预览效果。素材库"素材\项目13\实践向导\13-1.HTML"文件为对应的案例文件。

13.2.3.2 禁用鼠标右键

在某些网页中,可能会需要保护文本内容,需要禁止利用鼠标右键的弹出菜单对文本内容进行复制,这个时候就需要用到禁用鼠标右键的 JS 文本特效。此特效的添加方法和前一脚本基本相同。

将如下代码粘贴到 <head> 与 </head> 之间,保存文件后运行即可观察效果。

```
<script>
function stop( ) { return false; }
document.oncontextmenu = stop;
</script>
```

注意:各类浏览器都有可能在运行 JS 特效的时候在浏览器上端或者下端提示是否阻止运行特效,这时候要选择允许选项,否则 JS 脚本无法生效。

13.2.2.3 图片轮换

(1)新建一个 HTML 页面,切换到"代码视图"。

(2) 将如下代码粘贴到代码视图编辑窗口。页面将实现图片的轮换效果，图片切换的时间间隔为 1 秒（1000 毫秒）。

```
<html>
<head>
<meta http-equiv="Content-Type" content="text/html;charset=utf-8"/>
<title>无标题文档</title>
<script language=javascript>
var curIndex=0;
//时间间隔 单位毫秒
var timeInterval=1500;
var arr=new Array();
arr[0]="images/1-1.jpg";
arr[1]="images/1-2.jpg";
arr[2]="images/1-3.jpg";
setInterval(changeImg,timeInterval);
function changeImg()
{
var obj=document.getElementById("showpic");
if(curIndex==arr.length-1)
{curIndex=0;}
else
{curIndex+=1;}
obj.src=arr[curIndex];
}
</script></head>
<body>
<img src="images/1-1.jpg" width="159" height="150" id="showpic"/>
</body>
</html>
```

(3) 完成后保存网页，按"F12"键预览效果。素材库"素材\项目13\实践向导\13-3.HTML"文件为对应的案例文件。

13.2.4 Spry 选项卡式面板

Dreamweaver 所特有的 Spry 框架是一个 JavaScript 库，网页设计人员使用它可以构建能够向站点访问者提供更丰富体验的 Web 页面。有了 Spry，就可以使用 HTML、CSS 和极少量的 JavaScript 创建构件（如折叠构件和菜单栏），向各种页面元素中添加不同种类的效果。在设计上，Spry 框架的标记非常简单，且便于那些具有 HTML、CSS 和 JavaScript 基础知识的用户使用。Spry 框架主要面向专业网页设计人员或高级非专业网页设计人员。

最新版本的 Dreamweaver CS6 中，新增了部分简单易用的小部件组件，选项卡式面板就是其中之一。

使用 Spry 小部件需要修改站点的定义，在站点的设置选项卡中，必须设置好 Spry 框架的存放位置，一般应该和应用它的 HTML 文件放在同一目录下，相关设置如图 13－12 所示。

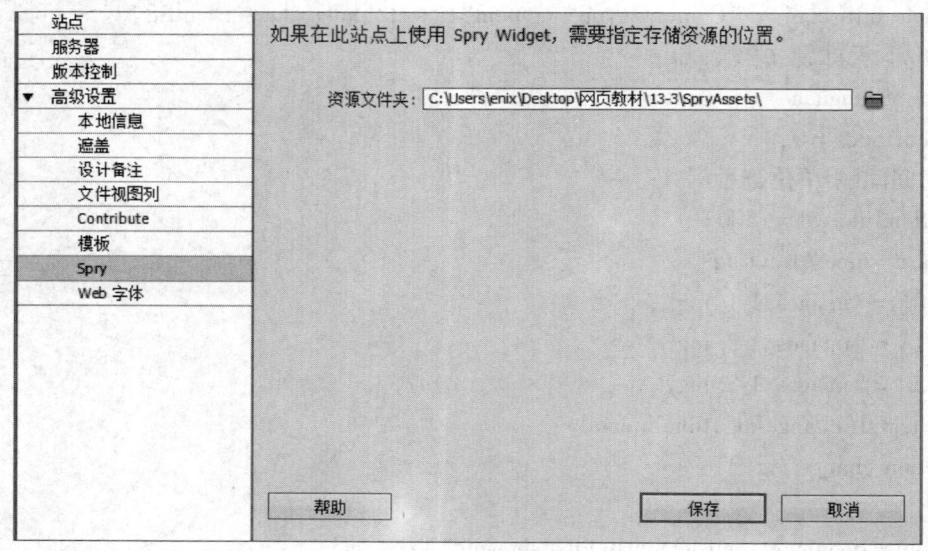

图 13－12　Spry 存放路径设置

在"经典"操作界面中，可以在工具栏找到 Spry 小部件的位置，如图 13－13 所示。

图 13－13　Spry 工具栏位置

在工具栏中单击"选项卡式面板"按钮，添加一个选项卡式面板，它会自动生成到页面上。可以通过点击相应的标题框和内容文本框，为其添加标题和每个选项卡的内容。注意，要显示被隐藏的内容块，可以单击相应选项卡标题下面的"眼睛"图标，如图 13－14 所示。

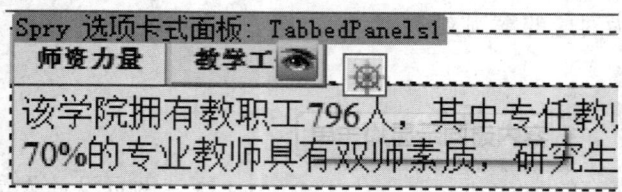

图 13－14　选项卡式面板

内容添加完成后，保存文件即可观察效果。在保存文件时将会提示"是否将所需 Spry

文件复制到对应文件夹",应当选择"是"来完成文件的复制(若不复制文件,网页文件移动后选项卡式面板将无法正常工作)。素材库"素材\项目13\实践向导\13-4.HTML"为对应的案例文件。

13.3 实践向导

任务1 创建弹出式导航菜单。本任务的效果如图13-15所示,具体操作步骤如下:

图 13-15 弹出式导航菜单

(1)插入菜单表格。

① 启动Dreamweaver CS5,新建一个空白HTML页面并保存。

② 单击菜单"插入"→"表格"命令,弹出"表格"对话框,在对话框设置1行5列的菜单表格,边框粗细和单元格间距均设置为"0"像素。

③ 为每个表格添加菜单图片,使用"插入图像"命令,在每个单元格中插入一张图片,从左到右依次为menu_01~menu_05.jpg。如图13-16所示。

图 13-16 插入菜单图片

(2)制作子菜单。

① 单击菜单"插入"→"布局对象"→"AP Div"命令,在菜单的下方生成一个可移动的矩形蓝色方框,默认ID名为"ApDivl"。如图13-17所示,若方框没有对齐,可以用鼠标拖动左上角的▣部分,移动到合适位置。

图 13-17 插入 AP Div

② 在方框中输入三个子菜单项并设置超链接，如图 13-18 所示。
③ 选中方框，将其背景色设置为浅灰色。

图 13-18　设置子菜单

（3）添加行为。

① 选择菜单图片"多媒体技术"，单击行为面板中的 ，选中"显示-隐藏元素"，将 apDiv1 设置为"显示"，如图 13-19 所示。

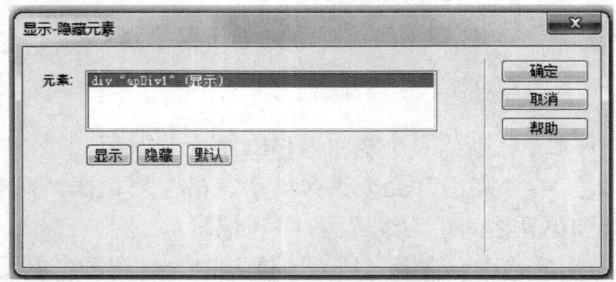

图 13-19　"显示-隐藏元素"对话框

② 选择行为面板中的"onFocus"事件，如图 13-20 所示，将更其改为"onMouseOver"。

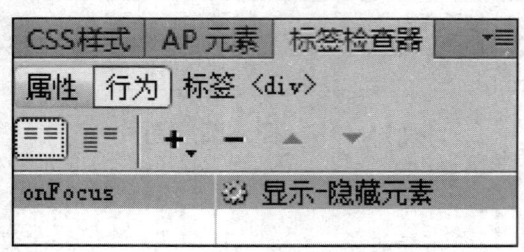

图 13-20　更改事件

③ 选择 ApDiv1，单击行为面板中的 ，选中"显示-隐藏元素"，将 ApDiv1 设置为"隐藏"，并将"onFocus"事件改为"onMouseOut"。再次选择 ApDiv1，单击行为面板中的 ，选中"显示-隐藏元素"，将 ApDiv1 设置为"显示"，并将 onFocus 事件改为 onMouseOver。

④ 选择 ApDiv1，在下方"属性"面板中将其可见性设置为"hidden"，如图 13-21 所示。

图 13-21　设置可见性

⑤ 保存文件，按"F12"键运行页面，效果如图 13-15 所示。配套光盘"素材 \ 项目 13 \ 实践向导 \ 13-5. HTML"为对应的案例文件。

任务 2　制作拼图小游戏。本任务的效果如图 13-22 所示，具体操作步骤如下：

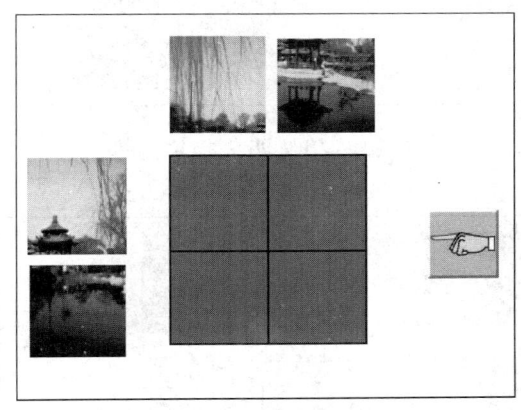

图 13-22　"拼图小游戏"效果图

（1）添加底板表格。

① 启动 Dreamweaver CS5，新建一个空白 HTML 页面并保存。

② 使用"布局"工具栏中的 ▣ 工具，在网页适当位置绘制一个高"200"像素宽"200"像素的 AP 元素，名称为 ApDiv1。

③ 将光标放置在方框中，单击菜单"插入"→"表格"命令，在方框中生成一个 2 行 2 列的表格，将表格的边框设置为"1"，背景设置为"绿色"。

（2）添加拼图碎片。

① 使用"布局"工具栏中的 ▣ 工具，在表格的旁边绘制四个 AP 元素，名称为 ApDiv2~ApDiv5，如图 13-23 所示。

② 为每个方框依次添加图片 1.jpg~4.jpg，并将方框的大小调整成和图片大小一致，宽和高为"100"像素。

（3）添加提示图。

① 使用"布局"工具栏中的 ▣ 工具，在表格的旁边绘制一个名称为"apDiv6"的 AP 元素，将"手指"图片放置其中作为提示按钮，并设置好方框的大小。

② 用同样的方法将提示答案图片放置在左上角的名称为"apDiv7"的 AP 元素中，如图 13-24 所示。

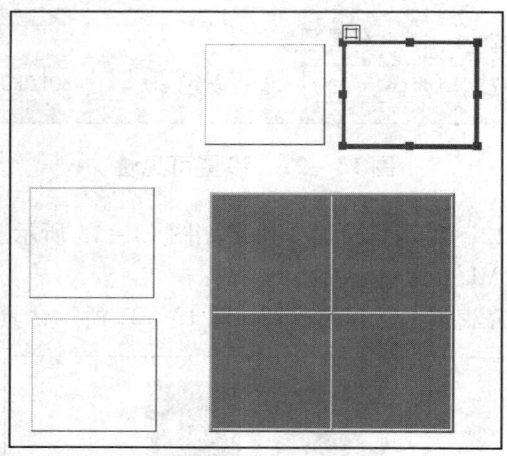

图 13-23　四个碎片方框

图 13-24　添加图片

（4）添加交互行为。

① 将其中一块拼图拖到它的正确位置上，单击页面左下角的 <body> 标记，然后单击行为面板中的 +，选中"拖动 AP 元素"选项，设置弹出对话框的参数，如图 13-25 所示，完成后单击"确定"按钮。

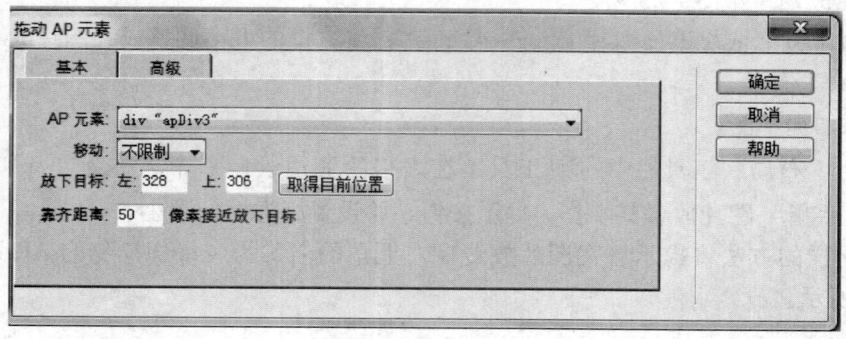

图 13-25　拖动 AP 元素

② 将其他三个拼图也拖放到正确的位置上，为每个拼图依次添加步骤①的行为，完成后行为面板的状态如图 13-26 所示。

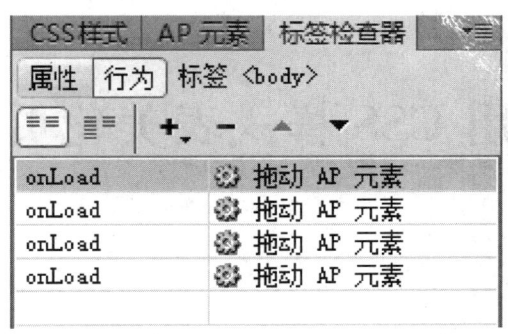

图 13-26　动作面板

③ 选中 apDiv6，为其添加两个"显示-隐藏层"的动作，当鼠标执行"onClick"事件显示 apDiv7，当执行"onMouseOut"事件隐藏 apDiv7。

④ 选中 apDiv7，在下方属性面板中将其可见性设置为 hidden。

⑤ 把拼图碎片拖放回表格四周打乱排列，保存文件，按"F12"键运行页面，效果如图 13-22 所示。素材库"素材\项目 13\实践向导\13-6.HTML"为对应的案例文件。

13.4　能力拓展

（1）应用 Dreamweaver CS5 检查表单行为，检查一个文本框内输入的是否数字。
（2）为一个 HTML 文件添加跑马灯脚本。
（3）为一个 HTML 文件添加图片轮换脚本。

13.5　项目小结

本项目介绍了 Dreamweaver CS5 中行为面板及常用行为的应用方法，通过行为和脚本的应用，丰富了制作 HTML 页面的技术手段。同时本项目也介绍了最新版本的 CS6 中新引入的 Spry 小部件的基本使用方法，为探索强大的新版本功能奠定了基础。

项目 14

使用 CSS 样式表美化页面

14.1 项目描述

CSS 层叠样式表,是用于控制网页样式并允许将样式信息与网页内容分离的一种标记性语言。引入 CSS 是为了使 HTML 能够更好地适应页面的美工设计。本项目制作"诗歌"网页和"庐山风景介绍"网页,并利用 CSS 美化 HTML 页面。

14.2 知识储备

14.2.1 CSS 的基本概念

CSS 是 Cascading Style Sheet 的缩写,中文意为"层叠样式表",是用于控制网页样式并可以与网页内容 HTML 代码分开存在的一种标记语言。CSS 设计的目的,是为了使得 HTML 语言能够更好地适应页面的美工设计。它以 HTML 语言为基础,提供了丰富的外观定义功能,如字体、颜色、背景和整体排版等,CSS 现在已经成为深入学习网页设计过程中至关重要的一个环节。

14.2.1.1 CSS 样式基本语法

选择器(Selector)是 CSS 中的基本概念,所有 HTML 语言中的标记都是通过不同选择器进行控制的。用户只需要通过选择器对应不同的 HTML 标签进行控制,并赋予各种样式声明,即可实现各种样式的效果。

CSS 样式的基本语法规则由两个主要的部分构成:选择器,一条或多条声明(或称为规则)。

格式:选择器 {声明1;声明2;...;声明 N}

"选择器"一般是指需要改变样式的 HTML 元素。每条声明由一个属性和一个值组成。属性是希望设置的样式属性。每个属性有一个值。属性和值用冒号分开。

格式:选择器 {属性:值}

例如:h1 {color:red; font-size:14px;}

以上代码的作用是将 h1 标记内的文字颜色定义为红色，同时将字体大小设置为 14 像素。h1 是选择器，color 和 font-size 是属性，red 和 14px 是值，如图 14-1 所示。

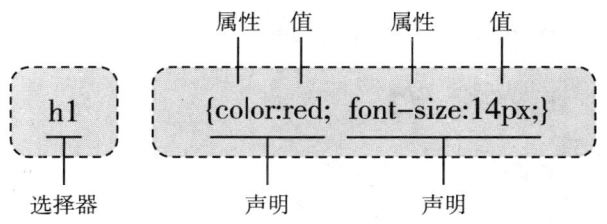

图 14-1　CSS 选择器

如果要定义不止一个声明，则需要用分号将每个声明分开。放在最后的一条声明是不需要加分号的，因为分号在英语中是一个分隔符号，不是结束符号。然而，为了减少出错的可能性，应当尽量也保持分号。

在每行只描述一个属性，这样可以增强样式定义的可读性。例如：

p {
　text-align：left；
　color：blue；
　margin：0px；
}

注意：是否包含空格不会影响 CSS 在浏览器的工作效果。与 XHTML 不同，在大多数情况下，CSS 对大小写不敏感。

14.2.1.2　引入 CSS 样式的方法

在 HTML 文档中引入 CSS 样式的形式有四种：行内样式、内嵌页面样式、链接样式、导入样式。

（1）行内样式。行内样式是所有样式方法中最为直接的一种，它直接对 HTML 的标记使用 style 属性，然后将 CSS 代码直接写在其中。

【例 14-1】

\<html\>

……

\<body\>

\<h2 style = " color：red；" \>CSS 标题 1 \</h2\>

\<p\>CSS 标记的正文内容 1\</p\>

\<h2 style = " color：blue；" \>CSS 标题 2 \</h2\>

\<p\>CSS 标记的正文内容 2\</p\>

\</body\>

\</html\>

其显示效果如图 14-2 所示。可以看到在两个 \<h2\> 标记中都使用了 style 属性，并且设置了不同的颜色，各个样式之间互不影响。

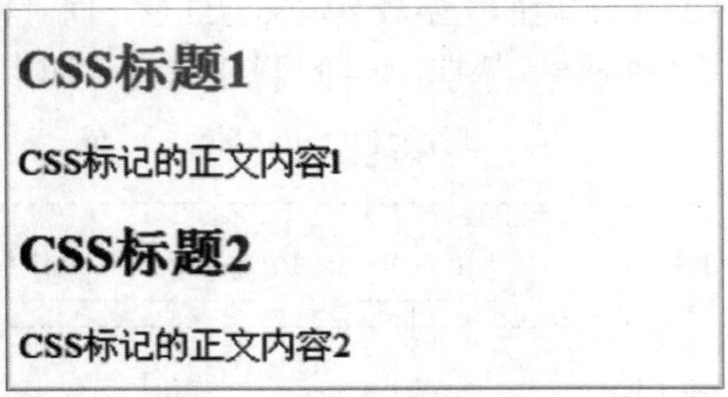

图 14-2 行内样式显示效果

行内样式是最为简单的 CSS 使用方法，但由于需要为每一个标记设置 style 属性，后期维护成本依然很高，容易造成网页臃肿，因此只有在特殊情况下才会使用。

(2) 内嵌页面样式。内嵌页面样式表是将 CSS 在 <head> 与 </head> 标记之间插入一对 <style> 和 </style> 标记，并在其间进行样式表代码的编写。

【例 14-2】将例 14-1 改写成内嵌样式，效果完全相同。显示效果如图 14-2 所示。

```
<html>
  <head>
    <meta http-equiv = "Content-Type" content = "text/html; charset = utf-8" />
    <title> 内嵌样式 </title>
    <style>
      .red{ color: red; }
      .blue{ color: blue; }
    </style>
  </head>
  <body>
    <h2 class = "red">CSS 标题 1 </h2>
    <p>CSS 标记的正文内容 1 </p>
    <h2 class = "blue">CSS 标题 2 </h2>
    <p>CSS 标记的正文内容 2 </p>
  </body>
</html>
```

从例 14-2 中看到，所有 CSS 的代码部分被集中在了同一个区域，方便了后期的维护。但如果是一个网站，拥有众多不同页面，对于不同页面上的 <h2> 标记都希望采用同样的风格时，内嵌样式的方法就显得略微麻烦，每次更新都要每个页面一起更新。因此这种方式仅适用于对特殊的页面设置单独的样式风格，如网站的首页，也是目前国内外大多数门户网站对首页面使用的 CSS 引入方式。

(3) 链接样式。链接样式 CSS 样式表是使用频率最高，也是最为实用的方法。它将 HTML 页面本身与 CSS 样式风格分离为两个或者多个文件，实现了页面 HTML 代码与美工 CSS 代码的分离，使得前期制作和后期维护都较为方便，网站后台的技术人员与美工设计者也因此可以较好的分工。

【例14-3】将例14-2修改为链接式样式表的实例，而显示效果保持不变。

```
<html>
<head>
    <meta http-equiv="Content-Type" content="text/html;charset=utf-8"/>
    <title>链接样式</title>
    <link href="14-3.css" type="text/css" rel="stylesheet">
</head>
<body>
    <h2 class="red">CSS 标题 1</h2>
    <p>CSS 标记的正文内容 1</p>
    <h2 class="blue">CSS 标题 2</h2>
    <p>CSS 标记的正文内容 2</p>
</body>
</html>
```

创建 CSS 样式表文件 14-3.css，代码如下：

```
.red{color:red;}
.blue{color:blue;}
```

从例 14-3 中可以看到，文件 14-3.css 将所有的 CSS 代码从 HTML 文件 14-3.html 中分离出来，然后在文件 14-3.html 的 <head> 和 </head> 标记之间加上 <link href="14-3.css" type="text/css" rel="stylesheet"> 语句，将 CSS 文件与页面连接起来，这样 CSS 文件中的样式就能够控制 HTML 文件中的标记了。

它的主要特点在于，CSS 代码与 HTML 代码完全分离，并且同一个 CSS 文件可以被不同的 HTML 所链接使用。在设计整个网站时，可以将所有页面都链接到同一个 CSS 文件，使用相同的样式风格，这样如果整个网站需要进行样式上的修改，仅需要修改这一个 CSS 文件即可。它使得网站整体风格快速统一成为可能，后期维护的工作量大幅减少。

（4）导入样式。导入样式表与前文所讲的链接样式表的功能相似，但在语法和加载方式上有区别。采用 import 方式导入的样式表，在 HTML 文件初始化时，就会被导入到 HTML 文件内，作为该文件的一部分，类似内嵌式的效果。而链接式样式表则是在 HTML 的标记需要样式定义外观时才以链接的方式加载。在 HTML 文件中导入样式表使用 @import 语句，它本身属于 CSS 语句，放在 <style> 与 </style> 标记之间。

【例14-4】采用导入样式表的方式，显示效果和前几个实例保持一致。

```
<html>
<head>
    <meta http-equiv="Content-Type" content="text/html;charset=utf-8"/>
    <title>导入样式</title>
    <style>
        @import url("14-3.css");
    </style>
```

</head>
　　<body>
　　　　<h2 class = "red">CSS 标题 1 </h2>
　　　　<p>CSS 标记的正文内容 1 </p>
　　　　<h2 class = "blue">CSS 标题 2 </h2>
　　　　<p>CSS 标记的正文内容 2 </p>
　　</body>
</html>

例 14 - 4 在例 14 - 3 的基础上进行了很小的修改，将 <link> 标记语句换成了
@ import url（"14 - 3. css"）；

也可以写成 @ import "14 - 3. css"；或者 @ import 14 - 3. css。

CSS 文件内容保持不变，依旧使用例 14 - 3 所引用的 14 - 3. css。导入样式表的优势在于可以让一个 HTML 文件导入很多的样式表，可以同时使用两个或者两个以上的@ import 语句将多个 CSS 文件同时导入到 HTML 中。

14.2.2　CSS 样式面板介绍

在 CSS 样式表中，除了前文所述的代码创建和引入 CSS，Dreamweaver 可以通过自身的样式面板来自动完成 HTML 标签的 CSS 设置。

14.2.2.1　打开 CSS 样式面板

使用"CSS 样式"面板可以查看、创建、编辑和删除 CSS 样式，也可以将外部样式表附加到文档。可以通过顶部菜单栏的"窗口"菜单，单击"CSS 样式"命令，打开 CSS 样式面板。如图 14 - 3 所示。

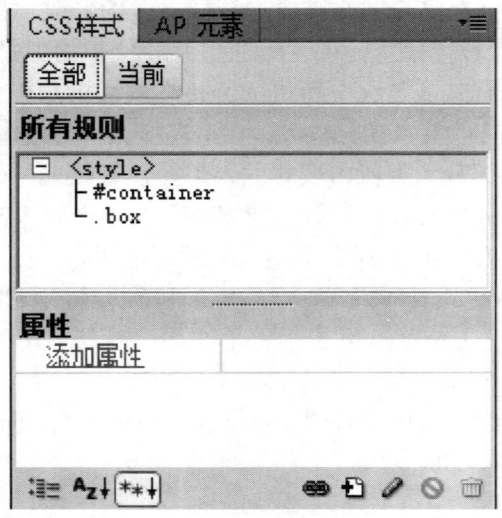

图 14 - 3　CSS 样式面板

14.2.2.2 CSS 样式面板"当前"状态

在"CSS 样式"面板中单击"当前"按钮,使 CSS 样式面板处于"当前"模式下,在此模式下,CSS 样式面板将显示三个窗格面板。如图 14-4 所示。

"所选内容的摘要"窗格:显示当前正在编辑的文档中所选 HTML 元素的 CSS 属性的摘要以及它们的值。如图 14-5 所示。在该窗格中如果双击某一个属性,则会打开 CSS 规则定义对话框,可以修改这个属性。

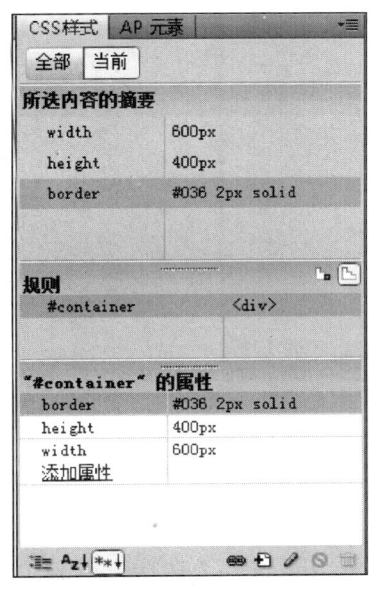
图 14-4 CSS 样式面板"当前"状态

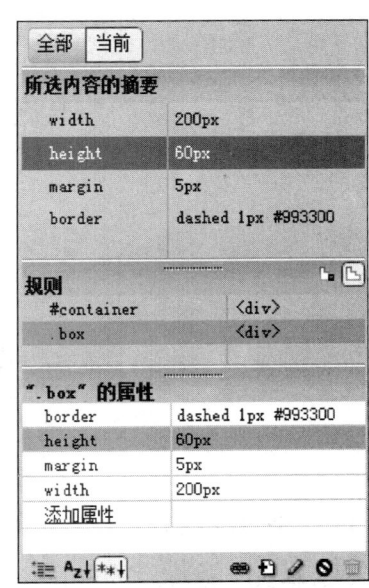
图 14-5 所选内容的摘要

"规则"窗格:显示在"所选内容的摘要"窗格中选择的 CSS 属性所在的规则名称,以及包含该规则的文件的名称。单击右上角的 按钮,查看所选属性的相关信息。单击 按钮,可以查看规则的层次结构,直接应用了这条规则的 HTML 标签显示在右列。

"属性"窗格:在"所选内容的摘要"窗格中选择某个属性时,这个属性所在的规则中的所有属性都会出现在"属性"窗格中。在"属性"窗格中单击任意一个属性的属性值,可以修改该属性。在"属性"窗格中单击左下角的 、 或 按钮,可以进行视图切换。一般来说由于大部分标签拥有大量属性,所以一般都在"只显示设置属性" 中进行工作。

14.2.2.3 CSS 样式面板"全部"状态

在"CSS 样式"面板中单击"全部"按钮,即可切换成"全部"模式,在此模式下,"CSS 样式"面板只显示两个窗格面板,如图 14-6 所示。

"所有规则"窗格:显示当前文档中定义的 CSS 规则以及附加到当前文档的样式表中定义的所有 CSS 规则的列表。

"属性"窗格:可以编辑"所有规则"窗格中选择的任一规则的所有 CSS 属性。

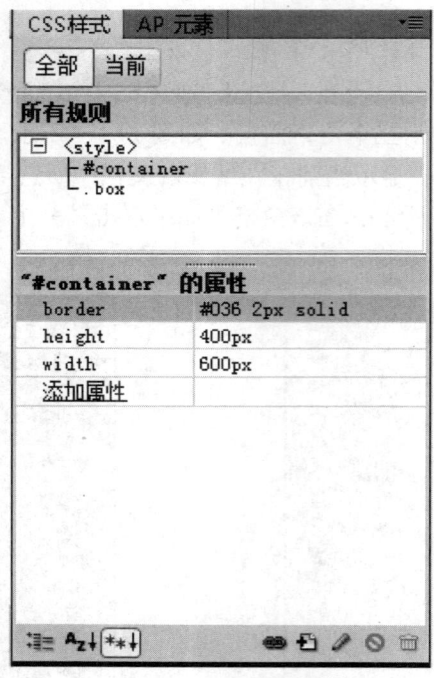

图 14-6 "全部"状态

14.2.2.4 CSS 样式面板编辑按钮组

在"CSS 样式"面板右下角有五个按钮，当鼠标停留每一个按钮上面时，会显示该按钮的名称，如图 14-7 所示。

图 14-7 编辑按钮组

"附加样式表"按钮 ：用于打开"链接外部样式表"对话框，选择要链接到或导入到当前文档中的外部样式表。

"新建 CSS 规则"按钮 ：打开"新建 CSS 规则"对话框，在其中选择要创建的样式类型。

"编辑样式"按钮 ：打开"CSS 规则定义"对话框，在其中编辑当前文档或外部样式表中的样式。

"禁用/启用 CSS 属性"按钮 ：当在"所选内容的摘要"窗格或"属性"窗格选择一个属性时，单击按钮，可以给属性加上注释标记（/* 和 */）。若想让该属性重新起作用时，再次选择该属性，并单击该按钮即可。

"删除 CSS 属性"按钮 ：当在"属性"窗格中选择一个已经设置属性值的属性时，单击此按钮可以删除属性。

14.2.3 创建 CSS 样式

在 Dreamweaver 软件中可以创建 CSS 规则来自动完成编写 CSS 选择器，对 HTML 标签的外观进行设置。

打开任意 HTML 文档，将光标移动到要插入 CSS 规则的位置上，然后选择一种方法打开"新建 CSS 规则"对话框。

方法一：打开"格式"菜单，选择"CSS 样式"命令，在弹出的菜单中选择"新建"项，如图 14-8 所示。

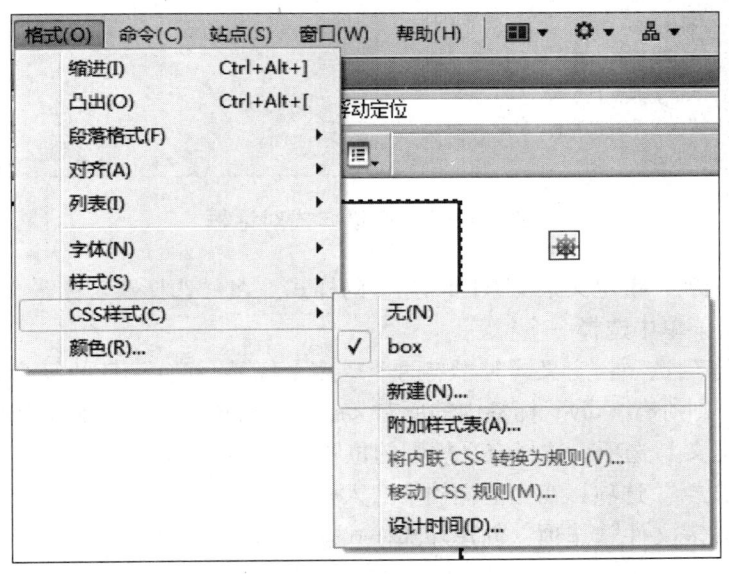

图 14-8　新建样式

方法二：单击 CSS 样式面板右下角的"新建 CSS 规则"按钮 ，同样也可以打开"新建 CSS 规则"对话框。

方法三：在"属性"面板中单击左边的"CSS"按钮 ，打开属性检查器，在"目标规则"下拉框中选择"新 CSS 规则"项，单击"编辑规则"按钮 ，也可以打开"新建 CSS 规则"对话框。

打开对话框后，可以设置要创建的 CSS 规则的选择器类型，如图 14-9 所示。

"新建 CSS 规则"对话框中各选项说明如下：

(1)"选择器类型"选项：用于设置选择器的类型，有四种类型：

- "类"选项：创建一个应用于任何 HTML 元素的类选择器。在"选择器名称"文本框中可以输入类的名称。类名称必须以句点"."开头，能够包含任何字母和数字（如：.one）。
- "ID"选项：创建一个用 id 属性声明的仅应用于一个 HTML 元素的 id 选择器。在"选择器名称文本框"中输入 ID 号。ID 必须以"#"开头，能够包含任何字母和数字（如：#one）。

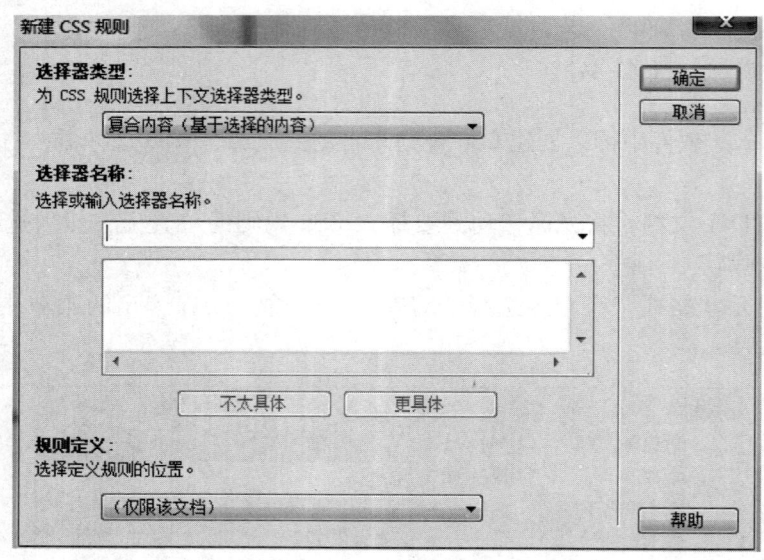

图 14 – 9　新建样式对话框

●"标签"选项：重定义某个 HTML 标签的样式。在"选择器名称"文本框中输入 HTML 标签或从弹出菜单中选择一个标签。

●"复合内容"选项：定义同时影响两个或多个标签、类或 ID 的复合规则。例如：可以输入 div span，则所有 <div> 标签内的所有 <span> 元素都将受此规则影响。

(2)"规则定义"选项：选择定义规则的位置。在下拉列表框中有两个选项：

●"仅限该文档"选项：在当前文档中嵌入样式。

●"新建样式表文件"选项：创建外部样式表。

14.2.4　设置 CSS 规则

在 Dreamweaver CS5 中，可以对 CSS 样式格式进行精确定制。在"CSS 规则定义"对话框中，可以完成样式的有关设置。

14.2.4.1　设置文本样式

在 CSS 规则定义对话框中，在左侧"分类"下拉框中选择"类型"，如图 14 – 10 所示，类型属性设置主要是针对文本的属性，包含字体、大小、粗细等。

● Font-family：设置字体系列。在下拉菜单中选择字体。
● Font-size：定义文字的字体大小。
● Font-weight：对字体应用特定或相对的粗体量。
● Font-style：指定"正常"、"斜体"或"偏斜体"作为字体样式。
● Font-variant：设置文本的小型大写字母变体。
● Line-height：设置文本所在行的高度。
● Text-transform：将所选内容中的每个单词的首字母大写或将文本设置为全部大写或小写。

项目 14　使用 CSS 样式表美化页面

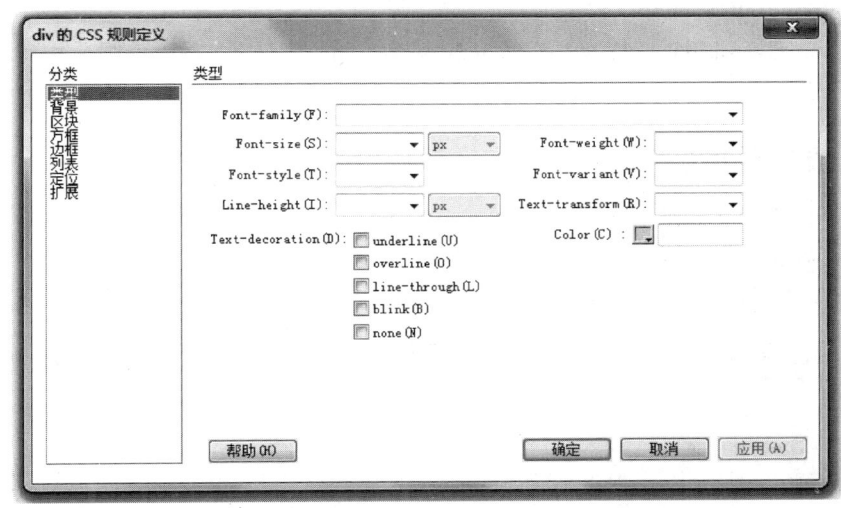

图 14-10　"类型"面板

- Text-decoration：向文本中添加下划线、上划线或删除线，或使文本闪烁。
- Color：设置文本的颜色。

14.2.4.2　设置背景样式

在 CSS 规则定义对话框中，在"分类"下拉框中选择"背景"，可设置样式的背景，如图 14-11 所示。

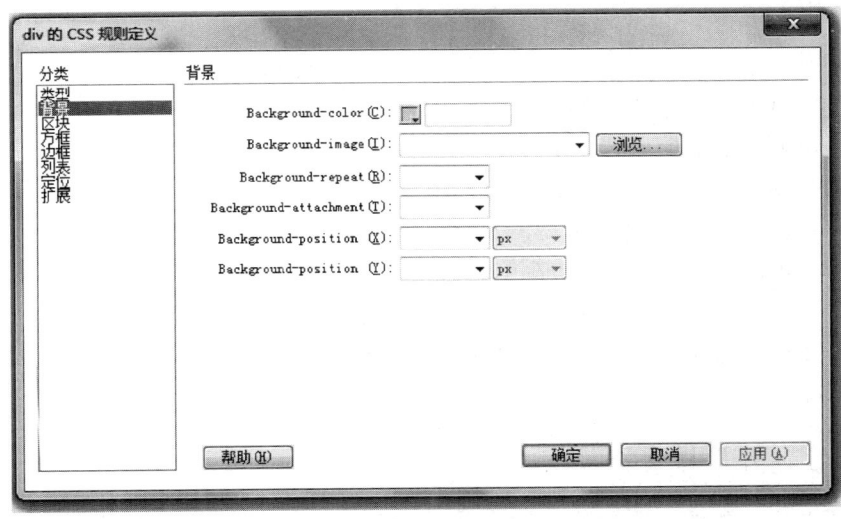

图 14-11　"背景"面板

- Background-color：设置元素的背景颜色。
- Background-image：设置元素的背景图像。
- Background-repeat：设置是否以及如何重复背景图像。

- Background-attachment：设置背景图像是固定在其原始位置还是随内容一起滚动。
- Background-position（X）和 Background-position（Y）：设置背景图片相对于元素的初始位置。

14.2.4.3　设置区块样式

区块是指网页中的文本、图像、层等元素的集合，区块属性用于控制块中内容的间距、对齐方式、文本缩进等。在 CSS 规则定义对话框中，在"分类"下拉框中选择"区块"，可设置区块样式，如图 14-12 所示。

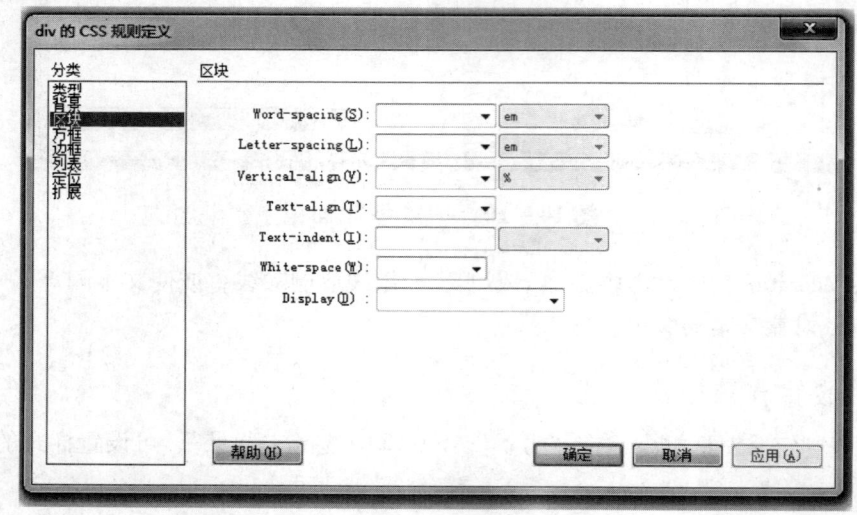

图 14-12　"区块"面板

- Word-spacing：设置字词的间距。
- Letter-spacing：增加或减小字母或字符的间距。
- Vertical-align：指定元素的垂直对齐方式。
- Text-align：设置文本在元素内的对齐方式。
- Text-indent：指定第一行文本缩进的程度。可以使用负值创建凸出，但显示方式取决于浏览器。
- White-space：设置如何处理元素中的空格。
- Display：设置是否以及如何显示元素。

14.2.4.4　设置方框样式

在 CSS 定义中，将所有的块元素都看做是包含在一个方框中，这个方框分为四个部分，分别为边界、边框、填充、内容。在 CSS 规则定义对话框中，在"分类"下拉框中选择"方框"，可设置方框样式，如图 14-13 所示。

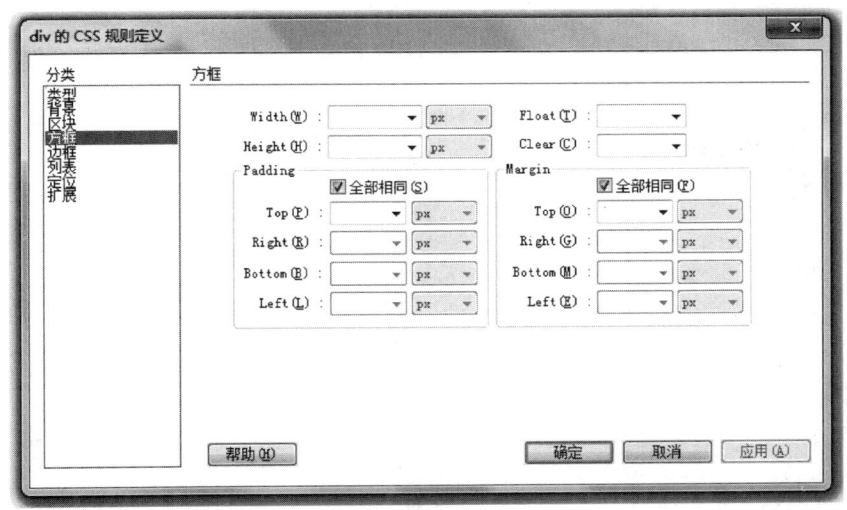

图 14 – 13 "方框"面板

- Width：设置元素的宽度。
- Height：设置元素的高度。
- Float：设置元素的浮动方式。元素按通常的方式环绕在浮动元素的周围。
- Clear：清除浮动元素的影响。如果被设置 clear 属性的元素旁边出现浮动元素，则浮动元素将移到该元素的下方。
- Padding：指定元素内容与元素边框之间的间距（如果没有边框，则为边距）。
- 全部相同：取消此项，可以分别设置元素各个边的填充。如果选择此项，可以为元素的"上"、"右"、"下"和"左"设置相同的填充属性。
- Margin：设置一个元素的边框与另一个元素之间的间距（如果没有边框，则为填充）。

14.2.4.5 设置边框样式

在 CSS 规则定义对话框中，在"分类"下拉框中选择"边框"，可以定义元素周围的边框的宽度、颜色和样式等，如图 14 – 14 所示。

- Style：设置边框的样式外观。
- Width：设置元素边框的粗细。
- Color：设置边框的颜色。
- 全部相同：取消此项，可以分别设置元素各个边的边框样式、边框粗细、边框颜色属性。选择此项，可以为元素的"上"、"右"、"下"和"左"设置相同的属性。

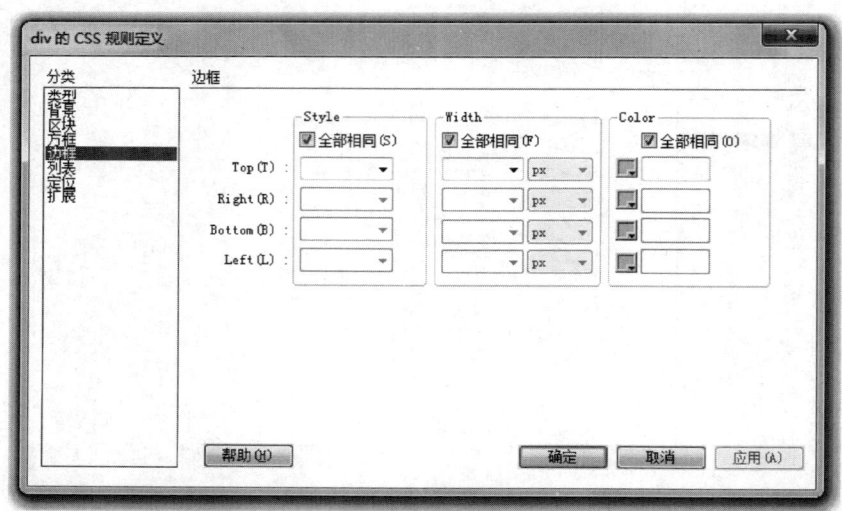

图 14 – 14 "边框"面板

14.2.4.6 设置列表样式

在 CSS 规则定义对话框中,在"分类"下拉框中选择"列表",可以为列表标记定义项目符号、大小和类型等列表设置,如图 14 – 15 所示。

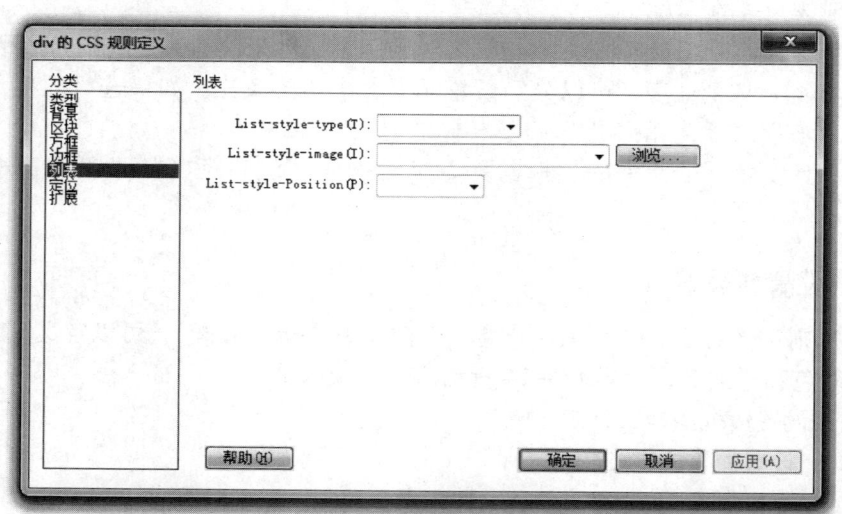

图 14 – 15 "列表"面板

- List-style-type:设置项目符号或编号的外观。
- List-style-image:为项目符号指定自定义图像。
- List-style-position:设置列表项文本是否换行并缩进(在外部)或者文本是否换行到左边距(在内部)。

14.2.4.7 设置定位样式

"定位"类别用于精确控制网页元素的位置,主要针对层的位置进行控制。在 CSS 规则定义对话框中,在"分类"下拉框中选择"定位",可以设置定位样式,如图 14 – 16 所示。

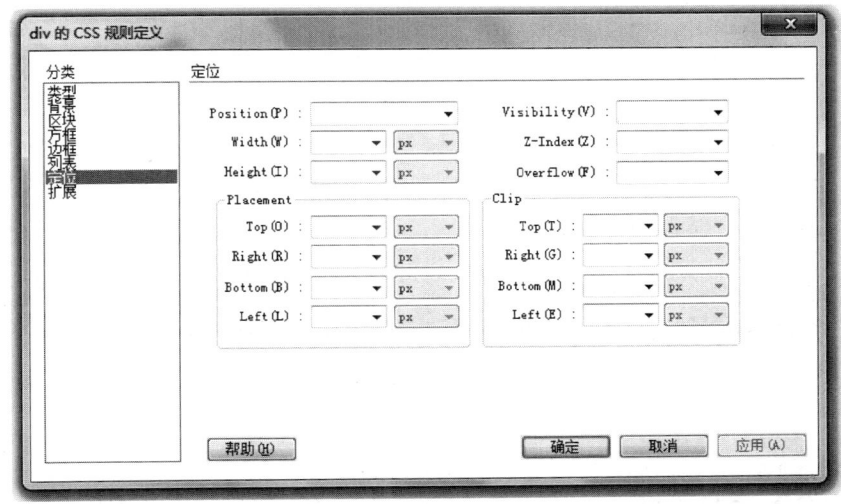

图 14 – 16 "定位"面板

- Position:设置浏览器应该如何定位选定的元素。
- Width:设置元素的宽度。
- Height:设置元素的高度。
- Visibility:设置内容的初始显示条件。如果不指定可见性属性,则默认情况下内容将继承父级标签的值。
- Z-index:设置内容的堆叠顺序。Z 轴值较高的元素显示在 Z 轴值较低的元素(或根本没有 Z 轴值的元素)的上方。值可以为正,也可以为负。
- Overflow:设置当容器(如:DIV 或 P)的内容超出容器的显示范围时的处理方式。
- Placement:指定内容块的位置和大小。
- Clip:定义内容的可见部分。

14.2.4.8 设置扩展样式

在 CSS 规则定义对话框中,在"分类"下拉框中选择"扩展",如图 14 – 17 所示,该对话框中集合了分页、鼠标效果和视觉效果的设置。

- Page-break-before:打印时在样式所控制的对象之前强行分页。
- Page-break-after:打印时在样式所控制的对象之后强行分页。
- Cursor:当指针位于样式所控制的对象上时改变指针图像。
- Filter:对样式所控制的对象应用特殊效果。

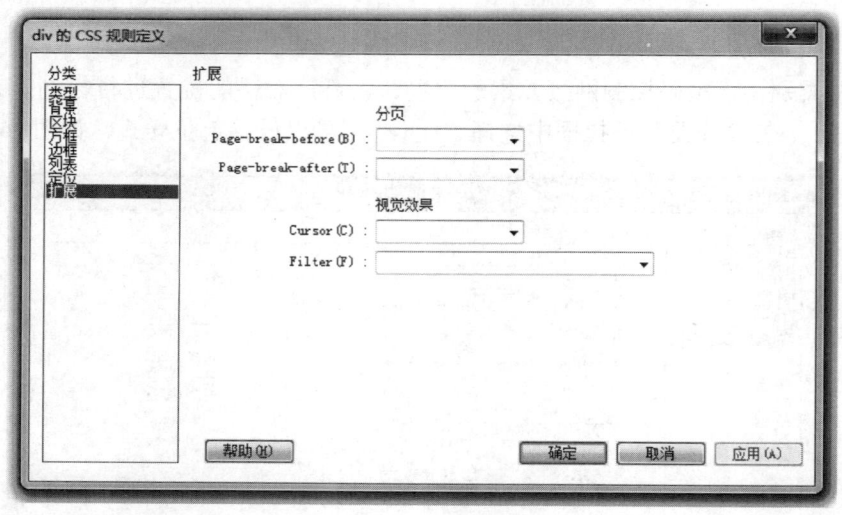

图 14 – 17 "扩展"面板

14.2.5 CSS 样式的应用

下面是一个逐步应用 CSS 的网页常用实例,创建一个新闻列表。

14.2.5.1 建立规则

(1) 打开配套素材库中文档 14 – 5a.html,文档中有未经加工的文本页面。

(2) 选中列表的最外层元素 UL,通过下方的标签选择器,如图 14 – 18 所示。在属性面板中给 UL 标记添加一个 ID。如图 14 – 19 所示。

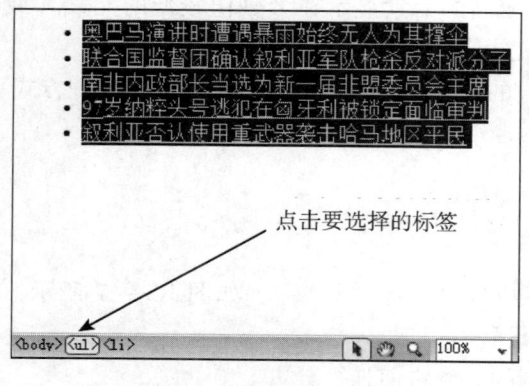

图 14 – 18 选中对象

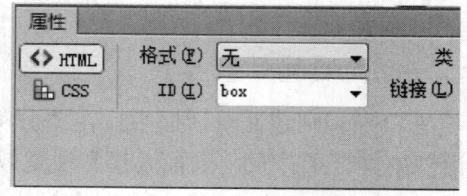

图 14 – 19 设置 ID

(3) 在属性面板中单击 CSS 按钮,切换属性面板,然后单击 编辑规则 按钮,在弹出的"新建 CSS 规则"对话框中,如图 14 – 20 所示,单击"确定"按钮后即可进入规则定义的对话框。

项目 14　使用 CSS 样式表美化页面　　*181*

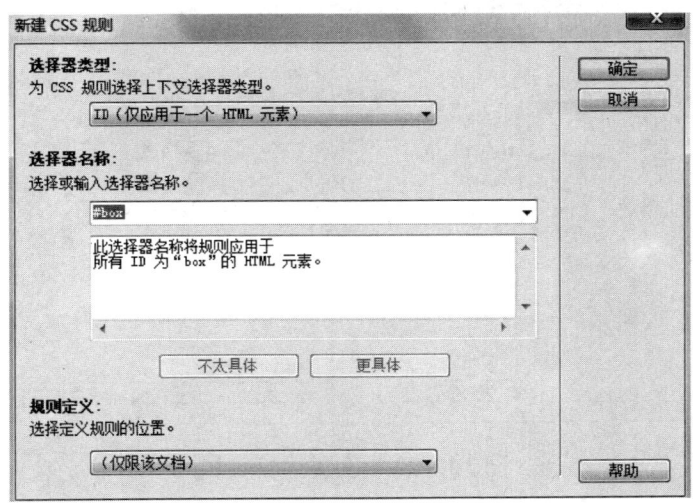

图 14-20　建立规则

14.2.5.2　定义边框的规则

UL 外围存在一个框，在"CSS 规则定义"对话框的左侧"分类"列表框中，选择"方框"选项，输入参数如图 14-21 所示。

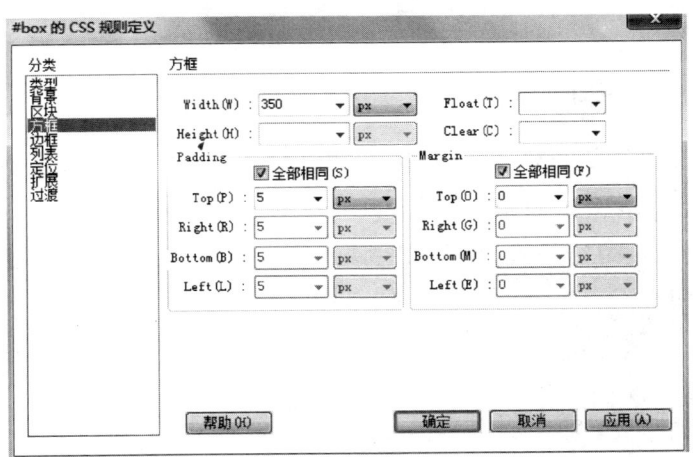

图 14-21　设置方框参数

在左侧选中"边框"选项，设置参数如图 14-22 所示。
框体大小和边框定义完成后效果如图 14-23 所示。

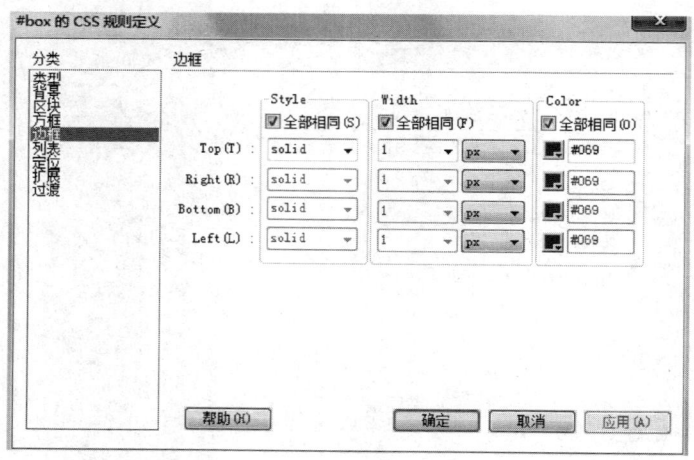

图 14-22 设置边框参数

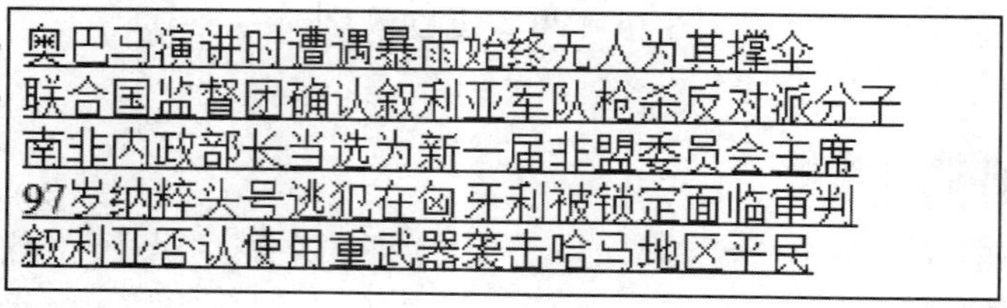

图 14-23 定义规则效果

14.2.5.3 定义复合链接规则

对框内的超链接文字进行外观的设置，单击 CSS 样式面板中的 按钮新增一个规则，该规则用来设置文字的颜色、行距、修饰、边距以及呈现方式。具体设置如图 14-24 所示。

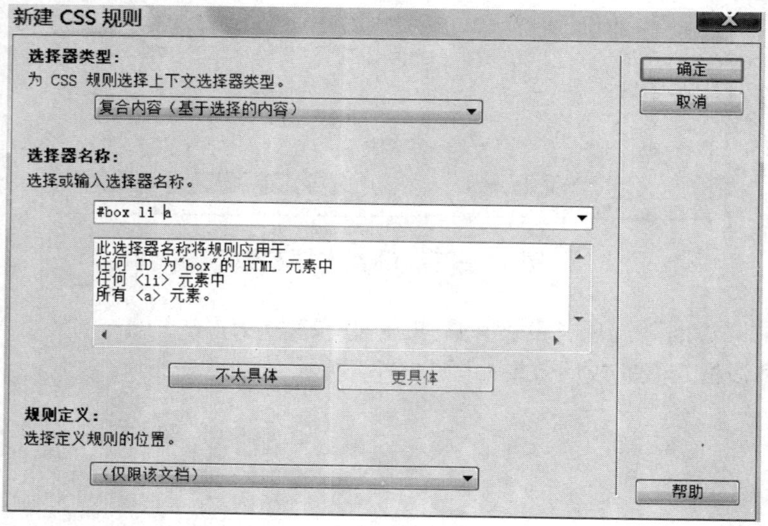

图 14-24 定义复合规则

项目 14 使用 CSS 样式表美化页面

"#box li a"规则设置如下：
- 类型：lineheight：25px，font-size：13px，color：#333，text-decoration：none。
- 区块：display：block。

完成后效果如图 14-25 所示。

- 奥巴马演讲时遭遇暴雨始终无人为其撑伞
- 联合国监督团确认叙利亚军队枪杀反对派分子
- 南非内政部长当选为新一届非盟委员会主席
- 97岁纳粹头号逃犯在匈牙利被锁定面临审判
- 叙利亚否认使用重武器袭击哈马地区平民

图 14-25 超链接效果

14.2.5.4 编辑规则

前一规则定义完成后，项目符号"●"十分明显地出现了在框的外面，因此要对原有的规则进行修改。

（1）在"全部"状态下，双击"#box"规则，弹出"CSS 规则定义"对话框进行规则修改；也可以在"CSS 样式"面板中，选中"#box"规则，单击右下角的"修改"按钮 来进行规则的重编辑，如图 14-26 所示。

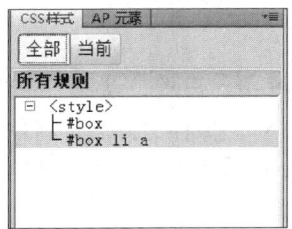
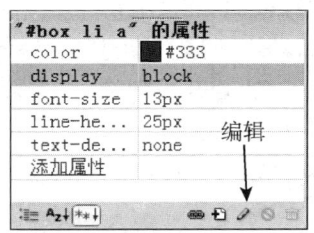

图 14-26 修改规则

（2）在"CSS 规则定义"对话框中，设置"方框"类别中"padding - left：20px；width：330px；"，即可将列表项目符号"拉"回到方框中间。

14.2.5.5 定义伪类规则

伪类规则被视作一种复合规则，伪类是用来指定一个或者与其相关的选择器的状态的选择器。单击 按钮添加一个新规则的时候，在"选择器类型"设置为"复合内容"后，下方对话框中除了可以直接输入选择器名称，还可以选择几个以 a 标记为基础的选择器，如图 14-27 所示。

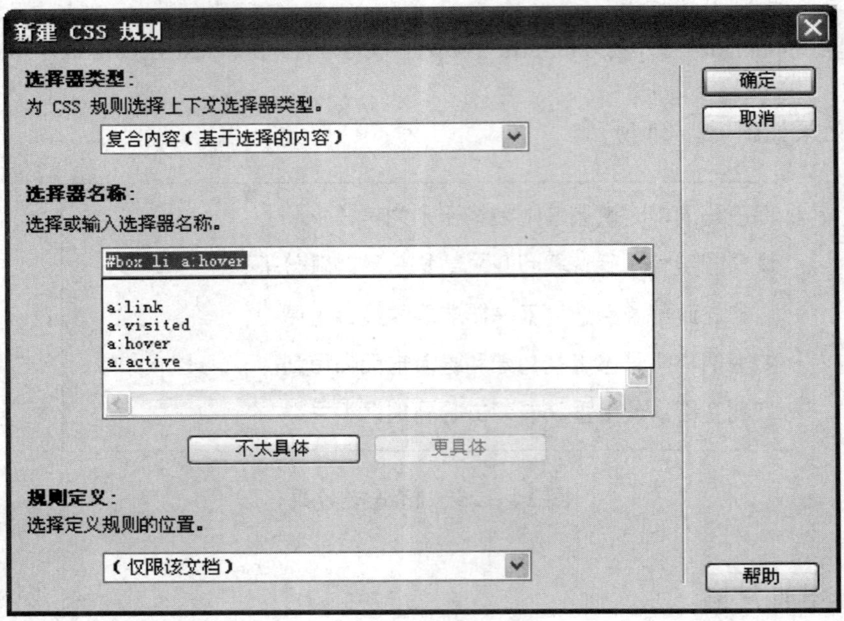

图 14-27 伪类规则

超链接相关的伪类包括：
- link 用在未访问的链接上。
- visited 用在已经访问过的链接上。
- active 用于获得焦点的链接上。
- hover 用于鼠标悬停于其上的链接。

在"#box li a：hover 的 CSS 规则定义"对话框中，设置"类型"类别中"color：#900"，设置"背景"类别中"background-color：#F6F6F6"。保存文件后，将鼠标滑过超链接时，链接的字体和背景就会改变颜色。素材库"素材 \ 项目 14 \ 实践向导 \ 14-5. HTML"为对应的案例文件。

14.3 实践向导

任务1 诗歌排版：《再别康桥》。页面效果如图 14-28 所示，具体操作步骤如下：

（1）设计页面结构。

DIV 是一种常用的构造标记，经常用于制作其他所有标记的容器。这里采用一个 DIV 标记，作为整个页面的主"容器"，装着内容标记以固定它们在页面的水平居中处呈现。用 H1 标记展现诗歌的标题，用 P 标记作为诗歌正文的主体标记。本页面的结构如图 14-29 所示。

（2）制作 HTML 页面。

① 在页面中插入一个 DIV，使用"插入"菜单→"布局对象"→"DIV 标签"命令，弹出"插入 DIV 标签"对话框，将一个 DIV 标签插入到当前页面中，ID 命名为"poem"，如

图 14 -30 所示。

图 14 -28 诗歌美化效果

图 14 -29 诗歌页面结构

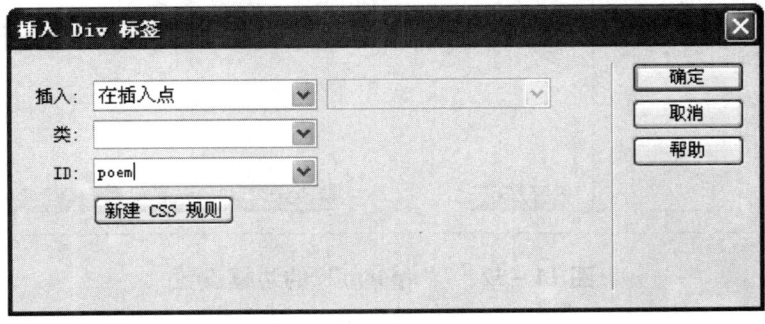

图 14 -30 "插入 DIV 标签"对话框

② 在此 DIV 标签中，使用菜单命令"插入→HTML→文本对象→标题 1"插入一个标题。输入标题"再别康桥"后，在下一行录入整首诗歌（换行采用"SHIFT + ENTER"键）。也可以直接打开素材库中"素材 \ 项目 14 \ 实践向导 \ 14 – 6a. html"进行修改。

（3）设置文本 CSS 规则。

① 定义 DIV#poem 容器，让它水平居中，需要利用到它的左右外边距，自动撑开，建立一个仅对该文档生效的规则，首先设置"CSS 规则定义"对话框中的"背景"类别"background – color"为"#F8FFF0"，然后把"方框"的规则定义如图 14 – 31 所示。将"边框"设置成如图 14 – 32 所示。

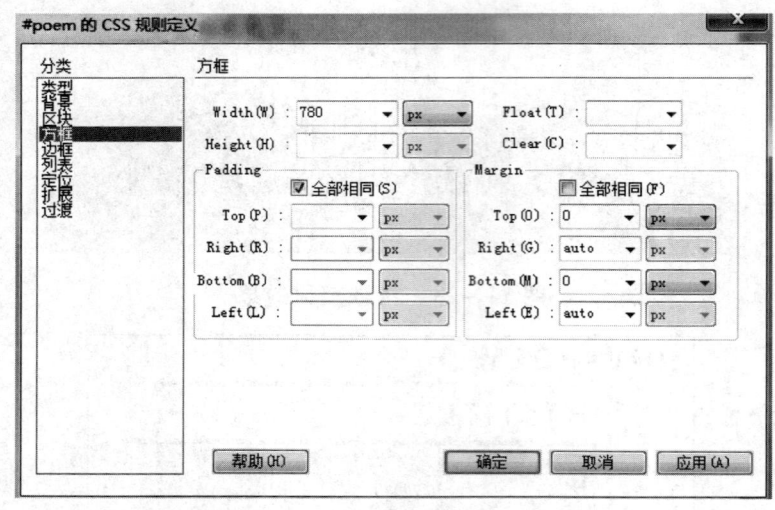

图 14 – 31　　"#poem"的方框规则定义

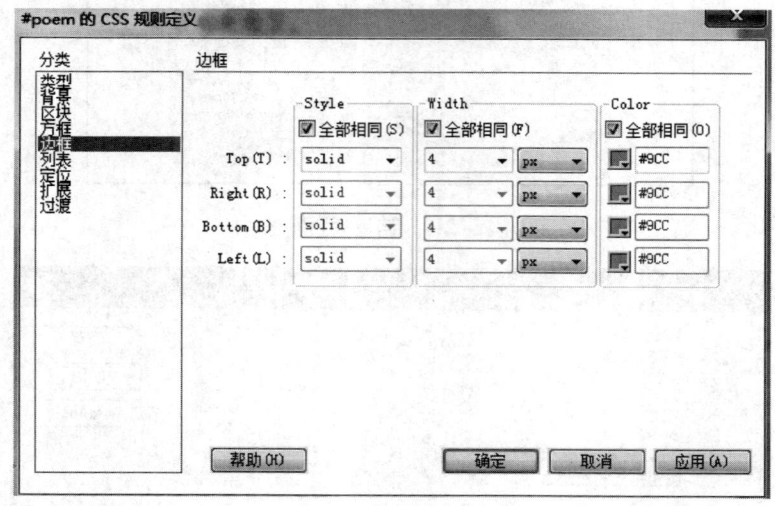

图 14 – 32　　"#poem"的边框设置

② 为了配合诗文效果，安装一种中文书法字体"方正启体简体"。安装字体的方法是将字体文件直接复制到系统盘下的 windows 文件夹内的 fonts 文件夹中（Win XP 和 Win 7 都适

用）然后在 Dreamweaver 中添加该字体。

③ 为 H1 标签建立一个仅限该文档使用的选择器规则，在"类型"中，设置如图 14 – 33 所示。

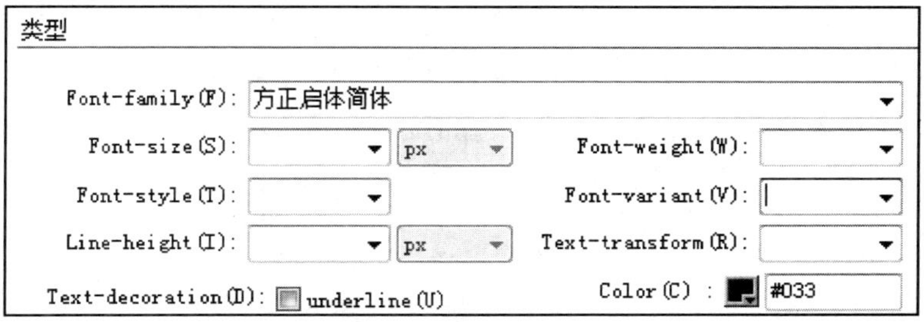

图 14 – 33 "H1"的字体设置

设置"区块"中"text – align：center；"，"背景"中"background – color：#FFF；"，"方框"中"margin：5px 5px 0px 5px；"。最后在"边框"中设置下边线如图 14 – 34 所示。

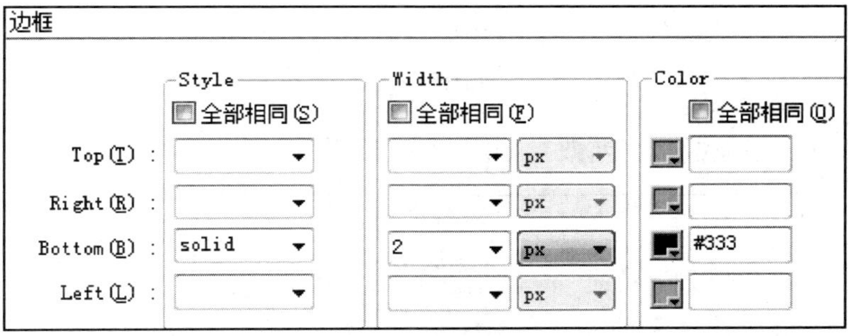

图 14 – 34 "H1"的标题字下边线设置

设置完成后，效果如图 14 – 35 所示。

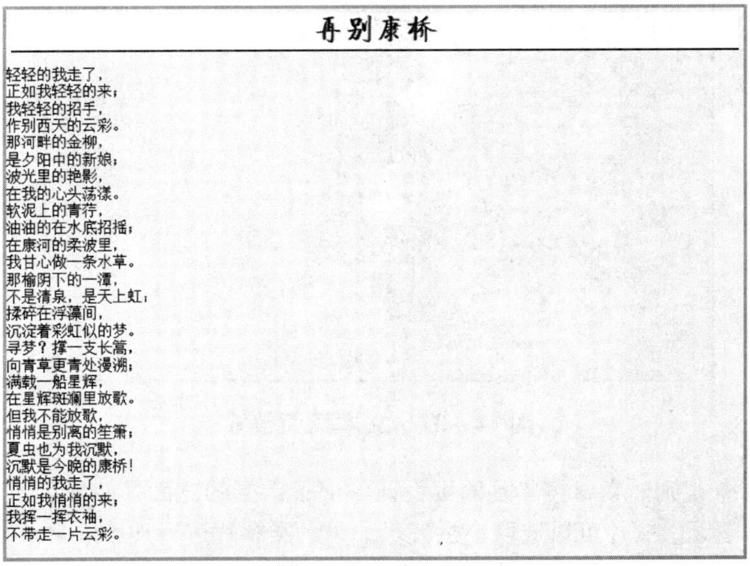

图 14 – 35 初步效果

④ 设置诗歌的文字居中,在"CSS 样式"面板中单击 按钮,新建一个复合规则"#poem p",在"类型"中将字体设置为"方正启体简体",字体大小"18px",字体颜色"#666"。特别需要注意的"定位"类别设置如图 14-36 所示。

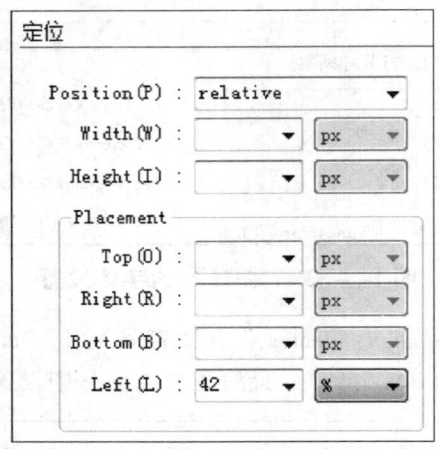

图 14-36　"#poem p"的定位设置

至此文字部分页面完成,当前效果如图 14-37 所示。

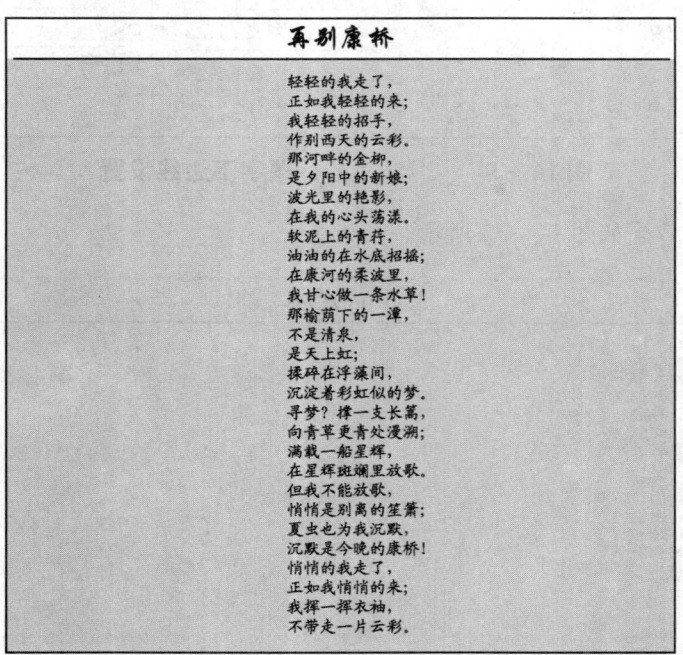

图 14-37　文本页面效果

(4) 设置背景规则。素材搜集是网页设计一个很重要的方面,一般因页面的主题而定,为了贴合诗歌的主题,图片可以选取小桥流水,风景类图片进行加工。

① 设置页面背景水平平铺。新建"body"标签选择器规则,将"背景"设置如图 14-38

所示。这里考虑到背景的自然伸展，背景应该是平铺背景，不宜使用体积较大的大幅照片。加载背景后页面如图 14-39 所示。

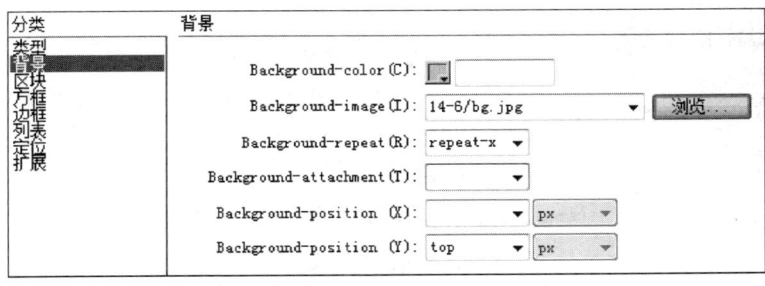

图 14-38　"body"的背景图片设置

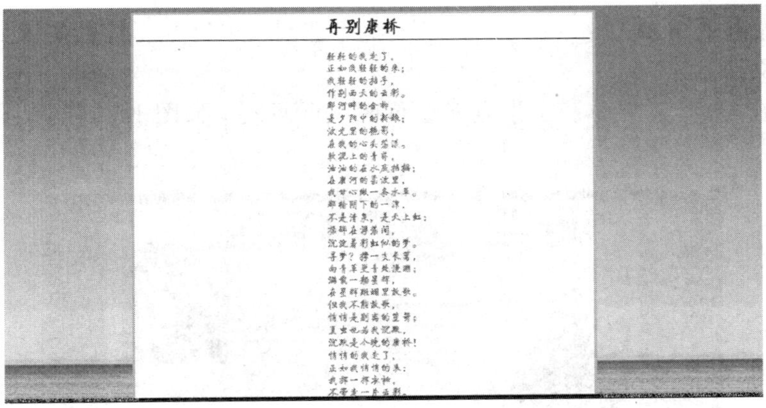

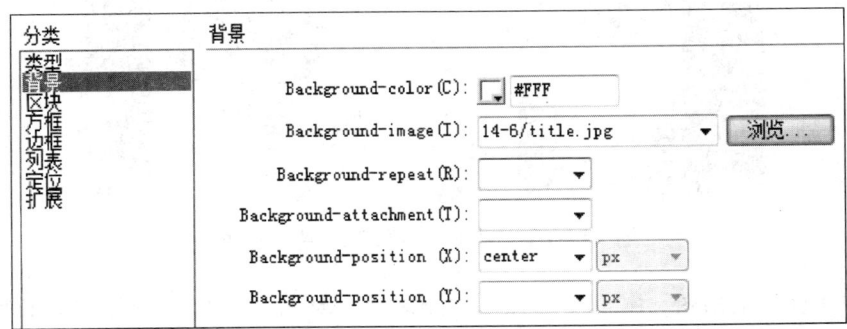

图 14-39　页面背景效果

② 设置诗歌标题"再别康桥"背景图片。在 CSS 面板中，切换到"全部"状态，在"所有规则"中双击"H1"标签，弹出"CSS 规则定义"对话框。先设置"类型"中的"Line-height：90px"，"方框"中的"Height：90px"，形成垂直居中，然后将背景设置居中加载，如图 14-40 所示。

图 14-40　"H1"的标题背景设置

③ 设置诗歌正文背景图片。在 CSS 面板中的"所有规则"中双击"#poem"标签，在

"CSS 规则定义"对话框中,将"背景"设置如图 14-41 所示。

图 14-41 "#poem"的背景设置

完成后,最终效果如图 14-28 所示。素材库"素材\项目 14\实践向导\14-6.HTML"为对应的案例文件。

任务 2 图文排版:制作庐山景点介绍页面,页面效果如图 14-42 所示,具体操作步骤如下:

图 14-42 "庐山景点介绍"页面

(1)设计页面结构图。本页面图片和文字较多,适合采取图文混排形式排版。在最外层是 DIV 容器,内容正文用 P 标记,景点子标题也用 P 标记,图片一左一右,从上到下间隔排列,第一个小标题向左浮动,第二个小标题向右浮动。总体规划如图 14-43 所示。

项目 14 使用 CSS 样式表美化页面

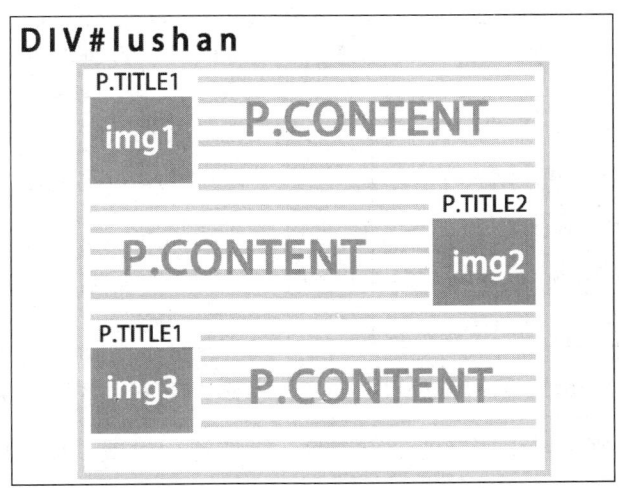

图 14-43 "庐山介绍"页面结构

（2）制作 HTML 页面。

使用"插入"菜单→"布局对象"→"DIV 标签"命令，将一个 DIV 标签插入到当前页面中，ID 命名为"lushan"。在此 DIV 标签中，先将各个小标题和正文内容录入或粘贴（标题与段落间的换行用 enter，介绍文字段落内部不换行）。完成文字部分后，在相应的小标题后插入该景点的图片。也可以直接打开素材库中"素材\项目 14\实践向导\14-7a.html"文件。

（3）设置 CSS 规则。

① 定义整个页面的背景色。建立标签规则"body"，设置"背景"类别中"background-color：#033"，"区块"类别中"text-align：center"，"类型"类别中"font-size：13px"。

② 定义最外层方框的规则。使用 ID 规则，"#lushan"方框设置如图 14-44 所示。"边框"类别中设置"width：2px，style：solid，color：#CC0"。"背景"类别中设置"back-ground-color：#E9FEEB"。

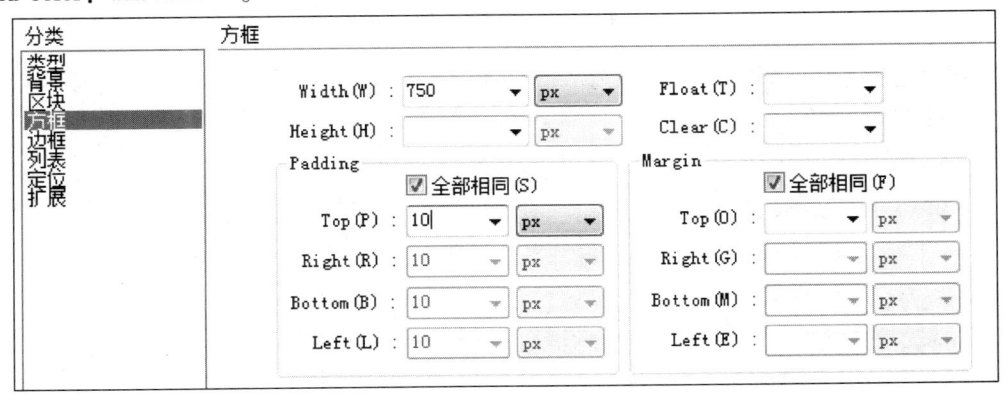

图 14-44 "#lushan"方框设置

③ 定义页面小标题的规则。小标题需要一左一右设置成两种，向左对齐的小标题使用类规则 title1，向右对齐的小标题使用类规则 title2，建立复合规则 p.title1，如图 14-45 所

示。向右浮动标题 p. title2 的设置与 p. title1 基本相同,不同之处仅是"text-align：right"。

④ 定义普通正文的规则。建立一个类规则". content",设置如图 14 – 46 所示。

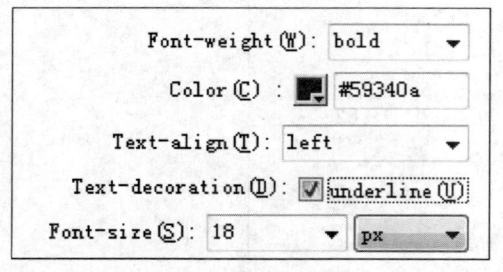

图 14 – 45 "p. title1"标题设置

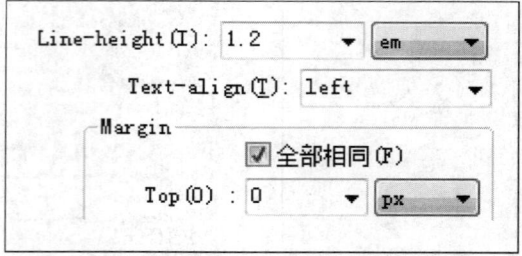

图 14 – 46 ". content"规则设置

④ 定义图片的规则。对于所有的景点图片,采取通用设置,加边框修饰,在标签规则中定义 img 标签"border：1px，border-style：solid，bordercolor：#664a2c"。

左侧图片和右侧图片分别向左和向右浮动,并用外边距隔开周围的文字,设置类规则 . pic1 和 . pic2 如图 14 – 47 所示。右侧图片 img. pic2 应设置"margin-left：10px"和"Float：right"。

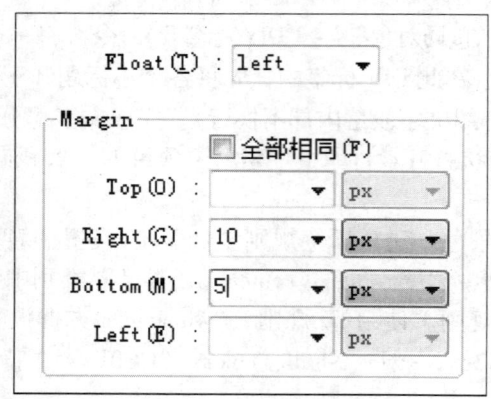

图 14 – 47 ". pic1"图片类规则

⑤ 定义首字下沉的规则。给全文第一个字添加一个首字下沉放大的效果,创建类规则". first",如图 14 – 48 所示。

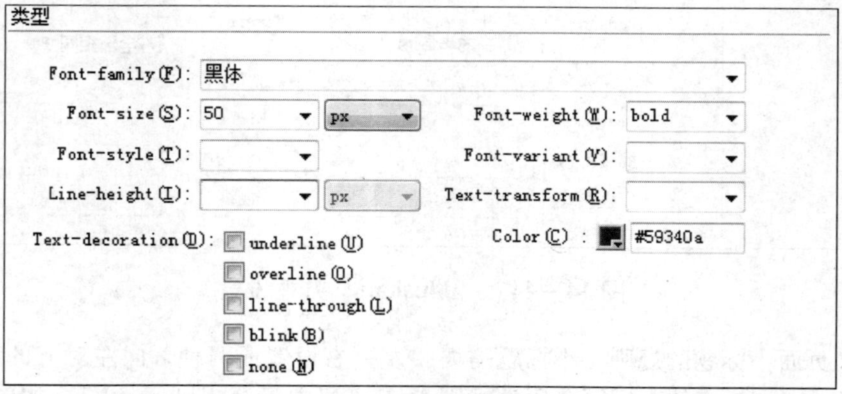

图 14 – 48 ". first"首字类规则

完成后的最终效果如图 14-42 所示。素材库"素材\项目 14\实践向导\14-7. HTML"为对应的案例文件。

14.4 能力拓展

（1）分析本项目提供的网页预览图片（拓展-预览.jpg），整理出该页面的网页布局思路。

（2）使用图片文件夹中的图片或自行制图，完成"拓展-预览.jpg"图片中所示网页的基础布局。

14.5 项目小结

本项目介绍了网页制作中的 CSS 层叠样式表的基础知识与简单应用。通过对几个由浅入深、难易不同的项目实践，学习如何使用 CSS 规则，如何运用文字样式、图片样式、背景样式等来美化较为简单的页面。为下一阶段学习 CSS 布局，进行网页设计的实战项目奠定基础。本项目内容相对本书前段内容难度较大，逐步由 HTML 设计的表层认识走向本质认识。

项目 15

使用 CSS 样式布局页面

15.1 项目描述

在学习 CSS 基础知识之后，进一步学习更高级的 CSS 应用技能，使用 CSS 样式表进行网页布局。本项目主要通过实例讲解 CSS 布局的手工编写和工具运用，完成"海思教育"网站首页的草稿布局和首页的布局美化。在最后一个任务中增加了 CS6 的流体网格布局内容。

15.2 知识储备

15.2.1 常用布局标记

"标签"也称"标记"，包括开始标签、结束标签、空元素标签等。
"元素"包括开始标签、结束标签以及两者间的一切内容。例如：
< p align = center > hello world <／p >
在 CSS 布局中，最经常用到的两个标记是 < div > 标记与 < span > 标记。在 CSS3 以前的版本中，大多利用这两个标记，加上 CSS 对其样式的修饰，可以实现各种布局。

15.2.1.1 块级元素

HTML 的块级元素也称为块元素，< div > 就是一个区块级标记，它的语义是 "division"。在 < div > 与 </div > 之间可以看做是包含大量其他元素的容器，它可以包含各种 HTML 元素。块元素，它可以容纳内联元素和其他块元素，例如：段落元素 P。DIV 在没有 CSS 作用的情况下，会顺序以每次另起一行的方式一直往下排。之所以称为"块级"，可以这么理解：它总是独占一行，成为一个独立的块状区域。

在 CSS 配合下，可以改变这种块级元素的默认布局模式，把块元素摆放到你想要的位置上去，就像堆积木那样构筑网页。从形象的角度看，就像做剪报一样，每个容器，也就是每个 div 都是一块剪下来的报纸，用胶水重新贴到一张空白的新纸上，就形成了"布局"。

表 15 - 1　　　　　　　　　常见的块级元素（block element）

div	区块标记	center	居中对齐块	h1 ~ h6	标题级别
hr	水平分隔线	form	交互表单	dl	定义列表
menu	菜单列表	p	段落	pre	格式化文本
ol	有序列表	ul	无序列表	table	表格

15.2.1.2　行内元素

行内元素，也称为内联元素，只能容纳文本或者其他内联元素。与块级元素相反，在没有 CSS 干涉的情况下，行内元素会自动地尾随前一个行内元素排列在一起，而不是独占一行。

行内元素与块级元素的界限并非如此绝对，通常使用 display 属性来控制元素的表现形式，inline 是行内值，block 则是块级值，也就是说行内元素只要添加 CSS 代码：display：block 就会表现得如同块级元素一样。

表 15 - 2　　　　　　　　　常见的行内元素（inline element）

span	常用内联容器	img	图片	b	粗体
font	字体设定	select	项目选择	br	换行
label	表格标签	sub	下标	input	输入框
strong	粗体强调	u	下划线	a	锚点
textarea	多行文本输入框				

15.2.2　盒子模型

CSS 盒子模型是 CSS 中最重要的概念之一，也叫框模型。盒子模型（Box Model）规定了处理元素内容、内边距、边框和外边距的方式。一般来说，所有页面中的元素都可以看成是一个"盒子"，一个盒子就是一个矩形区域，它占据着一定的页面空间。也就意味着，可以通过调整盒子的边框和距离等参数，来调节盒子的位置，这是网页布局的基础。一个盒子模型的基本组成如图 15 - 1 所示。

元素的最内部分是实际的内容，如文本，这个区域里可以有背景色或背景图片，直接包围内容的是内边距，内边距的部分也可以显示出元素的背景。内边距边缘是边框，背景到此为止，边框宽度没有具体的限制。边框以外是外边距，外边距在默认情况下是透明的，因此不会遮挡后面的元素。

内边距、边框和外边距都是可选的，很多元素在实际中并未定义这些属性。在 CSS 中，width 和 height 指的是内容区域的宽度和高度。增加内边距、边框和外边距不会影响内容区域的尺寸，但是会增加元素框的总尺寸。

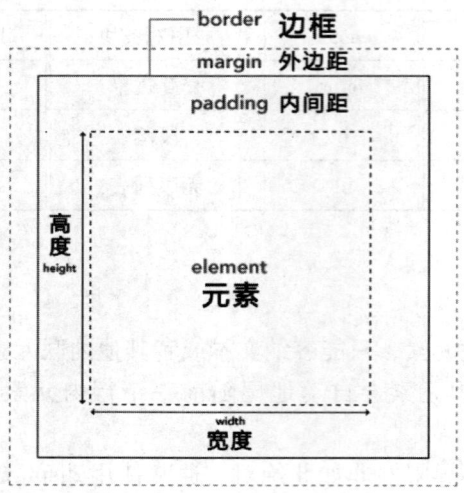

图 15 – 1　盒子模型

假设有一个盒子，是 P 标记，里面的文字外有 5 像素的外边距和内边距，文字的范围宽度 70 像素，那么它实际占用的宽度为 90 像素，如图 15 – 2 所示。

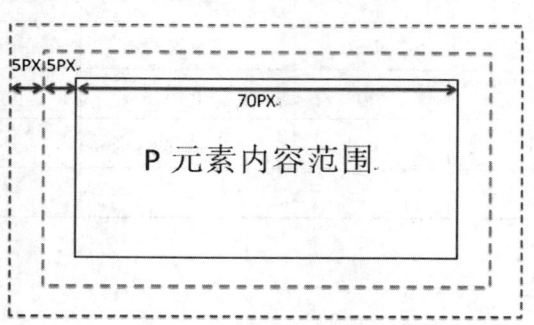

图 15 – 2　盒子的面积

15.2.2.1　内边距

CSS 中，padding 属性定义元素边框与元素内容之间的空白区域。padding 属性接受长度值或百分比值，但不允许使用负值。例如，希望所有元素的各边都有 10 像素的内边距，只需如下规则：

　　＊{padding：10px；}

这里的符号"＊"是通用选择器，即所有的标记都选择，与 DOS 操作系统中通配符"＊"作用相似。也可以按照上、右、下、左的顺序分别设置各边的内边距，各边均可以使用不同的单位或百分比值，例如：

　　div{padding：5px 0.5em 0px 40%；}

元素的内边距如果设置百分数值，则百分数值是相对于其父元素的 width 计算的，这一点与外边距一样。即父元素的 width 改变内边距也会改变。例如，如果一个段落的父元素是 div 元素，那么它的内边距要根据 div 的 width 计算。如果父元素 div 有 500px，那么其中的元素如果设置了 10% 的 padding，就有 50px。需要注意的是，上下内边距的百分比也会相对于父元素宽度设置，而不是相对于高度。

15.2.2.2 外边距

围绕在元素边框的空白区域是外边距。设置外边距会在元素外创建额外的"空白"。设置外边距的最简单的方法就是使用 margin 属性，这个属性接受任何长度单位可以是像素、英寸、毫米或 em，百分数值甚至负值都可以。margin 还可以设置为 auto。当然，常见的做法是为外边距设置长度值。

例如：h1 {margin：10px 0px 15px 5px;}

上例为 h1 元素的四个边分别定义了不同的外边距，所使用的长度单位是像素（px），与内边距的设置相同，这些值的顺序是从上外边距（top）开始围着元素顺时针旋转的。

一般情况下 margin 的默认值是 0，所以如果没有为 margin 声明一个值，就不会出现外边距。但是，在实际中，浏览器对许多元素已经提供了预定的样式，外边距也不例外。例如，在支持 CSS 的浏览器中，外边距会在每个段落元素的上面和下面生成"空行"。因此，如果没有为 p 元素声明外边距，浏览器可能会自己应用一个外边距。当然，只要后面有关于外边距的声明，就会覆盖默认样式。

在编辑内外边距时，偶尔存在一些重复的值，例如：

p {margin：0.5em 1em 0.5em 1em;}

通过"值复制"，可以不必重复地键入这对数字。上面的规则与下面的规则是等价的：
p {margin：0.5em 1em;}，这两个值可以取代前面四个值。

CSS 定义了一些规则：

- 如果缺少左外边距的值，则使用右外边距的值。
- 如果缺少下外边距的值，则使用上外边距的值。
- 如果缺少右外边距的值，则使用上外边距的值。

例如：p {margin：1em 2em 3em;}，表示上下外边距分别为 1em、3em，左右为 2em。
p {margin：1em 2em;}，表示上下外边距为 1em，左右为 2em。
p {margin：1em }，表示上下左右外边距都为 1em。

因为 CSS 本身没有提供给我们容器水平居中的具体办法，所以外边距也经常被用于水平居中，通常对一个块级元素设置"margin：auto auto;"即可让外边距自动伸展，撑到页面两边，从而达到居中的效果。另外，在不同的浏览器中，对于一些元素的默认外边距是有区别的。

15.2.2.3 外边距的合并

在水平排列的两个元素间，距离通常是左边元素的右边距加上右边元素的左边距。而当两个垂直排列的元素外边距相遇叠加时，它们将形成一个外边距，这就是"外边距的合并"。合并后的外边距的高度等于两个发生合并的外边距的高度中的较大者。

当一个元素出现在另一个元素上面时，第一个元素的下外边距与第二个元素的上外边距会发生合并。如图 15-3 所示。

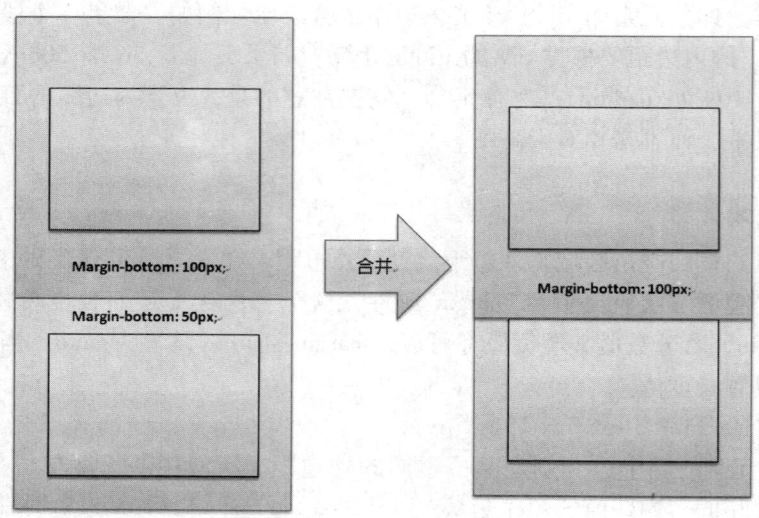

图 15-3 边距合并

当元素发生嵌套时（这里内边距为 0），内外元素的上下外边距也会发生合并。如图 15-4 所示。

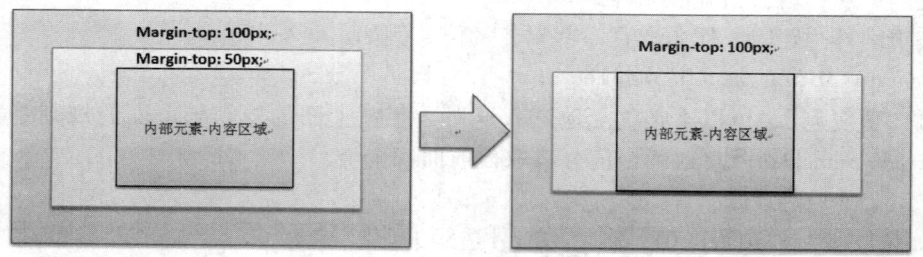

图 15-4 嵌套边距合并

只有普通标准文档流中块级元素的垂直外边距才会发生外边距合并。行内元素、浮动元素或绝对定位元素之间的外边距不会合并。合并边距看起来似乎有些奇怪，但是它是具有积极意义的。假设一个文档中段落很多，那么 P 标记作为段落载体，元素间如果不合并外边距，则第一个段落上面的空间只等于后面段间距的一半，同样底边距也是只有一半。外边距合并解决了这一问题，段落之间的上外边距和下外边距合并在一起，各个段落间的距离就一致了。

15.2.3 元素定位方法

布局从本质上来说就是将元素固定到它们应在的位置上。元素定位的方法有很多种，最常见的包括 position、float 和 z-index 或者 table 等。需要说明的是，现在用 table 进行布局被认为是过时的手段，尽管在某些场合仍然需要 table 来完成，但是一般情况都推荐使用 CSS 进行精确全面的布局，有利于后期维护。

15.2.3.1 float 浮动定位

浮动定位（float）是 CSS 排版中最常用的手段，图片的浮动可以使文字环绕图片。浮动的元素仍然是网页流的一部分，常常通过对 DIV 元素应用 float 浮动来进行定位。

属性 float 的值可以设置为 left、right 或者默认值 none。当设置了元素向左或者向右浮动时，元素会向其父元素的左侧或右侧靠紧。

【例 15 – 1】
```
<div id = "container">
    <DIV class = "box" id = "box1">BOX1</DIV>
    <DIV class = "box" id = "box2">BOX2</DIV>
    <DIV class = "box" id = "box3">BOX3</DIV>
</div>
```
对应的样式表代码如下：
```
#container{
    width:600px;
    height:400px;
    border:#036 2px solid;}
.box{
    width:200px;
    height:60px;
    margin:5px;
    border:dashed 1px #993300;}
```
运行后效果如图 15 – 5 所示。

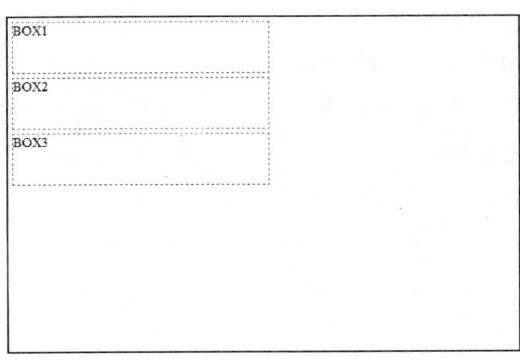

图 15 – 5 标准流

图 15 – 5 显示了在默认情况下，box1 ~ box3 三个"盒子"是自然地从上到下垂直排列，这种自然状态下 DIV 盒子的排列被称为"标准流"或者"文档流"。若为 box1 增加向右浮动属性 float：right；则 box1 会浮动到父容器的右边。若为 box1 增加向左浮动属性 float：left；则 box1 会浮动到父容器的左边，并挡住 box2。若三个盒子同时左侧或者右侧浮动，会出现如图 15 – 6 所示情况。这是因为父容器的宽度无法满足三个同时向右浮动的盒子，只能排列

到下一行，若能满足三个盒子的宽度，则三个盒子并排排列。

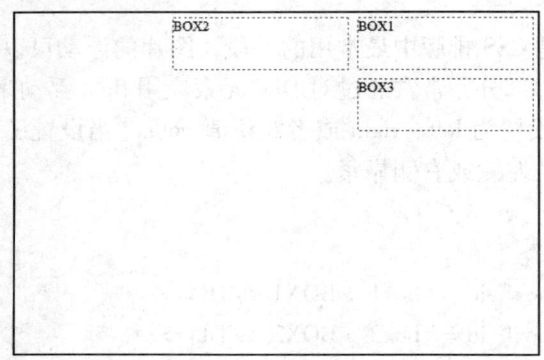

图 15-6 右侧浮动

15.2.3.2 position 定位

CSS 中通过 position 属性可以选择四种不同类型的定位：

• Static（无定位）：元素框正常生成。块级元素生成一个矩形框，作为文档流的一部分，行内元素则会创建一个或多个行框，置于其父元素中。

• Relative（相对定位）：元素框偏移一定距离。元素仍保持形状，它原本所占的位置保留。

• Absolute（绝对定位）：元素框从标准流删除，并相对于其包含块级元素定位。包含块级元素可以是文档中的另一个元素。元素原先在正常文档流中所占的位置会失去。元素定位后生成一个块级元素，无论定位之前是否是块级元素。

• Fixed（相对于窗口的固定定位）：表现类似于把 position 设置为 absolute，固定在浏览器的某个位置。IE6 不支持该属性。

（1）相对定位。所谓相对定位，即是让元素"相对于"它的起点进行"移动"。

【例 15-2】将例 15-1 中添加 box2 样式后，运行效果如图 15-7 所示。

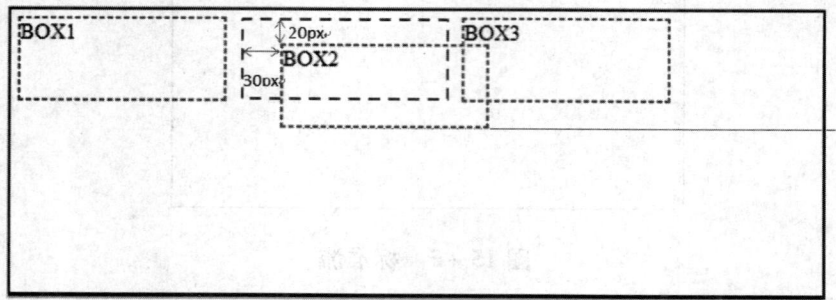

图 15-7 相对定位

```
#box2{
    position:relative;
    top:20px;
```

left:30px;
}

因此这个盒子向下移动了20像素,向右移动了30像素。"起点"即是原位置的左上角,也就是 top：0px；left：0px；的状态。在使用相对定位时,无论是否设置了多少 top 和 left 值,但是元素仍然占有原来的空间。也正因此,相对定位实际上被看做标准流定位模型的一部分,因为元素的位置相对于它在普通流中的位置,并且 box2 产生了与 box3 的重叠。

（2）绝对定位。绝对定位使元素的位置与标准流无关。绝对定位元素定位是根据相对最近父元素定位,该父元素若没有定位,那么它的位置将会相对于最外层的块级元素进行定位。在不同浏览器下,最外层的块级元素可能不同。重叠在一起的绝对定位元素,可以通过设置 z-index 属性来控制这些元素的堆叠顺序。

z-index 属性用于调整定位时重叠块的上下位置,与它的名称一样,平面常用 x – y 轴表述,那么垂直于页面的方向可以为 z 轴,z-index 值大的页面位于其值小的上方。z-index 属性的值为整数,可以是正数也可以是负数。当块被设置了 position 属性时。默认情况下 z-index 的值为0,若两个块的 z-index 值相等,将保持原有的层次关系。

【例15 – 3】将例15 – 2 中 box2 修改后,运行效果如图15 – 8 所示。

#box2{
position:absolute;
top:20px;
left:30px;
}

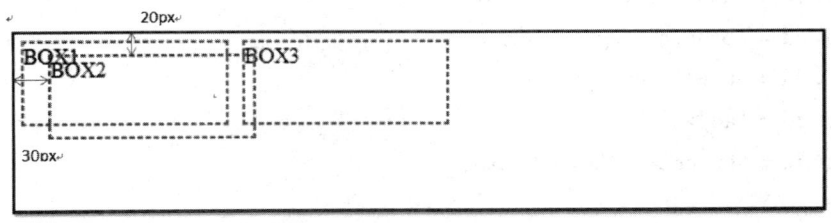

图15 – 8　绝对定位

15.3　实践向导

任务1　手工代码草稿布局。

通常在进行页面布局前,都会对页面的"盒子"摆放进行一个简单的规划,构筑基础的页面结构,然后再进行具体的设置和美化。在 Dreamweaver 中手工编写代码进行基础布局,是前端工作的基本功之一。对一个页面进行如图15 – 9 所示的简单色块结构布局。

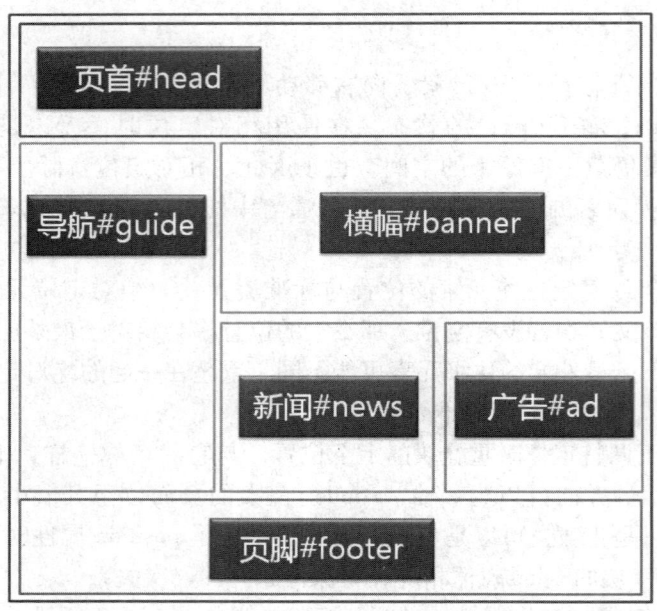

图 15-9 草稿页面规划

根据规划的版块,先在一个空白 HTML 文档中,输入 HTML 标准流代码:
< div id = " container">
    < div id = " head">页首 </div >
    < div id = " guide">导航菜单 </div >
    < div id = " banner">横幅 </div >
    < div id = " news">新闻 </div >
    < div id = " ad">广告 </div >
    < div id = " footer">页脚 </div >
</div >

(1) 固定容器位置以及设置容器大小

```
body{
    margin:0px;
    padding:0px;
    }
#container{
   width:960px;
   padding:5px;
   background-color:#CCC;
   margin:auto auto;
}
```

这里的页面宽度为 960 像素,并且设置了背景颜色为浅灰色,灰色是为了确定容器的范围，方便调试，可以在布局完成后去除该声明性。

（2）设置页首部分

```
#head{
    height:120px;
    background-color:#99F;
}
```

这里并没有对容器 head 的宽度进行设置是因为在它所占的行中只有一个元素，会自动伸展到父元素的宽度 960 像素。

（3）设置中间各板块元素

```
#guide{
    width:260px;
    height:400px;
    float:left;
    background-color:#966;
}
#banner{
    width:700px;
    height:200px;
    float:left;
    background-color:#069;
}
#news,#ad{
    width:350px;
    height:200px;
    float:left;
    background-color:#999;
}
```

因为各个块宽度相加不超过 960 像素，采取了全体向左浮动，自动依次排列的形式，news 和 ad 因为大小形状相同，采取了集体声明的办法。

（4）底部色块

```
#footer{
    height:100px;
    background-color:#96C;
    float:left;
    width:960px;
}
```

这里定义了宽度，因为在某些浏览器下，若不定义页脚宽度，容器将无法伸展。完成页脚后发现页面中的父容器并未随着内部容器的增加而自动扩展高度，因此要对其进行固定高度为 620 像素，完成后效果如图 15-10 所示。在原始的规划图中，各个板块都有间距，因

此为了效果,可以补充如下规则:
div { margin:5px; }

但同时会造成页面混乱,因为补充的边距会使得宽度超出960像素而造成板块换行显示,解决的办法是缩小各个板块的宽度,使得宽度总和保持960像素,修改后的效果如图15-11所示。素材库"素材\ 项目15\ 实践向导\ 15-4.HTML"为对应的案例文件。

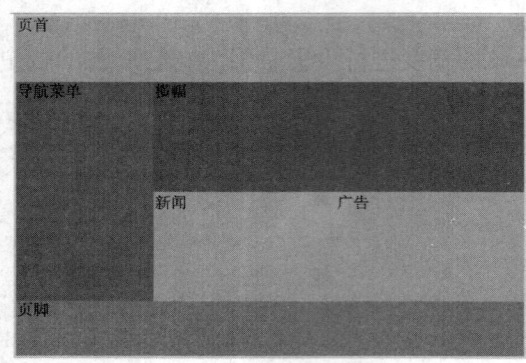

图15-10 草稿页面1

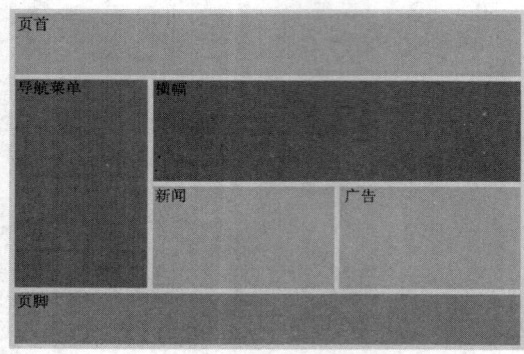

图15-11 草稿页面2

任务2 编写纯CSS弹出菜单。如图15-12所示。

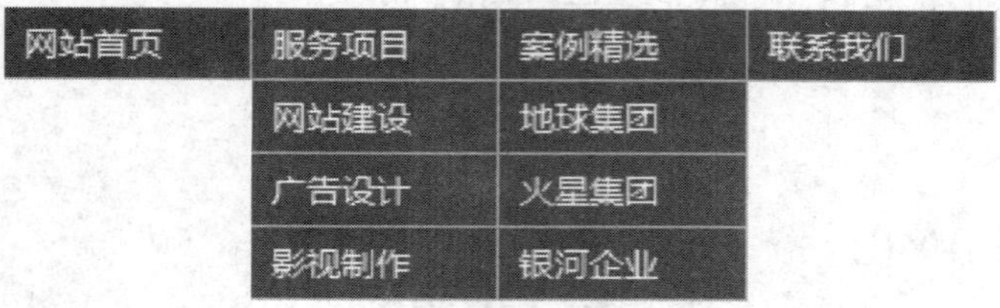

图15-12 弹出菜单原始状态

(1)编写HTML代码。打开Dreamweaver,新建一个HTML页面,在body标记中通过ul和li标记建立如下所示的代码:

```
<ul>
  <li><a href="#">网站首页</a></li>
  <li><a href="#">服务项目</a>
    <ul>
      <li><a href="#">网站建设</a></li>
      <li><a href="#">广告设计</a></li>
      <li><a href="#">影视制作</a></li>
    </ul>
  </li>
  <li><a href="#">案例精选</a>
    <ul>
      <li><a href="#">地球集团</a></li>
      <li><a href="#">火星集团</a></li>
      <li><a href="#">银河企业</a></li>
    </ul>
  </li>
  <li><a href="#">联系我们</a></li>
</ul>
```

这部分代码是菜单的主干部分，在浏览器中预览是一个典型的无序列表，如图15-13所示。

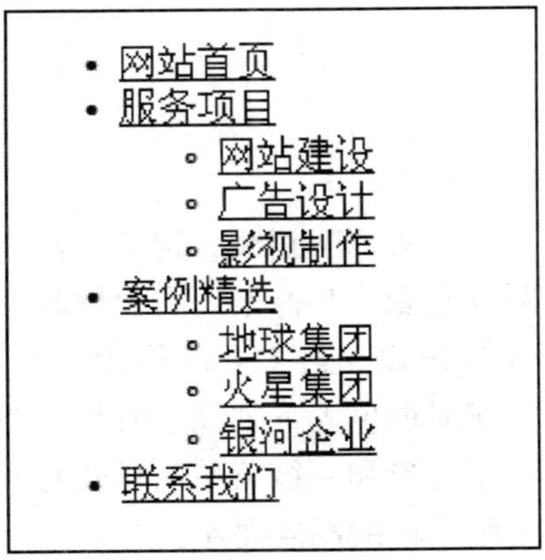

图 15-13 菜单标准流

（2）编写 CSS 代码。在纯 CSS 弹出菜单中，不需要列表主体存在内外边距，所以首先添加 UL 标记的规则，添加到 HTML 页面中的 <style> 标记中。

```
ul {
  margin: 0px;
  padding: 0px;
}
```

然后设置 ul 的子标记 li 的 CSS，将其设置成向左浮动，高度 30 像素，宽度 100 像素，去除列表项符号，通过 display 属性将标记设置为行内元素并向左浮动。

```css
ul li {
    float: left;
    display: inline;
    height: 30px;
    width: 100px;
    list-style: none;
}
```

接下来编写 a 标记的外观，也就是超链接的外观，要使得超链接变得类似于按钮的效果。

```css
ul li a {
    color: #FFF;
    text-decoration: none;
    line-height: 29px;
    width: 91px;
    margin: 0px;
    padding: 0px 0px 0px 8px;
    display: block;
    border-right: solid 1px #ccc;
    border-bottom: solid 1px #ccc;
    background: #808080;
    font-family: 微软雅黑;
    font-size: 0.9em;
}
```

这里将文字颜色设置成了白色，去掉下划线，定义行高为 29 像素，每个链接宽度为 91 像素，外边距为 0 像素，内边距仅左侧为 8 像素，右边框和下边框呈实线一像素宽，背景色为灰色。至此效果基本呈现，这部分 CSS 最主要的作用是为菜单加上背景和菜单间的隔离线，把默认有下划线蓝色的文字变成白色无下划线。效果如图 15-12 所示。

还要在细节上修饰一下，让子菜单和一级菜单的样式有所区别，因此我们修改一下子菜单的背景色，并且让子菜单比一级菜单的高度要小一些。

```css
ul li ul li { height:25px; }
ul li ul li a {
    background: #666;
    line-height:24px;
}
```

首先将子菜单的列表项目高度由之前统一设置的 30 像素减小为 25 像素，然后将子菜单项的背景改为#666，并且文字行高对应地减小到 24 像素。设置完成后列表项高度减去的 1 像素，正好是上边框的 1 像素。

接下来还要添加通过 CSS 控制子菜单的显示和隐藏部分代码。

```css
ul li ul { visibility: hidden; }
```

这里首先将子菜单 UL 的可见性设置为隐藏。然后要让鼠标滑过有弹出项的时候，显示弹出菜单。也就是如果某个一级菜单项被鼠标滑过，那么就让该项的子菜单可以被看见，这里使用 li 标记的伪类：hover 来完成，：hover 伪类用于表述本标记鼠标滑过时的标记外观样式。

ul li：hover ul ｛ visibility：visible；｝
ul li ul li a：hover ｛ background：#333；｝

这样就完成了整个弹出菜单的制作，最后一行是为了让子菜单中的项目在鼠标滑过的时候也变色，有更好的效果。

注意：这种菜单只合适在 IE7 及以上版本浏览器使用，兼容火狐和谷歌等浏览器（360 浏览器采用 IE8 内核）。IE6 只认可 a 标记使用：hover 伪类，因此若要符合 IE6 的要求在其下正确运行，必须用 a：hover 替代 li：hover，并将原有的修饰 li 标记用的 CSS 用于修饰 a 标记。素材库"素材 \ 项目15 \ 实践向导 \ 15menu. HTML"为对应的案例文件。

任务3 对任务1的手工代码草稿布局的页面进行详细制作，并对页面进行美化，网页效果如图 15 – 14 所示。

图 15 – 14 首页效果图

（1）页首的修饰。一般来说，设计过程都有 PSD 稿的准备，我们可以从 PSD 稿输出各个板块所需的图片。页首一般是放置 LOGO 以及标语的地方，是网页相对引人注目，十分重要的一个环节。

#head｛
    height：119px；
    background：url(15-5/logo. jpg) center left no-repeat；
    background-color：#FFF；

border-bottom:#036 1px solid;
}

这里为既增加下划线又保持原有的高度，高度属性减少了一个像素。LOGO 标志采取背景铺设的形式，方便以后添加其他页面元素。

(2) 中间主体部分。

① 导航菜单。导航菜单是本页面的难点，任务 2 中介绍了如何使用 UL 标记制作纯 CSS 弹出菜单，这里的竖排菜单无须弹出，原理完全相同且更加简单。首先应准备好 HTML 标准流，再为各个元素编写样式。

```
<ul>
    <li><a>公司简介</a></li>
    <li><a>解决方案</a></li>
    <li><a>产品报价</a></li>
    <li><a>客户案例</a></li>
    <li><a>联系交流</a></li>
</ul>
#guide{
    width:248px;
    height:408px;
    float:left;
    border:1px #CFEDF3 solid;
    background-color:#FFF;
}
#guide ul{
    margin:8px;
    padding:0px;
    list-style:none;
}
```

修改前后效果如下图 15-15 所示。

图 15-15　修改 UL 前后效果图

接着可以制作"按钮"，主要通过 li 与 a 标记完成，li 负责定位，a 负责表现出按钮的形状和简单的鼠标悬停效果。有两个关键点，首先是 a 标记的高度要和行高一致，文字才能垂直居中，其次 display 属性设置为 block，a 标记的可选区域才会呈现按钮状。

```
#guide ul li{
    height:70px;
```

```
        width:230px;
        border:#EFEFEF 1px solid;
        margin-bottom:8px;
        }
#guide ul li a{
        display:block;
        text-decoration:none;
        font-family:微软雅黑;
        font-size:18px;
        color:#036;
        height:70px;
        line-height:70px;
        text-align:center;
        border-right:#EFEFEF 30px solid;
        }
#guide ul li a:hover{
        border-right:#B6DBFC 30px solid;
        font-weight:bold;
        color:#666;
        }
```

每个 a 标记按钮右侧的宽度为 30 像素的"尾巴"是由右边框构成的,通过:hover 伪类来改变其鼠标经过时候的颜色,同时改变链接文本字体的颜色和字体粗细。修改前后效果对比如图 15-16 所示。

图 15-16 修改 li、a 标记前后效果图

这样的按钮依然显得很单薄,可以通过增加标题的英文注释文字来装饰一下,首先修改

HTML,然后为添加的 span 标记添加 CSS。
```
    <li><a href="#">公司简介<span>▲company intro▲</span></a></li>
    ……
    <li><a href="#">联系交流<span>▲contact infor▲</span></a></li>
#guide span{
    font-family:"Lucida Sans Unicode","Lucida Grande",sans-serif;
    font-size:10px;
    color:#999;
    margin-left:25px;
    margin-top:-55px;
    display:block;
    height:10px;
    width:150px;
}
```
这里利用左侧和顶部的 margin 值,强行把 span 拉到了合适的位置,这也是一种定位的技巧。但是这种定位方式会在不同浏览器中可能有不同的表现。Span 标记就位后空位依然很大,可以为每个按钮增加一个背景图案进一步美化。
```
#intro{
    background:url(15-5/intro.jpg) no-repeat left center;
    /*导航菜单-公司简介*/}
#solo{
    background:url(15-5/solo.jpg) no-repeat left center;
    /*导航菜单-解决方案*/}
#price{
    background:url(15-5/price.jpg) no-repeat left center
;/*导航菜单-产品报价*/}
#client{
    background:url(15-5/client.jpg) no-repeat left center;
/*导航菜单-客户案例*/}
#contact{
    background:url(15-5/contact.jpg) no-repeat left center;
/*导航菜单-联系交流*/}
```
导航菜单完整 HTML 代码如下:
```
<div id="guide">
 <ul>
   <li id="intro"><a href="#">公司简介<span>▲company intro▲</span></a></li>
   <li id="solo"><a href="#">解决方案<span>▲our solutions▲</span></a></li>
   <li id="price"><a href="#">产品报价<span>▲products form▲</span></a></li>
```

<li id="client"><a href="#">客户案例<span>▲clients works▲</span></a></li>
<li id="contact"><a href="#">联系交流<span>▲contact infor▲</span></a></li>
</ul>
</div>

修改完成后的菜单区域效果如图15-17所示。

图15-17 导航菜单

② 右侧横幅banner部分。这个部分一般都是放置图片切换的FLASH或者JS特效，或者是固定的大幅图片，主要依靠的不是CSS技术而是图像处理或者动画制作技术，这里只需将其载入即可，本例反插入一个静态图片。

```
#banner{
    width:688px;
    height:198px;
    float:left;
    background:url(15-5/banner.jpg) center no-repeat;
    border:#F6F6F6 1px solid;
}
```

这里除了将图片作为背景载入，也为了灰色1像素边框调整了整个容器的宽度和高度，高度和宽度都减去边框占用的2像素。最终效果如图15-18所示。

③ 新闻板块的设计。一般显示文本片段或者文章列表的版块，通常都有标题栏，以及正文内容块。若是文本片段，则由h1~h6和p标记构成，文章列表则由h1~h6和ul-li-a列表标记构成。

先用h2标记构建标题栏，将文本或列表HTML放入容器代码中。然后用CSS针对h2进行美化。

图 15-18 横幅效果

```
< div id = "news">
    < h2 > 海思动态 < span > < a href = "#"> MORE </a> </span> </h2>
    < ul >
        < li > < a href = "#"> < span >[7.21]</span>热烈庆祝海思……</a> </li>
        < li > < a href = "#"> < span >[6.21]</span>海思教育网校……</a> </li>
        < li > < a href = "#"> < span >[5.14]</span>中国教育报………</a> </li>
        < li > < a href = "#"> < span >[3.11]</span>Softbank…………</a> </li>
        < li > < a href = "#"> < span >[1.28]</span>Hansea soft 发布……</a> </li>
    </ul>
</div>
#news h2{
    border-bottom:#C4E0FB solid 1px;
    height:31px;
    color:#036;
    font-weight:normal;
    font-family:微软雅黑;
    margin:0px;
    font-size:16px;
    line-height:31px;
    padding-left:30px;
    background:url(15-5/tree.jpg) center left no-repeat;
    background-position:6px 9px;
    letter-spacing:2px;
```

```
}
#news h2 span{
    float:right;
}
#news h2 span a{
    letter-spacing:normal;
    font-size:8px;
    color:#999;
    text-decoration:none;
    border:#999 1px solid;
    padding-left:3px;
    padding-right:3px;
    margin-right:5px;
}
#news h2 span a:hover{
    background-color:#666;
    color:#FFF;
}
```

h2 的左侧图标"树"加载在背景上，通过背景定位属性 background-position 向左移动 6 像素，向下移动 9 像素，固定在与标题水平一致的位置上。padding-left 属性在这里的作用是用于将标题左移。span 标记中 more 的链接即是一般在中文网页中常用"更多"链接，用于查看更多相关页面，在这里通过 A 的伪类，做成了一个"按钮"的形式。修改后的效果如图 15 – 19 所示。

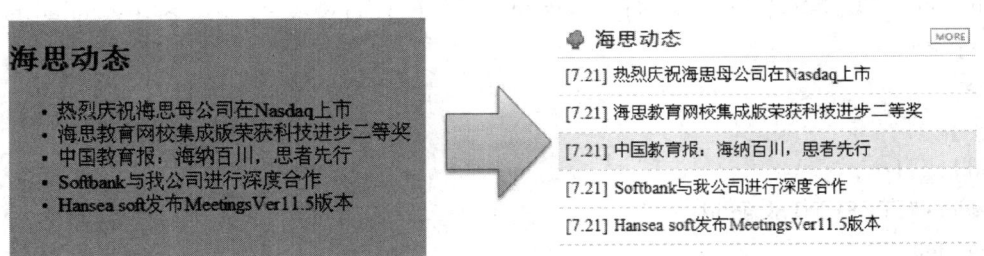

图 15 – 19　新闻列表

修改新闻列表所需的代码如下：
```
#news ul{
    margin:0px;
    padding:0px;
    list-style:none;
}
#news ul li{
```

```css
    line-height:30px;
    border-bottom:#D9D9D9 dashed 1px;
    }
#news ul li a{
    text-decoration:none;
    font-size:14px;
    color:#333;
    display:block;}
#news ul li a span{
    margin-left:5px;
    margin-right:5px;
}
#news ul li a:hover{
    background-color:#E9F7FE;
    }
```

④ 广告版块的设计。新闻旁边的广告版块,用来放置人物评论,这个部分的内容采取图片、简介两者合一的形式,下面列出 HTML 标准流代码。左侧放置 IMG 图片标记,右侧放置 P 标记,每行容纳一个 IMG 和一个 P 标记。

```html
< div id = "ad">
    < img src = "15-5/m1.jpg"/ > < p > < span >Student's   Time </span > 未来的教育模式……</p >
    < img src = "15-5/m2.jpg"/ > < p > < span > Marketing for future </span > Eque porro……</p >
    < img src = "15-5/m3.jpg"/ > < p > < span > B2C 的独特领域 </span > Ut enim ad minima……</p >
</div >
```
```css
#ad img{
    padding:1px;
    border:#EFEFEF 1px solid;
    float:left;
    margin-bottom:2px;
    width:80px;
    height:55px;
    }
#ad p{
    display:block;
    color:#666;
    width:246px;
    height:49px;
```

```
        float:left;
        font-size:12px;
        text-align:left;
        margin-left:0px;
        background-color:#FCFCFC;
        padding:0px 5px 5px 5px;
        margin-top:0px;
        }
#ad p span{
        display:block;
        font-family:Arial,Helvetica,sans-serif;
        font-size:12px;
        font-weight:bold;
        color:#3FB9ED;
        margin:0px;
        background-color:#EEF9FF;
        }
```

选择器#ad p span 是为了每个段落添加一个小标题而设置的。完成后版块外观如图 15 – 20 所示。

图 15 – 20　广告版块

（3）页脚的设计。最后完成底部的外观编写，一般来说底部用于放置版权和联系方式等信息，属于纯文本，因此相对前面的规则更为简单。代码如下：

```
< div id = "footer">
    < p >网络文化经营许可证:……91109364 号 < br / >
HanSea Edu all rights reserved. Made by Hansea-Soft. co. 2012
    < /p >
</div >
#footer{
    height:89px;
```

```
    float:left;
    width:950px;
    border-top:#036 1px solid;
    background-color:#F9F9F9;
    }
#footer p{
    font-size:12px;
    color:#666;
    text-align:center;
    line-height:20px;
    }
```

本任务最终完成后效果如图15-14所示，属于典型的简洁型纯CSS+DIV构建的企业站点首页。素材库"素材\项目15\实践向导\15-5.html"为对应的案例文件。

任务4　流体网格布局

目前大多数网站采取的都是固定宽度布局，虽然流动布局更加能适应各种显示终端设备，但因为不同浏览器中对CSS的表现并不一致，所以无缝兼容的难度较大。

自CSS3和HTML5开始普及后，布局出现了新的局面和更加丰富的手法，Adobe公司在2012年推出了CS6版本的Dreamweaver，新增了"流体网格"布局方式。这种技术源于固定宽度的"网格布局"。在学习流体网格布局之前，有必要认识一下网格布局。

CSS网格又叫做CSS框架，从本质上来说就是一组预设的CSS，或者说只是几个CSS文件的集合，这些文件包括基本布局、表单样式、网格或简单结构以及样式重置。最典型的主流框架包括：960 Grid System、YAML CSS Framework、YUI Grids CSS、Blueprint CSS。尽管它们大大地加快了在大型页面中CSS的编写速度，但是依然不属于可视编辑器的一部分，需要编写大量的代码辅助。

目前而言，CS6的流体网格布局是流动布局弹性布局中最容易掌握和适应性最强的。下面将建立一个网页来展示CS6的流体网格布局。注意：本范例需要IE9、火狐、谷歌、苹果中任一款浏览器支持。

（1）新建流体网格。打开Dreamweaver CS6后，可以通过文件菜单或者起始页找到新建"流体网格"的选项或者按钮，如图15-21所示。单击后会出现一个设置界面，界面中呈现了三种排版规则预设的部分参数，分别针对移动手机、平板电脑、台式机三种主流网页浏览设备（即此网页可以自动适应三种设备的宽度），如图15-22所示。

图15-22设备中央的小框中填写的是格数，即把页面划分成几个等分。下方的格中填写的是页面内容宽度占整个浏览界面的百分比，可以根据实际需要的情况填写。本例中将设置为：移动设备中15列宽百分比，桌面电脑用12格网格。单击"创建"按钮后，首先会询问保存CSS文件的位置和命名，这里命名为main.css。先保存HTML文件本身，然后保存CSS文件，保存时系统会自动将流体网格所需要的boilerplate.css和respond.min.js一起复制到目标文件夹。

（2）使用流体网格布局。在编辑流体网格的视图中，和普通网页编辑并无很多不同，可以用右下角的设备模拟切换来查看页面在三种设备中的表现，如图15-23所示。

图 15 – 21　CS6 的起始页

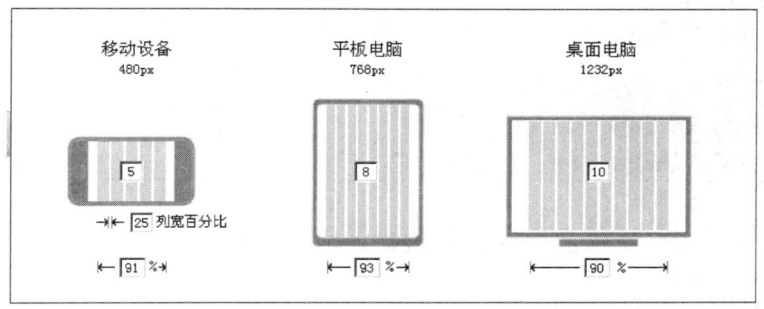

图 15 – 22　三种预设

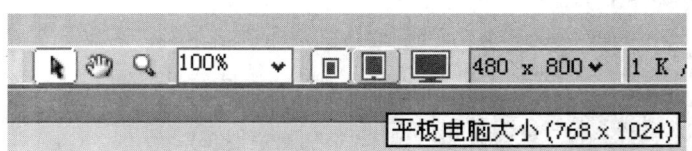

图 15 – 23　三种大小

为了方便操作，可以将界面调整为"经典"模式，然后通过工具菜单新建网格。注意：默认页面上会有一些文字和一个 DIV 元素，可以删除它，但是不能把 < div class = " gridContainer clearfix" > < /div > 这部分 DIV 标记删除，否则流体网格将失去作用。单击按钮"插入流体网格布局标签"后，会询问是否新建一行（即是否作为块级元素），作为网页头部，一般都独占一行。将其命名为"top"后单击"确定"按钮。CS6 会自动生成一个 DIV 标记的代码，并在其中用文字注明：这是布局 Div 标签"top"的内容。如图 15 – 24 所示。

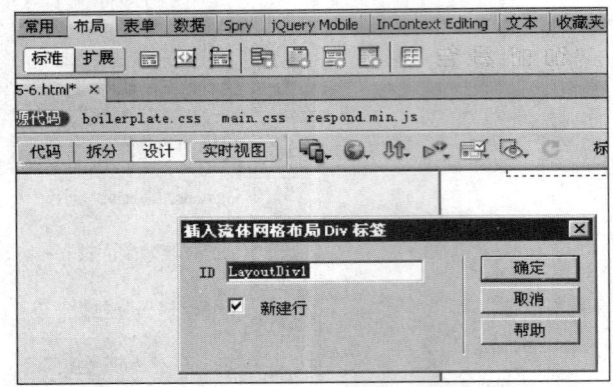

图 15 – 24　"插入流体网格布局 Div 标签"对话框

用同样的方法再添加一个 DIV，命名为"content"同样独占一行。而接下来的"interview"版块因为是多个分栏的情况，所以不能勾选"新建行"。建立之后会发现效果如图 15 – 25 所示，它表示这个 Div 并非当做传统块级元素处理。

图 15 – 25　流体网格非独占行

注意：可以通过"可视化助理"来选择是否显示浅绿色的流体网格布局参考线，如图 15 – 26 所示。

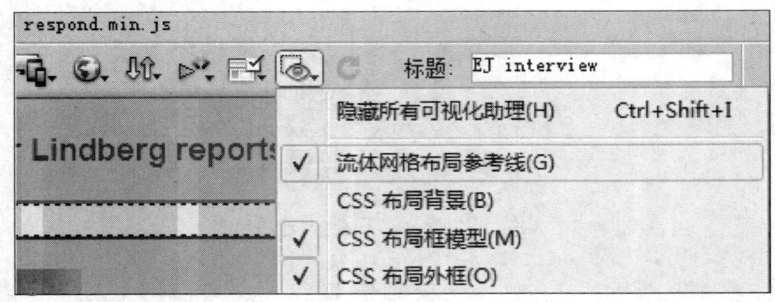

图 15 – 26　可视化助理

同样再增加一个并列的非独占 DIV "pictures"，最后增加一个底部用的版块"bottom"，一共 5 个主要版块。

接下来将要用的内容填入 HTML 文档对应的版块位置，成为一个无 CSS 的标准流文件。最终效果如图 15 – 27 所示。

图 15-27　标准流 HTML

使用鼠标操作来控制布局，拖动#content 的右侧边缘，向左移动，缩小它的范围到四格，软件会自动吸附临近的网格，不用担心鼠标拖放不够精确。效果如图 15-28 所示。

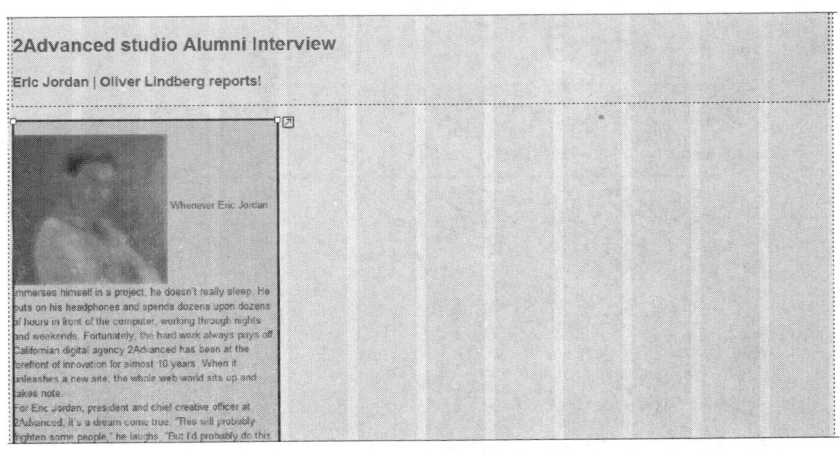

图 15-28　拖放改变网格宽度

若从左侧缩放 Div，并不会有从右侧缩放相同的效果，而是产生相应的外边距宽度。以同样的方式，将#picture 和#interview 缩小到四格宽度。这里的页面并不理想，因此需要为页面编写基本的排版样式，样式保存在文件 type.css 中，可以直接导入使用，样式的美化方法在前一任务中已有叙述。单击"附加样式表"按钮，添加 type.css 样式表。添加后的效果如图 15-29 所示。

（3）布局适应性调整。在做完普通的流体网格调整后，还有两种视图下的页面需要调整，即平板电脑和手机设备两种版面，单击右下方屏幕切换到平板视图。为适应屏幕，页面将#content 缩小到四格，#interview 将自动上浮到其右侧，如图 15-30 所示。

作为浮动 Div 的下方#picture 已经独占一行，可以选中它，并单击左上角的向左箭头，让它恢复成为块级元素。

图15-29　网页布局效果

图15-30　平板电脑视图

对于屏幕最窄的移动设备，Dreamweaver已经能够适应大部分情况，只需要让被设置成浮动Div的版块恢复成为独占行元素，即选中这些Div然后单击左上角小箭头。注意：设置完成后一定要在文件菜单中执行"保存全部"。

最终完成了一个可以使用多种宽度情况的流体页面，文字和图片在不同分辨率的屏幕下会自动适应大小（若需要图片大小不变可以在HTML中直接写入高度和宽度属性），本页面在不同设备的表现如图15-31和图15-32所示。素材库"素材\项目15\实践向导\15-6.html"为对应的案例文件。

图 15-31　宽度 800 像素

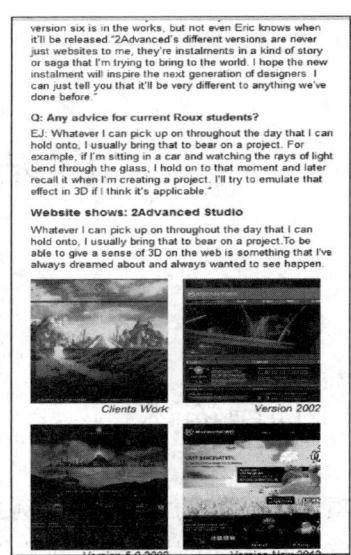

图 15-32　宽度 400 像素

15.4　能力拓展

（1）使用手工编写代码的方式完成本项目"实践向导"中的任务 4 的流体网格布局。

（2）使用流体网格布局方式完成本项目"实践向导"中的任务 3 的网页布局。

15.5　项目总结

本项目介绍了 CSS 主要布局方式及其原理，设置了四个难度不同的实战项目，包含最新的、能够适应移动设备浏览的流体网格布局方式。其中任务 4 流体网格布局的难度最低，任务 2 编写纯 CSS 弹出菜单的难度最大，分别用 Dreamweaver 软件功能的方式和使用手工编写代码进行实践。能力拓展部分，对换工作方式完成同样的任务，使所学技能得到巩固，软件使用和代码编写技能得到加强。通过该项目的学习和实践，学生已经开始进入了相对较为专业，较为贴近行业实战的网页制作领域。

项目 16

网站的规划与设计

16.1 项目描述

本项目以"海南旅游网"为例介绍一个网站的规划和设计过程,主要包括网站的设计分析、定位网站的风格和规划网站的结构,首页版面布局的设计及制作。

16.2 知识储备

16.2.1 网站的开发流程和规范

16.2.1.1 网站开发的基本流程

网站的建设通常都遵循一个基本流程:

第一阶段:规划网站和准备素材。

(1) 需求分析,规划网站的主题、风格、规模、功能和内容版块。
(2) 收集资料、准备素材并进行整理修改。
(3) 规划网站栏目结构、目录结构、链接结构和版式结构。

第二阶段:设计、制作网页。

(1) 网站的总体设计。
(2) 设计制作网站的主页、二级页面和内容页面等。
(3) 将各个网页通过超级链接进行整合。

第三阶段:测试、发布、推广与维护网站。

(1) 测试、调试与完善网站。
(2) 发布与推广网站。
(3) 维护与更新网站。

16.2.1.2 网站开发常用的命名规范

网站中所有文件、文件夹、CSS 类的命名应规范,尽量做到字母数量少,见名知意、容易理解。文件夹命名一般采用英文小写字母，特殊情况可以使用中文拼音。文件名采用英文小写字母、数字和下划线的组合，也可以大小写英文字母混合使用。网页菜单名称可以使用菜单名的英文单词或组合英文单词命名。网站开发常用的名称如表 16-1 ~ 表 16-6 所示：

表 16-1　　　　　　　　　　　网页文件夹的常用名称规范

名称	说明	名称	说明
images	存放图像文件	image	存放图像文件
flash	存放 Flash 文件	video	存放视频文件
page	存放网页文件	js	存放 Javascript 脚本文件
img	存放图像文件	css	存放 CSS 样式文件

表 16-2　　　　　　　　　　　CSS 样式文件的常用名称

名称	说明	名称	说明
base.css	基本公共 CSS 样式文件	menu.css	菜单 CSS 样式文件
columns.css	专栏 CSS 样式文件	nav.css	导航 CSS 样式文件
common.css	通用 CSS 样式文件	pages.css	页面 CSS 样式文件
content.css	内容 CSS 样式文件	index.css	主页 CSS 样式文件
font.css	文字 CSS 样式文件	global.css	公共 CSS 样式文件

表 16-3　　　　　　　　　CSS 样式表文件中类和 ID 标识的常用名称

名称	说明	名称	说明	名称	说明
header	页眉	title	标题	middle	中部
container	容器	left	左	right	右
content	内容块	menu	菜单	link	链接
banner	广告条	btn	按钮	list	列表
bottom	底部	footer	页脚	main	主体
center	中	friendlink	友情链接	nav	导航
top	顶部	copyright	版权区		

表 16-4　　　　　　　　　　　网页导航栏的常用名称

名称	说明	名称	说明	名称	说明
nav	导航	topnav	顶部导航	menu	菜单
mainnav	主导航	bottomnav	底部导航	mainmenu	主菜单
subnav	子导航	middlenav	中部导航	submenu	子菜单
leftsidebar	左导航	rightsidebar	右导航	dropmenu	下拉菜单

表 16-5　　　　　　　　　　　网页图片的名称

名称	说明	名称	说明	名称	说明
banner	广告图片	logo	Logo 图片	title	标题图片
menu	菜单图片	photo	照片	nav	导航图片

表 16-6　　　　　　　　　　　网页广告的尺寸标准

标准尺寸（单位 Pixels）	形状	适合场合
300×250	中等矩形	页面内部
250×250	正方形	页面内部
130×300	垂直矩形	门户网站内容页面，适合与正文混排
360×300	大矩形	弹出窗口广告
468×60	通栏广告	传统长幅广告
234×60	半栏广告	传统半幅广告
88×31	链接用 LOGO 标志	网站之间交换友情链接的广告

16.2.1.3　网页版面的尺寸规范

（1）页面的安全宽度。当显示分辨率设置为 1024×768，即浏览器的屏幕宽度为 1024 像素，因浏览器的边框和垂直方向的滚动条占去 22 像素，如果网页的左右边距设置为 0 像素，页面的设计宽度一般限制在 1000 像素以内，页面宽度不超过一屏。

（2）页面的最佳长度。页面长度定义很宽松，要考虑整个网页的下载速度、浏览者的方便、信息含量、网站类型等因素，网页的最佳长度为 1.8~2.5 屏。页面长度原则上不超过 3 屏。

（3）网页文件的大小。一般网站首页文件大小不宜超过 30KB（包括所有图像、文本、多媒体对象），网站二级页面文件大小不宜超过 45KB（包括所有图像、文本、多媒体对象）。如果文件太大，网页下载速度会变慢，影响浏览速度。

16.2.2　网站的规划

16.2.2.1　网站需求分析

网站是向浏览者提供信息的一种方式。网站项目是建立在不同的需求之上，面对不同种类的需求，必须明确设计网站的目的和用户需求，从而做出切实可行的设计计划。网站设计的第一步就是进行网站需求分析。由于浏览网页的用户范围非常广，遍及各个领域、各个层次，网站设计者必须了解各类用户的习惯、知识、技能，通过对各类用户的需求进行调研，更好地了解、分析、明确用户需求，并且能够以文档的形式准确、清晰地表达给参与项目开发的每个成员，保证开发过程能按照以满足用户需求为目的的正确的项目开发方向进行。

16.2.2.2 确定网站主题和网站名称

设计一个网站之前,首先要确定网站主题。每个网站都应该有一个鲜明的主题,主题是网站的灵魂,它统领网站的内容和形式,任何网站都要根据其主题形成其风格。选择一个好的主题,需要注意以下几点:

(1) 主题要鲜明。任何一个网站要给浏览者留下深刻的印象,必须要有鲜明的主题,突出自己的个性和特色,在内容的深度和精度上下工夫。

(2) 主题涉及的范围不要过于广泛。定位要小而精。"小"即定位要小,"精"即内容要精。

网站名称的字数应该控制在六个字以内,最好四个字。定位题材和名称是设计一个网站的第一步,也是很重要的一部分。网站命名遵循以下原则:

(1) 体现网站的主题,精炼、概括性强。
(2) 名称要正、易记。网站名称要合法、合情、合理。
(3) 名称要有特色,能体现一定的内涵,可给浏览者留下深刻的印象。

16.2.2.3 规划网站风格

确定好网站的主题和内容后,就要根据该主题确定网站的风格。网站风格是指网站的外观和表现形式,是站点的整体形象给浏览者的综合感受,是通过网站中的页面来体现的,特别是首页,具体包括页面的版式结构、色彩搭配、图像动画的使用以及网站的 CI 形象等诸多因素。

例如,我们觉得网易是平易近人的,迪士尼是生动活泼的,IBM 是专业严肃的。这些都是网站给人们留下的不同感受。风格是独特的,是站点不同于其他网站的地方。或者色彩,或者技术,或者是交互方式,能让浏览者明确分辨出这是你的网站独有的。

CI 形象是借用的广告术语,意思是通过视觉来统一企业的形象。网站主题和名称定下来之后,需要思考的就是网站的 CI 形象设计。

网站的 CI 形象设计主要包括:

(1) 网站的标志(logo),即网标。和商品的商标、企业的标志一样,网标是站点特色和内涵的集中体现,看见它就让人联想到它所代表的站点。

(2) "标准色彩"是指能体现网站形象和延伸内涵的色彩。例如,IBM 的深蓝色,肯德基的红色,Windows 视窗标志上的红蓝黄绿色块,都使我们觉得很贴切、很和谐。一般来说,一个网站的标准色彩不宜超过 3 种,太多则让人眼花缭乱。标准色彩主要用于网站的标志、标题、主菜单和主色块,给人以整体统一的感觉。适合于网页标准色的颜色有:蓝色、黄/橙色、黑/灰/白色三大系列色。

(3) 网站的标准字体。和标准色彩一样,标准字体是指用于标志、标题、主菜单的特有字体。网页默认的字体是宋体,为了体现站点的特有风格,可以根据需要选择一些特别字体。例如,为了体现专业可以使用粗仿宋体,体现亲切随意可以用手写体等。需要说明的是,使用特殊字体最好用图片的形式。

(4) 网站的宣传标语。即网站的精神,网站的目标。用一句话甚至一个词来高度概括,类似实际生活中的广告语。

树立网站风格首先要确信风格是建立在有价值内容之上,必须保证内容的质量和价值性,这是最基本的。其次需要彻底搞清楚自己希望站点给人的印象是什么。最后在明确自己的网站印象后,开始努力建立和加强这种印象。

例如,将你的标志 logo 尽可能的出现在每个页面上,突出你的标准色彩。文字的链接色彩,图片的主色彩,背景色,边框等色彩尽量使用与标准色彩一致的色彩。突出你的标准字体,在关键的标题、菜单、图片里使用统一的标准字体。想一条朗朗上口的宣传标语,把它做在 Banner 里,或者放在醒目的位置。使用统一的图片处理效果,如阴影效果的方向、厚度、模糊度都必须一致等。

16.2.2.4 资料收集、制作与整理

明确了网站的主题和风格后,就要围绕该主题和风格收集所需资料,网站资料主要包括文本、图像两大类,大部分在放入网页前都需要做适当的修改和处理。另外,依据网站的主题亮点,还可以准备如声音、Flash 影片、图像等需要在网页中展示的内容。

16.2.2.5 规划网站结构

规划网站结构首先要建立一张站点图,站点图中包括站点所有的关键页面、它们之间的相互关联的主要链接等,设计网页的主要技术要点也应规划好。一个优秀的网站应该结构清晰明了、导航简单方便,浏览者能够快速、准确地找到自己需要的信息。

(1)规划网站的栏目结构。栏目的实质是一个网站的大纲索引,索引应该将网站的主体明确显示出来。在制定栏目的时候,要仔细考虑,合理安排。先在纸上绘制网站的栏目结构草图,将网站中所要涉及的信息进行细分和合理组织,建立层次结构,经过反复推敲,最后确定完整的栏目组成和内容的层次结构。

划分信息的方法有两种:一种是自顶向下划分,按照从上到下、从粗到细的原则划分信息块来确定网站的内容结构。另一种是自下而上划分,先将所有的信息都罗列出来,然后逐步向上分类,形成网站的内容结构。

一般的网站栏目安排要注意以下几方面:栏目一定要紧扣主题,尽可能删除与主题无关的栏目,尽可能将网站最有价值的内容列在栏目上,尽可能方便访问者的浏览和查询。

例如:有一个以提供动画素材为主题的站点,它的主栏目是:关于站长,本站导航,动画宝库,本站论坛,本站留言本,联系站长。最主要的最吸引人的动画素材在主栏目里只占六分之一,即使这个站点的确有大量的,精美的动画素材,也很难吸引浏览者继续挖掘。比较好的做法是可以将栏目分为动物动画,标志动画,三维动画,卡通动画等,在首页上标明最近更新的动画。主题栏目个数在总栏目中要占绝对优势,这样的网站显得专业,主题突出,容易给人留下深刻印象。

(2)规划网站的目录结构。网站的目录是指建立网站时创建的目录。目录的结构是一个容易忽略的问题,目录结构的好坏,对浏览者来说并没有什么太大的感觉,但是对于站点本身的上传维护,内容未来的扩充和移植有着重要的影响。建立目录结构的一些基本要求如下:

① 不要将所有文件都存放在根目录下。如果为了方便将所有文件都存放在根目录下,

一方面造成文件管理混乱，时间一长，常常搞不清哪些文件需要编辑和更新，哪些是相关联的文件，这样严重影响工作效率。另一方面上传速度慢。

② 按栏目内容建立子目录。子目录的建立，先按主菜单栏目建立。其他的次要栏目可以按类建立子目录。

例如，需要经常更新的可以建立独立的子目录，而一些相关性强，不需要经常更新的栏目可以合并放在一个统一的子目录下。所有程序一般都存放在特定目录，便于维护管理。所有需要下载的内容也最好放在一个子目录下。

③ 在每个主目录下都建立独立的 images 子目录。一般一个站点根目录下都有一个 images 子目录，首页的所有图片都存放在这个目录里。为每个主栏目也建立一个独立的 images 目录。

④ 目录的层次不要太深。为了维护管理方便，目录的层次建议一般以 3 ~ 5 层为宜。不要使用中文目录，有些浏览器不支持中文。不要使用过长的目录，太长的目录名不便于记忆。

（3）规划网站的链接结构。网站的链接结构是指页面之间相互链接的拓扑结构。它建立在目录结构基础之上，但可以跨越目录。每个页面可以形象地看做一个固定点，链接则是在两个固定点之间的连线。一个点可以和一个点连接，也可以和多个点连接。更重要的是，这些点并不是分布在一个平面上，而是存在于一个立体的空间中。建立网站的链接结构有两种基本方式：

① 树状链接结构。首页链接指向一级页面，一级页面链接指向二级页面。这样的链接结构浏览时，一级级进入，一级级退出。条理清晰，访问者明确知道自己在什么位置，不会迷路。但浏览效率低，一个栏目下的子页面到另一个栏目下的子页面，必须返回首页才能进入。如图 16 - 1 所示。

② 网状链接结构。每个页面相互之间都建立有链接，浏览方便，随时可以到达自己喜欢的页面。但链接太多，容易使浏览者迷路，搞不清自己在什么位置。如图 16 - 2 所示。

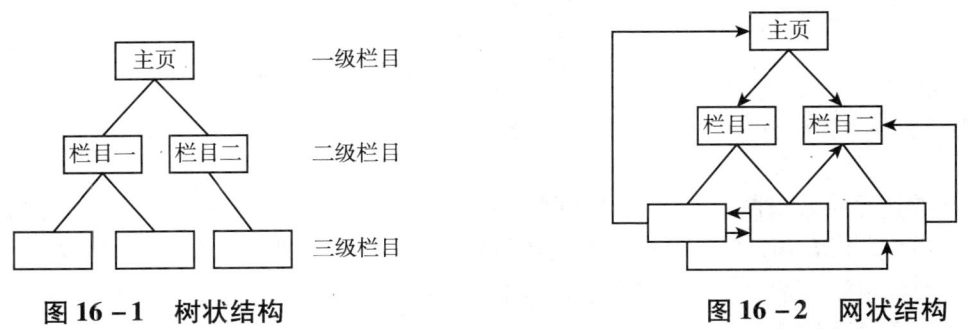

图 16 - 1　树状结构　　　　　　　　　　图 16 - 2　网状结构

在实际的网站设计中，总是将这两种结构混合起来使用。浏览者既可以方便快速地达到自己需要的页面，又可以清晰地知道自己的位置。最好的办法是，首页和一级页面之间用网状链接结构，一级和二级页面之间用树状链接结构。

16.2.3 网页的设计

16.2.3.1 网页版面布局设计

版面指的是浏览器看到的完整的一个页面。因显示器分辨率不同,同一个页面的大小可能出现 800×600 像素,1024×768 像素等不同尺寸。布局就是以最适合浏览的方式将图片和文字排放在页面的不同位置。

版面布局一般可以按照以下步骤进行:

(1) 绘制页面布局结构图。有了网站结构以后,就要在结构上添加具体的内容,确定页面上要放置哪些功能模块,首页主要包括网站标志、主菜单、新闻、搜索、友情链接、广告条、版权信息等。必须遵循突出重点、平衡谐调的原则,将网站标志,主菜单等最重要的模块放在最显眼,最突出的位置,然后再考虑次要模块的摆放,绘制出主页和子页的页面布局结构图。页面布局结构示例如图 16-3 所示。

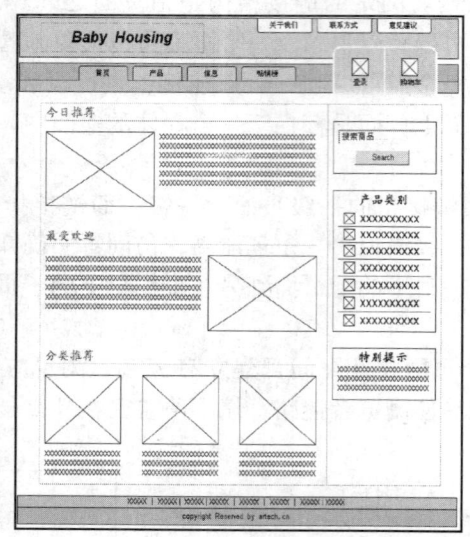

图 16-3 页面布局结构图

(2) 绘制网页效果图。效果图是在网页布局结构图的基础上,利用绘图软件进行进一步精细地描绘,对布局结构图中绘制的大致结构进行微调,还要决定配色方案。对于效果图的内容,可以根据网页要传送的信息尽可能地详细绘制。用效果图进行页面总体设计,是当前比较流行的网页设计与制作方法。绘制效果图的工具很多,可以使用 Photoshop 或者 Fireworks。有了效果图以后网页的制作就有了依据,接下来整个网页制作的流程就围绕效果图展开。

(3) 效果图的切割保存。效果图完成后还应将其切片保存,效果图的切割工作可以使用 Photoshop 或者 Fireworks。对效果图的切割保存出于以下几个理由:

① 效果图中并非所有的图样都会应用在网页当中,尤其是效果图中那些需要修改的地方,更不能直接贴入网页。

② 效果图整体上较大，如果不分开插入网页，用户会感觉网页的打开速度很慢。分割成许多小图之后，打开网页时浏览器一边显示部分图片，一边打开还未显示的图片，提升了用户体验。

③ 效果图切割也是为了满足 Dreamweaver 设计网页时的排版布局需要。

16.2.3.2 网站 Logo 设计

在网站形象设计中，网站标识同网站名称一样重要，看见 Logo 就能使访问者联想起你的站点。网站 logo 的设计与其他标志图案的设计原则是一样的，根据站点的定位和发展方向突出主题。视觉效果要强，容易识别，辨认和记忆，引人注目。

标志图形可以只由中文、英文字母构成，也可以只由符号、图案构成，还可以由文字和图形构成。如新浪用字母 sina 和眼睛作为标志。标志的设计创意来自网站的名称和内容。

（1）网站有代表性的人物、动物、花草，可以用它们作为设计的蓝本，加以卡通化和艺术化，例如，迪士尼的米老鼠，搜狐的卡通狐狸，鲨威体坛的篮球鲨鱼。

（2）网站有专业性的，可以以本专业有代表的物品作为标志。例如，中国银行的铜板标志，奔驰汽车的方向盘标志。

（3）最常用和最简单的方式是用自己网站的英文名称作标志。采用不同的字体，字母的变形，字母的组合可以很容易制作好自己的标志。

16.2.3.3 网页色彩设计

网页的色彩是树立网站形象的关键之一，它直观冲击着浏览者的视觉感官。由于彩色的记忆效果比黑白的好，因此，在网页设计中通常的做法是，黑色文字与彩色边框、背景、图片搭配，这样页面整体不显单调，也可以避免网页给人眼花缭乱的感觉。

黑白是最基本和最简单的搭配，白字黑底、黑底白字都非常清晰明了。灰色是万能色，可以和任何彩色搭配，也可以作为两种对立色彩的和谐过渡色。如果很难找出合适的色彩进行搭配，那么就可以选用灰色，效果会较理想。色彩千变万化，色彩的搭配知识十分重要。

不同的颜色会给人不同的心理感受，以下简要列出各种颜色对网页浏览者所产生的心理反应：

- 红色：是一种激奋的色彩。给人以刺激效果，能使人产生冲动、愤怒、热情、活力的感觉。
- 绿色：介于冷暖两种色彩的中间，显得和睦、宁静、健康、安全的感觉。它和金黄、淡白搭配，可以产生优雅、舒适的气氛。
- 橙色：也是一种激奋的色彩，具有轻快、欢欣、热烈、温馨、时尚的效果。
- 黄色：具有快乐、希望、智慧和轻快的个性，它的透明度最高。
- 蓝色：是最具凉爽，清新，专业的色彩。它和白色混合，能体现柔顺、淡雅、浪漫的气氛。
- 白色：具有洁白、明快、纯真、清洁的感受。
- 黑色：具有深沉、神秘、寂静、悲哀、压抑的感受。
- 灰色：具有中庸、平凡、温和、谦让、中立和高雅的感觉。

每种色彩在饱和度、透明度上略微变化就会产生不同的感觉。以绿色为例，黄绿色有青春、旺盛的视觉意境，而蓝绿色则显得幽静、理智。网页色彩搭配有以下技巧：

（1）合理使用邻近色。所谓邻近色，就是在色带上相邻近的颜色，例如绿色和蓝色，红色和黄色就互为邻近色。采用邻近色设计网页可以使网页避免色彩杂乱，易于达到页面的和谐统一。

（2）合理使用对比色。所谓对比色，就是指颜色视觉差异十分明显的颜色，例如红色与绿色的搭配、橙与蓝色的搭配。在网站的色彩方案设计中，合理使用对比色可突出重点并产生强烈的视觉效果。在设计时一般以一种颜色为主色调，对比色作为点缀，起到画龙点睛的功效。

（3）巧妙使用背景色。背景色一般采用素淡清雅的颜色，避免采用花纹复杂的图片和纯度很高的色彩作为背景色，同时在设计中应使背景色与网页中的文字产生强烈的色彩对比，其目的是最大限度地突出显示文字。

（4）选用一类颜色。是指用一种感觉的色彩，例如淡蓝、淡黄、淡绿；或者土黄、土灰、土蓝。这样的色彩搭配让浏览者有一个整体感。

（5）严格控制色彩的数量。网页上出现的颜色不要太多，尽量控制在3种色彩以内，必要时可以通过调整色彩的色相、纯度和饱和度等属性来获取其他颜色。

16.3 实践向导

本项目规划设计"海南旅游"网，首页效果如图16-4所示。

图16-4 "海南旅游"网首页效果图

16.3.1 网站的规划与设计

（1）设计分析。本项目以"海南旅游"为题材，介绍海南的风土人情、地理知识、旅游线路。此类网站的目的一方面是给出行者查阅各种相关的资料；另一方面也能吸引更多的游客前来旅游。根据海南风景的特点，页面采用天蓝色作为背景颜色，页面主体选用海南的各种美景来吸引用户的眼球，并提供各种旅游线路的设计，让游客自由地选择。

页面的左右都设置各种信息，包括天气预报、景点推荐、海南小吃和宾馆酒店等，风格上则配合整体的页面设计，蓝色背景配合白边勾勒，将海南美景一一展现，令人心旷神怡。整个版面采用固定宽度且居中的版式，对于宽屏用户，两边使用天蓝色将整个页面主体衬托出来，显得美不胜收。

（2）规划网站的栏目结构。本项目所创建的"海南旅游"网站的栏目结构如表 16-7 所示。

表 16-7　"海南旅游"网栏目结构

一级栏目	首页							
二级栏目	海南简介	海南风情	吃在海南	路线选择	自助行	酒店预定	包团旅游	旅游资讯	预定中心

（3）网站的目录结构。本项目所创建的"海南旅游"网站的目录结构及存放的文件类型如表 16-8 所示。

表 16-8　"海南旅游"网站的目录结构及存放的文件类型

文件夹名称	存放的文件类型
css	CSS 样式表文件
images	图像文件
page	网页文件
flash	动画文件

（4）网站的链接结构。本项目网站栏目不多，只有二级栏目，可以采用网状链接结构，首页可以到达任何二级栏目，二级栏目各页面之间也能相互访问。

16.3.2 首页的设计与制作

（1）首页的总体布局结构设计。整个页面的框架主要包括 Banner 图片，导航条，主体的左、中、右，以及最下端的脚注，如图 16-5 所示。

图中的各个部分直接采用了 HTML 代码中各个 <div> 块对应的 ID。#banner 对应页面的 Banner 图片，#globalink 对应导航菜单，#left、#midd 和#right 分别对应页面主体部分的左、中、右三个模块，#footer 对应页面下端的脚注，#weather 对应天气预报，#today 对应今日推荐，#banner_lf 对应轮流显示图片，#beauty 对应美景寻踪，#route 对应线路精选，#picture 对应海南风光，#food 对应小吃推荐，#life 对应宾馆酒店。

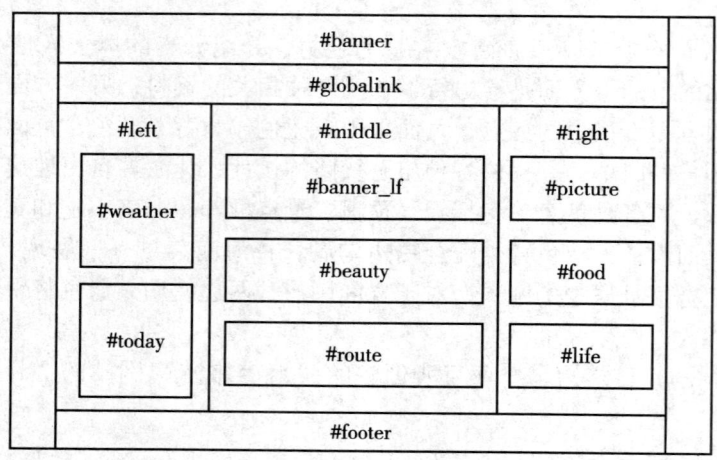

图 16-5 首页布局结构图

首页对应的代码框架如下：
```
<div id="container">
    <div id="banner"></div>
    <div id="globallink"></div>
      <div id="left">
        <div id="weather"></div>
        <div id="today"></div>
      </div>
      <div id="middle">
        <div id="banner_lf"></div>
        <div id="beauty"></div>
        <div id="route"></div>
      </div>
      <div id="right">
        <div id="picture"></div>
        <div id="food"></div>
        <div id="life"></div>
      </div>
    <div id="footer"></div>
</div>
```

涉及的 CSS 代码如下：
```
#container{
   position:relative;
```

```css
    margin:0px auto 0px auto;
    width:780px;
    text-align:left;
}
#globallink{
    margin:0px;
    padding:0px;
}
#left{
    float:left;
    width:200px;
    background-color:#FFFFFF;
    margin:0px;
    padding:0px 0px 5px 0px;
    color:#d8ecff;
}
#middle{
    background-color:#FFFFFF;
    margin:0px 0px 0px 2px;
    padding:5px 0px 0px 0px;
    width:400px;
    float:left;
}
#right{
    float:left;
    margin:0px 0px 1px 2px;
    width:176px;
    background-color:#FFFFFF;
    color:#d8ecff;
}
#footer{
    background-color:#FFFFFF;
    margin:1px 0px 0px 0px;
    clear:both;
    position:relative;
    padding:1px 0px 1px 0px;
}
```

（2）首页各模块设计。

① Banner 图片与导航菜单。Banner 图片的处理比较简单，Photoshop 设计的成分相对较

少，主要是文字的添加。导航菜单采用项目列表的方式，其 HTML 框架代码如下。

```
< div id = "globallink">
        < ul >
                < li > < a href = "#">首页 </a> </li>
                < li > < a href = "#">海南简介 </a> </li>
                < li > < a href = "#">海南风情 </a> </li>
                < li > < a href = "#">吃在海南 </a> </li>
        </ul>
        < br >
</div>
```

显示效果如图 16-6 所示。

图 16-6　Banner 图片与导航菜单

涉及的 CSS 代码如下：

```
#globallink{
    margin:0px;
    padding:0px;
}
#globallink ul{
    list-style:none;
    padding:0px;
    margin:0px;
}
#globallink li{
    float:left;
    text-align:center;
    width:78px;
}
#globallink a{
    display:block;
    padding:9px 6px 11px 6px;
    margin:0px;
    background-image: url(../images/button1.jpg);
```

```
        background-repeat: no-repeat;
}
#globallink a:link, #globallink a:visited{
        color:#004a87;
        text-decoration:underline;
}
#globallink a:hover{
        color:#FFFFFF;
        text-decoration:underline;
        background-image: url(../images/button1_bg.jpg);
        background-repeat: no-repeat;
}
```

② 左侧分栏。左侧分栏包括天气预报和今日推荐景点，考虑到一共分左、中、右三栏，因此都采用左浮动的方式，且都固定宽度。左侧分栏的最上部是天气查询，其中包括 <h3> 的小标题以及一个项目列表，制作背景图片，作为 <h3> 的背景图片，项目列表中的各个项目依次排列，并用常用的方法替换掉项目符号，显示效果如图 16-7 所示。"今日推荐"模块结构十分简单，就是一个小的图片展示，也是项目列表的具体形式，显示效果如图 16-8 所示。

图 16-7　天气预报

图 16-8　今日推荐

左侧分栏代码如下：
```
<div id="left">
    <div id="weather">
        <h3><span>天气查询</span></h3>
        <ul>
            <li>海口    雷阵雨 28℃ -31℃ </li>
            <li>三亚    多云转阴 220℃ -28℃ </li>
            <li>文昌   阵雨转多云 25℃ -32℃ </li>
            <li>琼海    阵雨转阴 21℃ -28℃ </li>
```

```
            <li>五指山   雷阵雨26℃-30℃</li>
        </ul>
        <br>
    </div>
    <div id="today">
        <h3><span>今日推荐</span></h3>
        <ul>
            <li><img src="images/tuijian11.JPG" width="171" height="114"/></li>
            <li><a href="#">天涯海角</a></li>
            <li><img src="images/tuijian2.jpg" width="171" height="114"/></li>
            <li><a href="#">三亚大东海</a></li>
            <li><img src="images/tuijian3.jpg" width="171" height="114"/></li>
            <li><a href="#">椰梦长廊</a></li>
        </ul>
        <br>
    </div>
</div>
```

涉及的 CSS 代码如下：

```css
#left div{
    background-color:#5ea6eb;
    margin:0px 5px 0px 5px;
}
#weather{
    background:url(../images/weather.jpg) no-repeat -5px 0px;
    margin:0px 5px 0px 5px;
    background-color:#5ea6eb;
}
#left #weather h3{
    font-size:12px;
    padding:24px 0px 0px 74px;
    color:#FFFFFF;
    background:none;
    margin:0px;
}
#weather ul{
    margin:8px 5px 0px 5px;
    padding:10px 0px 8px 5px;
    list-style:none;
}
```

```css
#weather ul li{
    padding:1px 0px 0px 10px;
    background-image: url(../images/icon1.gif);
    background-repeat: no-repeat;
    background-position: 0px 6px;
}
#left div h3{
    font-size:12px;
    padding:4px 0px 2px 15px;
    color:#003973;
    margin:0px 0px 5px 0px;
    background-color: #bbddff;
    background-image: url(../images/icon2.gif);
    background-repeat: no-repeat;
    background-position: 5px 7px;
}
#today{
    padding:0px 0px 10px 0px;
}
#today ul{
    list-style:none;
    margin:-5px 0px 0px 0px;
    padding:0px;
}
#today ul li{
    text-align:center;
}
#today ul li img{
    border:1px solid #FFFFFF;
    margin:8px 0px 0px 0px;
}
#today ul li a:link, #today ul li a:visited{
    color:#d8ecff;
    text-decoration:none;
}
#today ul li a:hover{
    color:#FFFF00;
    text-decoration:underline;
}
```

③ 中部主体。页面中间的主体部分是整个网页最重要的元素，对于旅游网站主要应该以展示当地美景为主，从而能第一时间抓住用户。在排版方面依旧采用左浮动且固定宽度的版式。主体最上方采用 javascript 制作的特效，轮流显示最具有海南特色的三幅风景图片，吸引用户。中间"美景寻踪"一栏用项目列表的方式展示四幅小图片。其 HTML 代码如下：

```
<div id="beauty">
  <h3><span>美景寻踪</span></h3>
  <ul>
    <li><img src="images/beauty1.JPG" width="82" height="123" /></li>
    <li><img src="images/beauty2.JPG" width="82" height="123" /></li>
    <li><img src="images/beauty3.JPG" width="82" height="123" /></li>
    <li><img src="images/beauty4.JPG" width="82" height="123" /></li>
  </ul>
  <br>
</div>
```

从上述代码可以看出，框架中首先有一个 <h3> 的标题，如果直接显示文字，靠简单的 CSS 效果很难在旅游网站上出彩，因此将#middle 块中的所有 <h3> 标题隐藏，换成背景图片的方式。对于图片的项目列表则采用幻灯片效果的制作方法，直接对图片进行排版，显示效果如图 16 – 9 所示。

图 16 – 9 美景寻踪

CSS 代码如下：

```
#middle h3{
    margin:0px;
    padding:0px;
    height:41px;
}
#middle h3 span{
    display:none;/* 文字去掉,换成图片 */
}
#beauty{
    margin:15px 0px 0px 0px;
    padding:0px;
}
```

```
#beauty h3{
    background-image：url(../images/picture_h1.gif)；
    background-repeat：no-repeat；
}
#beauty ul，#route ul{
    list-style：none；
    margin：8px 1px 0px 1px；
    padding：0px；
}
#beauty ul li{
    float：left；
    width：97px；
    text-align：center；
}
#beauty ul li img{
    border：1px solid #4ab0ff；
}
```

接下来"精选线路"模块，小标题同样采取图片替换的方式，而具体内容完全为项目列表的方法。将 list-style 设置成 none 后，用小 gif 图片替代项目符号。显示效果如图 16 – 10 所示。

图 16 – 10　线路精选

其代码如下：
```
<div id=" route">
    <h3><span>线路精选</span></h3>
    <ul>
    <li><a href=" #">海南三亚五天四晚蜈支洲……</a></li>
    <li><a href=" #">三亚进出五天四晚……</a></li>
    <li><a href=" #">海南三亚四天三晚五星圆梦……</a></li>
    <li><a href=" #">海南三亚……</a></li>
    </ul>
    <br>
</div>
```

涉及的 CSS 代码如下：
```css
#route{
    clear:both;
    margin:0px;
    padding:5px 0px 15px 0px;
}
#route h3{
    background-image: url(../images/route_h1.gif);
    background-repeat: no-repeat;
}
#route ul li{
    padding:3px 0px 0px 30px;
    background-image: url(../images/icon1.gif);
    background-repeat: no-repeat;
    background-position: 20px 7px;
}
#route ul li a:link, #route ul li a:visited{
    color:#004e8a;
    text-decoration:none;
}
#route ul li a:hover{
    color:#000000;
    text-decoration:underline;
}
```

④ 右侧分栏。右侧分栏分为三部分，最上面是"海南风光"展示，块内部的 CSS 设置与左侧分栏"今日推荐"是完全一样，接下来的"小吃推荐"和"宾馆酒店"的样式风格完全一样，设置方法与普通的项目列表完全一样，将 list-style 设置成 none 后，用小 gif 图片替代项目符号，并且为每个 <li> 添加下划虚线，显示效果如图 16-11、图 16-12 所示。

图 16-11　海南风光

项目 16　网站的规划与设计　　*241*

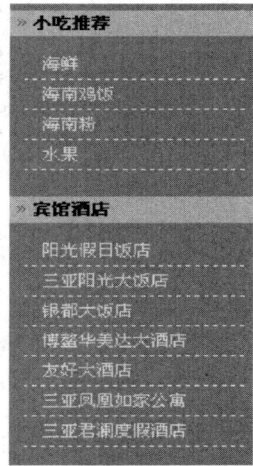

图 16 – 12　#food 与 #life 块

右侧分栏 HTML 框架代码如下：
< div id = "right">
　　< div id = "picture">
　　　　< h3 > < span >海南风光 </span > </h3 >
　　　　< p > < img src = "images/map1. JPG" width = "150" height = "100" /> </p >
　　　　< p > < img src = "images/map2. JPG" width = "150" height = "100" /> </p >
　　</div >
　　< div id = "food">
　　　< h3 > < span >小吃推荐 </span > </h3 >
　　　　< ul >
　　　　　< li > < a href = "#">海鲜 </a > </li >
　　　　　< li > < a href = "#">海南鸡饭 </a > </li >
　　　　　< li > < a href = "#">海南粉 </a > </li >
　　　　　< li > < a href = "#">水果 </a > </li >
　　　　</ul >
　　　　< br >
</div >
< div id = "life">
　　< h3 > < span >宾馆酒店 </span > </h3 >
　　　< ul >
　　　　< li > < a href = "#">阳光假日饭店 </a > </li >
　　　　< li > < a href = "#">三亚阳光大饭店 </a > </li >

```
                <li><a href="#">银都大饭店</a></li>
                <li><a href="#">博鳌华美达大酒店</a></li>
                <li><a href="#">友好大酒店</a></li>
                <li><a href="#">三亚凤凰如家公寓</a></li>
                <li><a href="#">三亚君澜度假酒店</a></li>
            </ul>
            <br>
        </div>
    </div>
```

涉及的 CSS 代码如下：

```css
#right div{
    position:relative;
    margin-left:5px;
    margin-right:5px;
    background-color:#5ea6eb;
}
#right div h3{
    font-size:12px;
    padding:4px 0px 2px 15px;
    color:#003973;
    margin:0px 0px 5px 0px;
    background-color: #bbddff;
    background-image: url(../images/icon2.gif);
    background-repeat: no-repeat;
    background-position: 5px 7px;
}
#picture{
    margin-top:5px;
}
#picture p{
    text-align:center;
    margin:0px;
    padding:2px 0px 5px 0px;
}
#picture p img{
    border:1px solid #FFFFFF;
}
#food{
    padding-top:10px;
```

```css
}
#food ul, #life ul{
    list-style:none;
    padding:0px 0px 10px 0px;
    margin:10px 10px 0px 10px;
}
#food ul li, #life ul li{
    background:url(icon1.gif) no-repeat 3px 9px;
    padding:3px 0px 3px 12px;
    border-bottom:1px dashed #EEEEEE;
}
#food ul li a:link, #food ul li a:visited,
    #life ul li a:link, #life ul li a:visited{
    color:#d8ecff;
    text-decoration:none;
}
#food ul li a:hover, #life ul li a:hover{
    color:#000000;
    text-decoration:none;
}
#life{
    padding-top:10px;
    padding-bottom:5px;
    margin-bottom:5px;
}
```

⑤ 脚注。脚注（footer）主要作用是显示版权信息、联系方式和更新时间等。通常只要风格上与整体页面协调统一即可。本项目中#footer块十分简单，设计时考虑依然采用天蓝色背景和黑色文字，而邮箱地址则设置为白色，以便与文字相区别。代码如下：

```html
<div id="footer">
<p>海南旅游 &copy;版权所有
  <a href="mailto:hainan@demo.com">hainan@demo.com</a></p>
</div>
```

涉及的CSS代码如下：

```css
#footer p{
    text-align:center;
    padding:0px;
    margin:4px 5px 4px 5px;
    background-color:#5ea6eb;
}
```

```
#footer p a{
    color:#FFFFFF;
    text-decoration:none;
}
```

通过对所有子模块的排版，整个海南旅游网站的首页就基本制作完成了，最后对整体页面进行查看，细节上做小的调整，例如，调整 padding 和 maigin 的值。最终页面在 IE 中的显示效果如图 16-4 所示。首页制作完成后，接着效仿首页制作各子页，子页完成后，在首页导航栏设置与各子页的链接，整个海南旅游网站的设计与制作就完成了。接下来的工作是进行网站的测试与发布。

16.4 能力拓展

设计一个旅游网站，请完成以下操作：
（1）为该网站构思网站名称，设计网站 Logo。并对该网站的风格、栏目结构、目录结构和链接结构进行规划与设计。
（2）对该网站的文件名称、CSS 样式名称、图像名称进行规划设计。
（3）对首页的布局结构进行规划，利用 Word 文字处理软件或者 Photoshop 图像处理绘制网站首页的布局结构图。
（4）为首页的主体布局结构定义 CSS 样式。

16.5 项目小结

本项目以"旅游网站"为例全面介绍了网站的开发流程，对网站的功能、主题、风格、栏目结构、版式结构、链接结构、目录结构以及首页的内容版块等方面的规划设计进行了重点介绍，使读者能详细了解网站的规划与设计。

项目 17

网站的测试与发布

17.1 项目描述

网站设计制作完成后,必须经过测试,测试通过后即可将网站的所有文件上传到服务器。本项目通过网上申请免费空间,利用 Dreamweaver CS5 自带的 FTP 上传功能,把"海南旅游"网上传到 Internet 网上。

17.2 知识储备

17.2.1 网站测试

17.2.1.1 测试站点

一个网站制作完成以后,在网站发布之前应进行严格的测试,以检查各个链接是否正确,文字、图像是否能正常显示等。测试网站一般需经过四个过程:测试网页、测试本地站点、用户测试、负载测试。

这个阶段的主要任务是由网页制作人员测试所制作的网页,其测试内容主要是 HTML 源代码是否规范完整,网页程序逻辑是否正确,是否存在空链、断链、链接错误、孤立文件等。

(1) 检查链接。利用 Dreamweaver CS5 提供的"链接检查器"可以方便地检查错误链接,检查方法如下:

切换到已建立的网站,在 Dreamweaver CS5 主窗口中,单击菜单"站点"→"检查站点范围的链接"命令,将显示如图 17-1 所示的检查结果,可以看到在"链接检查器"选项卡中显示了网站中断掉的链接和错误的链接。

在"链接检查器"选项卡左侧,单击"链接检查"按钮,在弹出的下拉菜单中,可以选择链接检查方式:检查当前文件中的链接、检查当前本地站点的链接、检查站点中所选文档的链接,如图 17-2 所示。如果只检查当前文档中的链接,也可以在 Dreamweaver CS5 主窗口中,单击菜单"文件"→"检查页"→"链接",完成链接检查。

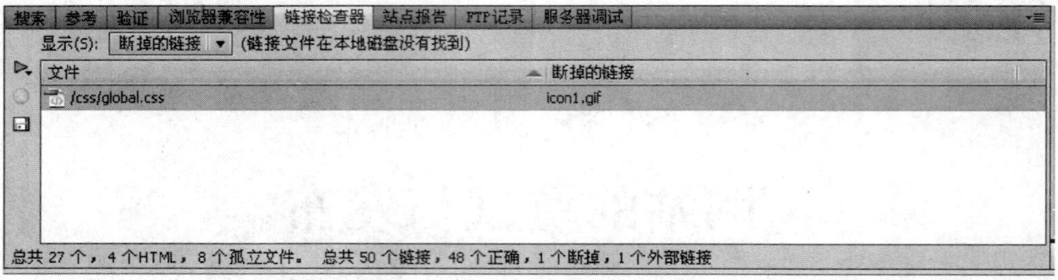

图 17-1　检查链接的结果

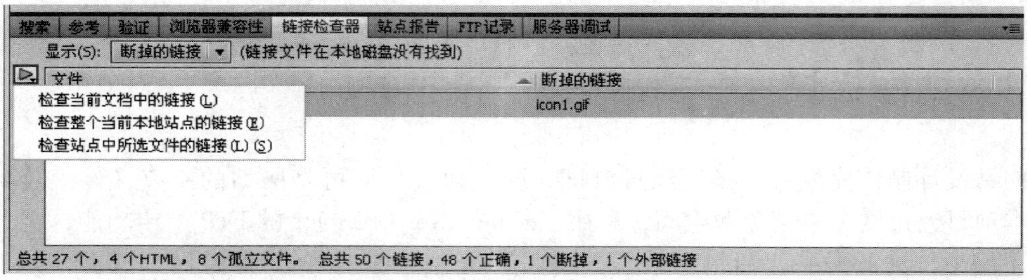

图 17-2　检查链接的方式

修改错误链接的方法是,在"链接检查器"选项卡中选中要修改链接的文件,选择正确的链接。

在"显示"下拉列表框中单击"外部链接"选项,则可以显示本网站中所有外部链接,以便对外部链接进行管理。在"显示"下拉列表框中选择"孤立文件"则可以显示本网站中所有的孤立文件,以便对孤立文件进行管理。如图 17-3 所示。

图 17-3　"显示"下拉列表框中的选项

（2）检查目标浏览器兼容性。由于浏览者的浏览器类型或版本会有所不同,导致浏览同一网页时显示的效果也会有所不同。网页中的图像、文本等元素在不同浏览器中显示的效果差异不大,但是 CSS 样式、层、行为等元素在不同浏览器中可能差异很大。所以有必要对目标浏览器的兼容性进行检查,检查目标浏览器的兼容性的方法是：在 Dreamweaver CS5 主窗口中,单击菜单"文件"→"检查页"→"浏览器兼容性",打开"浏览器兼容性"窗口,单击"检查浏览器兼容性"按钮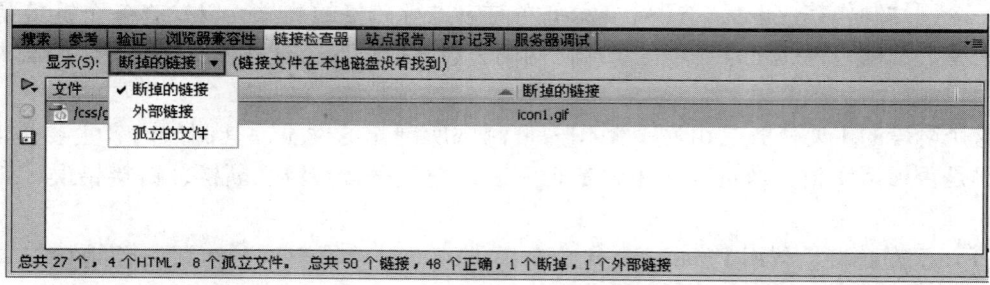,弹出快捷菜单,如图 17-4 所示。

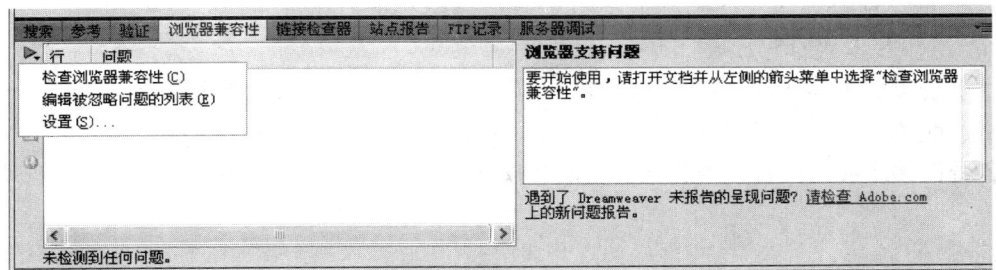

图 17-4 "浏览器兼容性"选项卡

选择菜单项"设置",弹出"目标浏览器"对话框,如图 17-5 所示,在其中显示常用浏览器,可以设置其最低版本,单击"确定"按钮。在"浏览器兼容性"选项卡,单击按钮,在弹出的快捷菜单中选择"检查浏览器兼容性"菜单项,就可以检查浏览器的兼容性。

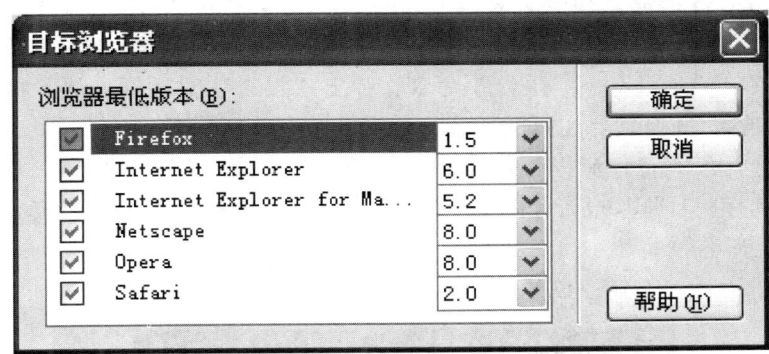

图 17-5 "目标浏览器"对话框

17.2.1.2 测试本地站点

这个阶段的主要任务是对本地站点进行联合测试,最好是由没有直接参与网站制作的人来完成测试。其测试内容主要包括以下几个方面。

(1) 检查链接。这个测试阶段的检查链接不再利用"链接检查器"来检查错误链接,而是通过浏览网页对链接逐个检查,检查内容包括:是否有空链、断链、链接错误;页面之间是否能顺利切换;是否有回到上层页面或主页的渠道等。

(2) 检查页面效果。检查网页中的脚本是否正确,是否会出现非法字符或乱码;文字显示是否正常;是否有显示不出来的图片;Flash 动画的画面出现时间是否过长;网页特效是否能正常显示等。

(3) 检查网页的容错性。检查网页表单区域的文本框中输入字符时是否有长度的限制;表单中填写信息出错时,是否有提示信息,并允许重新填写;对于邮政编码、身份证号码之类的数据是否限制其长度等。

(4) 检查兼容性。检查制作的网页在浏览器显示是否正常。在纯文本模式下检查整个网站的信息表现能力。

17.2.1.3 用户测试

这个阶段的主要任务是以用户的身份测试网站的功能。测试内容主要有：评价每个页面的风格、颜色搭配、页面布局、文字的字体与大小等方面与网站的整体风格是否统一、协调；各种链接所放的位置是否合适；页面切换是否简便；对于当前的访问位置是否有明确的提示等。

17.2.1.4 负载测试

这个阶段的主要任务是安排多个用户访问网站，让网站在高强度、长时间的环境中进行测试。测试内容主要有：网站在多个用户访问时访问速度是否正常；网站所在服务器是否会出现内存溢出；CPU 资源占用是否正常。

17.2.1.5 创建网站报告

Dreamweaver CS5 能够自动检测网站内部的网页文件生成关于文件信息、HTML 源代码信息的报告，以便网站设计者对网页文档进行修改。创建网站报告的操作步骤如下：

（1）选择菜单"站点"→"报告"命令，弹出"报告"对话框，从"报告在"菜单中选择要报告的内容，并设置要运行的任意一种报告类型，如图 17-6 所示。

（2）如果选择了"工作流程"报告，单击"报告设置"按钮；否则，跳过这一步。

（3）如果选择"HTML 报告"，则从以下选项中进行选择：可合并嵌套字体标签、辅助功能、没有替换文本等。

（4）单击"运行"按钮，创建报告。

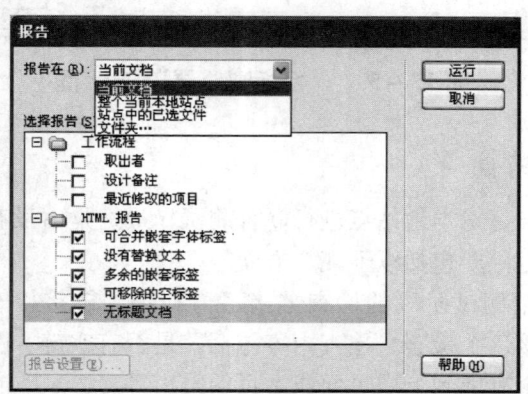

图 17-6 "报告"对话框

17.2.2 上传发布网站

17.2.2.1 申请网站空间

如果网站的页面设计已完成，并且网站的属性也已经设置好，那么接下来就可以发布网站了。如果本地计算机就是一个 Web 服务器，则可以将网站通过本地开设的 Web 服务器进行发布。但是，对于大多数用户来说，在本地开设 Web 服务器，不仅成本高，而且维护起来也比较麻烦，所有大多数用户都是在网上寻找网站空间。

目前，网络上提供的空间有两种：收费空间和免费空间。收费空间提供的服务更全面一些，主要体现在提供的空间容量更大，支持应用程序技术，提供数据库空间等。免费空间一般不需要付费，但同时不支持应用程序技术和数据库技术。

通过"百度"网站可以搜索提供免费主页空间的网站，在"百度"网站"百度搜索"文本框中输入"申请免费的网站空间"，然后单击"百度一下"按钮，将会搜索出所有包含"申请免费的网站空间"字样的信息。然后选择一个合适的提供免费空间的网站，成功申请一定容量的网站空间，注册一个免费域名，然后利用该网址发布自己制作的网站。

17.2.2.2 发布站点

完成了网站的制作、优化、测试，申请到网站空间之后，就可以发布到 Internet 上供他人浏览了。上传网页一般可以通过 Dreamweaver CS5 自带的 FTP 上传功能。

要使用 Dreamweaver CS5 的 FTP 功能，必须先设置远程服务器。可通过菜单"站点"→"管理站点"命令，选择需上传的网站。在"站点设置对象"对话框中，选择"服务器"选项卡，在"服务器"选项卡中单击列表框左下角"添加新服务器" ➕ 按钮，打开添加服务器选项页面进行相应的设置，设置完成后，单击"测试"按钮进行连接测试，测试连接成功后，即可通过"文件"面板，在站点管理器中单击"连接到远端主机"按钮 ⚡，正式连接到远程服务器，出现连接成功提示信息后，单击"上传"按钮 ⬆，即可上传站点文件。

17.3 实践向导

任务 在网上申请一个免费空间，将"海南旅游"网站发布到免费空间中。

(1) 申请免费空间。

① 启动 IE 浏览器。在地址栏中输入"http://www.5944.net/"，打开 5944 网，如图 17-7 所示。

② 单击"免费空间注册登录"按钮，进入"登录"界面。

③ 单击"注册"按钮，进入"注册"界面。

④ 按要求填写相关信息，填写无误后，单击"注册"按钮。弹出"注册成功，请登录进入会员中心"信息框，单击"确定"按钮，进入"会员中心"页面，如图 17-8 所示。

免费空间申请成功，在"会员中心"页面，提供了系统自动分配的域名、FTP 上传地址、FTP 上传账号、FTP 上传密码等信息。

(2) 设置站点 FTP 上传。

① 执行菜单"站点"→"管理站点"命令，打开"管理站点"对话框。

② 在"管理站点"对话框中，选择要上传的网站名称，单击"编辑"按钮。如图 17-9 所示。

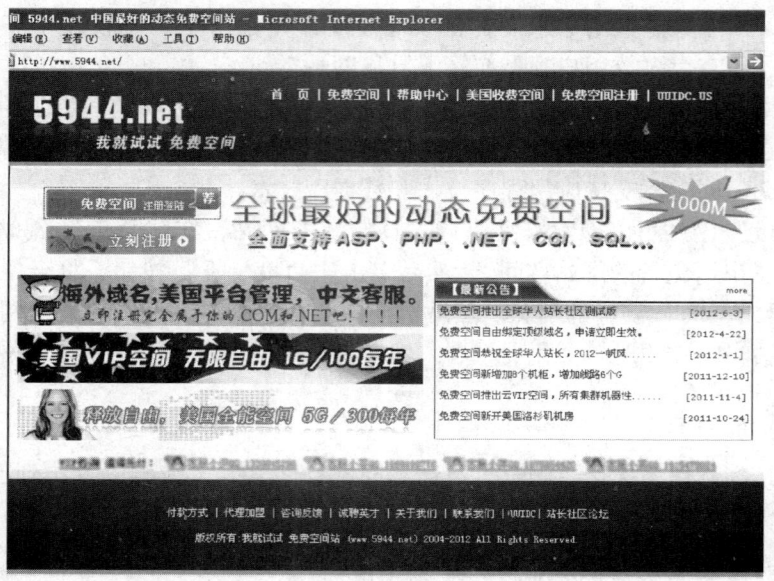

图 17-7 http://www.5944.net 网站

图 17-8 "会员中心"页面

图 17-9 "管理站点"对话框

③ 在打开的"站点设置对象"对话框中，选择"服务器"选项卡，如图 17–10 所示。

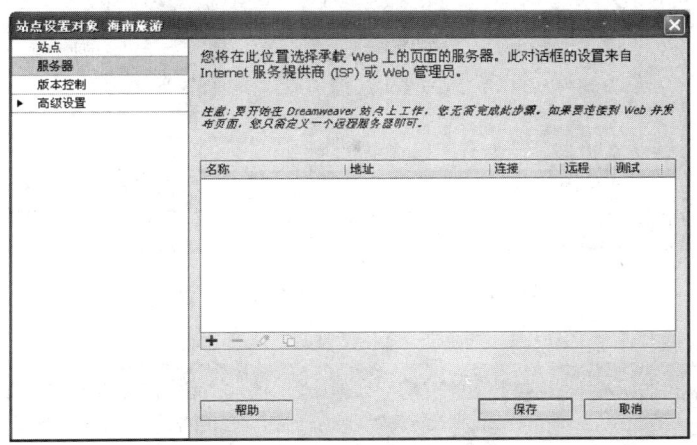

图 17–10　"站点设置对象"对话框

④ 在"服务器"选项卡中单击列表框左下角"添加新服务器" ➕ 按钮，打开添加服务器选项页面，新建服务器并设置"连接方法"为 FTP。然后把申请到的 FTP 上传地址、上传账号、上传密码输入到相应的列表框。如图 17–11 所示。

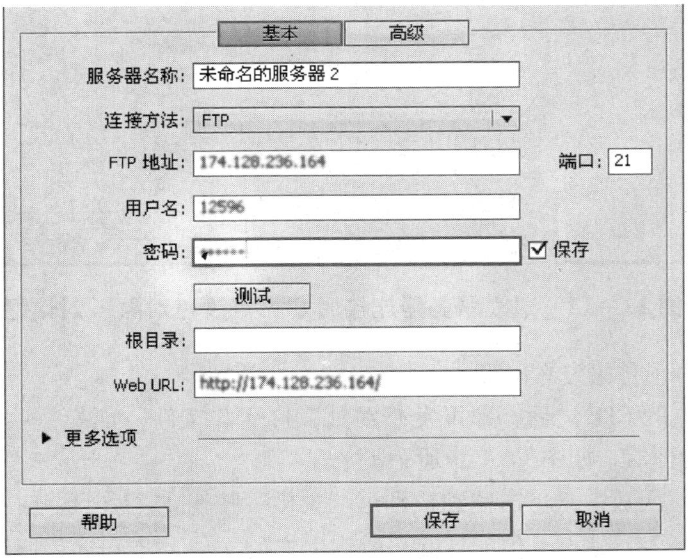

图 17–11　FTP 设置

⑤ 设置完成后，单击"测试"按钮进行连接测试。如果测试成功，将会出现连接成功对话框。如图 17–12 所示。

⑥ 单击"确定"按钮，返回"站点设置对象"对话框，如图 17–13 所示，单击"保存"按钮，返回"管理站点"对话框，单击"完成"按钮。

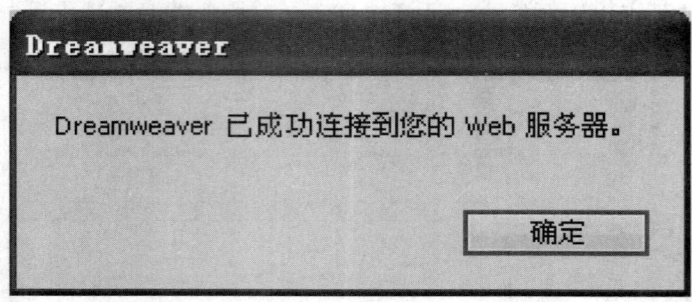

图 17－12　连接成功提示对话框

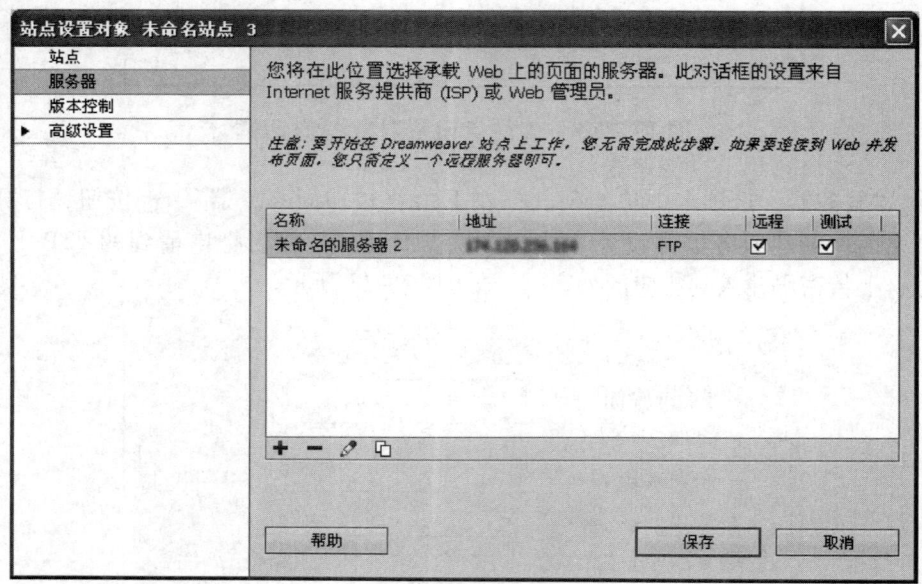

图 17－13　建立服务器连接后"站点设置对象"对话框

(3) 利用 FTP 上传来发布网页。

① 设置完站点的 FTP 之后，即可发布网页。打开"文件"面板，单击"折叠或展开"按钮，展开站点管理器，如图 17－14 所示。

② 在"文件"面板中，单击"连接到远端主机"按钮，出现连接成功提示信息后，单击"上传"按钮，站点上传工具就开始将用户的文件上传到远程服务器上，上传过程如图 17－15 所示。

③ 上传结束后，在远程服务器上将出现上传好的文件，到此上传结束，站点发布完成。

④ 在 IE 浏览器的地址栏中输入系统分配的域名，即可在 Internet 网上浏览上传的网站。

图 17-14 站点管理器

图 17-15 上传网站文件

17.4 能力拓展

（1）对前一项目已完成的旅游网站进行链接检查，浏览器的兼容性检查，并修正检查中发现的错误。

（2）登录 5944 网，申请一免费空间，把旅游网站发布到 Internet 网上。

17.5 项目小结

本项目介绍了网站的测试与发布技术，站点在发布之前必须先经过测试，测试通过后，在网上申请空间，然后定义远程站点的远程信息，成功连接上服务器后方可发布。